# 동남아 이슬람문화와 비즈니스

강 영 문 저

전남대학교출판부

# 머 리 말

동남아를 이해하는 핵심키워드 중에 하나는 종교이다. 동남아는 세계의 종교 박물관으로 불려질 만큼 다양한 종교가 공존하고 있다. 특히 이슬람은 동남아 인구의 반 이상이 믿는 동남아 최대 종교 중에 하나로 동남아 문화와 사회에 지대한 영향을 미치고 있다.

세계에서 가장 많은 무슬림이 거주하는 국가는 어디인가? 이런 질문을 받으면 많은 사람들의 머릿속엔 중동의 몇몇 국가들이 떠올려진다. 그러나 정답은 동남아 국가인 인도네시아이다.

동남아의 이슬람과 중동의 이슬람은 근본적인 이슬람 교리에서는 차이가 없지만 동남아의 이슬람은 동남아의 문화와 전통이 자연스럽게 융합되어 있다. 전 세계 이슬람을 이해하려면 동남아 이슬람의 특징을 이해해야 한다.

본서는 동남아 이슬람에 대한 체계적인 이해를 돕기 위해 이슬람이란 무엇인가에서 출발하여 동남아 이슬람의 특징에 대해 알아보고 이슬람의 율법에 적합하게 운영되는 이슬람 금융과 할랄산업에 대해 탐구한다. 마지막으로 무슬림이 거주하고 있는 동남아 각국들의 이슬람에 대해 살펴 본다.

본서는 이슬람과 동남아에 대한 입문서이다. 동시에 본서는 한국에서는 아직 낯선 분야인 이슬람 금융과 할랄산업에 대한 입문서이다. 본서가 이슬람을 쉽게 이해하는 안내서가 되었으면 한다. 또한 이슬람을 통해 동남아를 좀 더 심도 있게 이해하는 계기가 되었으면 한다.

Young Moon(젊은 달)

# 무역학자가 동남아 이슬람을 연구한 이유

전 세계 무역의 역사에서 아랍상인들의 역할은 매우 컸다. 특히 아랍상인들은 동남아 지역의 해상무역에 지대한 영향을 미쳤다. 아랍상인들은 동남아 국가들과 교역하면서 이슬람을 자연스럽게 동남아 전역에 전파하였고 이슬람은 동남아 종교와 문화뿐만 아니라 정치경제에도 상당한 영향을 주었다.

동남아는 한국의 2대 교역 대상지역이고, 2대 투자지역이다. 동남아의 선발 6개국 중에 3개국인 인도네시아, 말레이시아, 브루나이는 무슬림이 국민의 다수를 이루고 있는 국가이다. 한국의 통상에서 중요한 한·아세안 FTA와 아세안+3에서 동남아 이슬람 국가들은 중요한 역할을 하고 있다. 미래지향적인 한·아세안 통상협력을 위해서는 동남아 이슬람에 대한 체계적인 연구가 필요하다. 또한 최근 들어 국제통상에서 급성장하고 있는 이슬람 금융과 할랄산업의 중심지역도 동남아이다. 이처럼 동남아 이슬람에 대한 연구는 한·아세안 통상, 이슬람 금융, 할랄산업 연구에 중요한 부분이다.

브루나이 국립대학교(University Brunei Darussalam)에서 저자

# 목 차

## 제3부 이슬람에 대한 이해



## 제4부 이슬람 세계



## 제5부 이만과 이바다트



## 제6부 샤리아와 이슬람의 법원



## 제7부 이슬람문화

## 제8부 동남아 이슬람의 이해



## 제9부 이슬람 경제의 이해



## 제10부 이슬람 금융의 이해

## 제11부 이슬람시장과 할랄산업



## 제12부 말레이시아의 이슬람

## 제13부 동남아 부국의 이슬람



## 제14부 동남아 이슬람 분쟁국가



## 제15부 인도차이나 반도 국가의 이슬람

## 제16부 인도네시아의 이슬람

# 표 목차

# 그림 목차

# Check Point

# 제1부

# 동남아에서 만난 무슬림과 이슬람문화

# 제1장 동남아 무슬림

## 1. 여성무슬림

## 2. 남성무슬림

WATER

Canon
EOS DIGITAL

## 3. 이슬람 학자

## 4. 무슬림 가족

## 5. 무슬림 이웃

## 6. 무슬림 어린이

## 7. 싱가포르 무슬림

## 8. 말레이시아 무슬림

## 9. 인도네시아 무슬림

## 10. 브루나이 무슬림

## 11. 캄보디아 무슬림

## 12. 태국 무슬림과 비무슬림

13. 베트남 무슬림

# 제2장 동남아 이슬람문화

## 1. 싱가포르 모스크

## 2. 말레이시아 모스크

### 3. 인도네시아 모스크

4. 브루나이 모스크

5. 캄보디아 모스크

## 6. 베트남 모스크

## 7. 미얀마 모스크

## 8. 이슬람 축제

## 9. 이슬람 결혼식

## 10. 동남아 혼합문화

EOS DIGITAL

### 11. 모스크 세면장

## 12. 무슬림 야시장

## 13. 이슬람 건축

Canon
EOS DIGITAL

# 제2부

# 사진과 글을 통한 이슬람의 이해

# 제1장 할랄과 이슬람 음식

무슬림들은 이슬람 율법에 따라 허용된 것만을 먹을 수 있다. 이처럼 허용된 것을 할랄이라고 한다. 무슬림들은 할랄표시가 된 식품을 구매하고 식당도 할랄표시가 된 식당을 주로 이용한다. 최근들어 할랄이 위생적인 식품으로 전 세계 소비자들에게 인식되면서 동남아 이슬람권 뿐만 아니라 한국에서도 할랄식당을 찾을 수 있다. 동남아 이슬람권 무슬림들과 비즈니스할 때는 반드시 할랄식당을 가야 한다. 또한 식품을 선물할 때도 반드시 할랄식품인지를 사전에 점검해야 한다.

동남아 이슬람권의 무슬림 음식은 다양하고 한국인의 입맛에도 맞고 맛있다. 특히 동남아 무슬림들은 음식을 넉넉히 하여 손님들에게 음식을 풍성하게 대접하고 이방인에게도 음식을 친절하게 대접해 준다. 저자가 브루나이 수상촌을 방문했을 때 긴 수상촌을 거닐다가 많은 무슬림 가정으로부터 음식대접을 받았다.

## 1. 할랄 식당

## 2. 이슬람 음식

동남아 이슬람 음식은 화려하거나 요란하지 않다. 담백하고 깔끔하다. 이슬람 음식은 더위에 지친 사람들에게 영양과 편안함을 준다. 하얀 쌀밥에 한국인의 눈에 친숙한 식재료가 동남아의 낯선 향신료와 혼합되어 친숙함과 낯섬으로 이방인을 설레게 한다.

## 3. 할랄과 이슬람 음식 풍경

동남아 이슬람 국가들은 실내뿐만 아니라 실외에서도 의례나 행사를 치룬 후에 풍성하게 차려진 음식을 먹으면서 서로 격려하고 담소를 나눈다. 무더운 나라에서 음식이 상하지 않도록 정성스럽게 포장하고 음식을 넉넉히 준비하여 나그네에게도 정이 듬뿍 담긴 음식을 권한다. 향신료가 강한 음식도 있지만, 전반적으로 한국인의 입맛에 맞다. 어떤 음식은 어린시절 명절 때 먹었던 추억의 맛과 흡사한 음식도 있다. 대부분의 동남아 이슬람 음식은 전통적인 요리방법에 의해 만들어지고 있다.

## 4. 무슬림 야시장

모스크 주변에 어둠이 내리면 무슬림 상인들의 천막이 하나, 둘 모습을 드러내기 시작한다. 무슬림 야시장의 형형색색의 다양한 음료수, 자욱한 연기속의 고기굽는 향기가 가던 길을 멈추게 한다. 이슬람 전통복장과 모던한 옷들이 한데 어울려 손님을 기다리고 있다. 바쁠 것 하나 없는 무슬림 야시장에 부모따라 나온 아이들은 바쁘다. 아이들의 눈으로 보면 모든게 재미나고 신난다.

# 제2장 이슬람 의복

동남아의 이슬람 의복은 중동의 이슬람 의복과 공통점도 있지만 동남아의 전통문화와 접목되어 중동의 이슬람 의복과 차이가 있다. 특히 동남아 남성 무슬림들은 송콕이라는 모자를 착용하는데 검정색이 주류이나 흰색도 있고 때론 화려한 문양이 들어간 송콕도 있다. 동남아 여성들의 이슬람 의복은 매우 다양하고 화려하다. 히잡도 다양한 형태가 있고 이슬람 전통 복장에 착용하는 경우가 많지만 청바지 등의 다양한 의복에 착용하고 다니는 경우도 많다.

## 1. 송콕

동남아 무슬림 남성을 생각하면 가장 먼저 떠올려지는 것이 동남아 무슬림 남성들이 머리에 착용하는 모자인 송콕이다. 동남아 무슬림 남성들은 이슬람 전통복장에 송콕을 착용하는 경우가 많지만, 비즈니스맨들은 서양식 슈트에 송콕을 착용하는 경우도 있다. 학생들은 교복에 송콕을 착용하는 경우가 많다. 하얀색 교복에 검정색 송콕을 착용한 학생들의 모습은 학생답고 단정하게 보인다.

## 2. 히잡

이슬람 문화권에서 여성들이 착용하는 베일은 국가와 민족에 따라 명칭과 모양이 다소 상이한데 일반적으로 히잡(hijab)이라고 부른다. 히잡은 아랍어로 가리다, 격리하다에서 파생된 용어이다. 히잡은 머리 스카프로 머리, 귀, 목, 어깨만 가리므로 착용하기가 쉽다. 부르카(burqa)는 눈을 포함한 전신을 다 가리며 눈 부분은 망사로 만든다. 부르카는 아프가니스탄 여성들이 사용하는 베일이다. 차도르(chador)는 얼굴을 제외한 온 몸을 가리는 망토형 검은색 베일로 이란 여성들이 사용하는 베일이다.

니캅(niqab)은 눈만 노출시키는 베일로 파키스탄과 모로코 여성들이 사용한다(오은경, 2006). 저자가 동남아에서 본 여성 무슬림들은 히잡을 주로 하고 다녔다. 청바지에 착용한 간단한 히잡은 멋스럽고 세련되게 보였다.

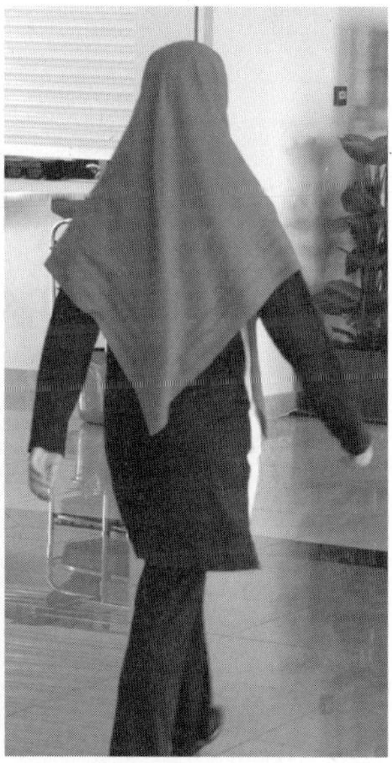

$ 20

## 3. 이슬람 패션

이슬람 패션은 화려하지도 요란하지도 않다. 이슬람 의복은 수수하고 단정하다. 이슬람 의복은 드러내지 않는다. 이슬람 의복은 뽐내지 않는다. 이슬람 의복을 입고 있는 마네킹과 디스플레이도 차분하고 정돈되어 있다.

# 제3장 이슬람의 남성과 여성문화

이슬람문화권은 전통적으로 가부장적인 남성문화가 자리잡고 있다. 이슬람의 가부장적인 문화는 중동의 거친 자연환경속에서 생존하기 위한 요인이 크다. 이에 비해 동남아의 풍요로운 자연환경은 이슬람의 남녀관계에도 영향을 주어 동남아의 여성 무슬림들은 자유롭고, 사회진출도 적극적이다.

그러나 이슬람의 일상생활속에서 이슬람 전통의 남녀구분문화는 지켜지고 있다. 기도할 때도 남녀간에 다른 장소에서 기도하고 결혼식 피로연 자리에서도 남녀가 구분된 장소에서 환담을 나누고 식사를 한다.

## 1. 동남아 이슬람 남성의 장신구

## 2. 동남아 이슬람 여성의 변화

## 3. 이슬람의 남녀 구분 문화

한국에서도 남녀칠세부동석이라는 말이 있는 것처럼 남녀를 구분하는 문화가 있었지만 과거의 일이다. 한국사회에서 남녀간의 구분과 차별은 많이 사라지고 있다. 동남아 이슬람은 중동의 이슬람에 비해 남녀간의 구분과 차별이 약한편이지만, 무슬림의 통과의례와 종교의례에서는 남녀를 분리하여 행사를 진행한다. 앉는 자리와 의례를 행하는 장소를 남녀간에 분리하고 식사를 하는 장소도 분리하는 경우가 있다.

## 4. 디지털문명과 무슬림

스마트폰의 시대, 세계 어디를 가나 남녀노소 구분하지 않고 시간만 나면 고개를 숙이고 휴대폰 삼매경에 빠진다. 동남아 무슬림도 예외가 아니다.

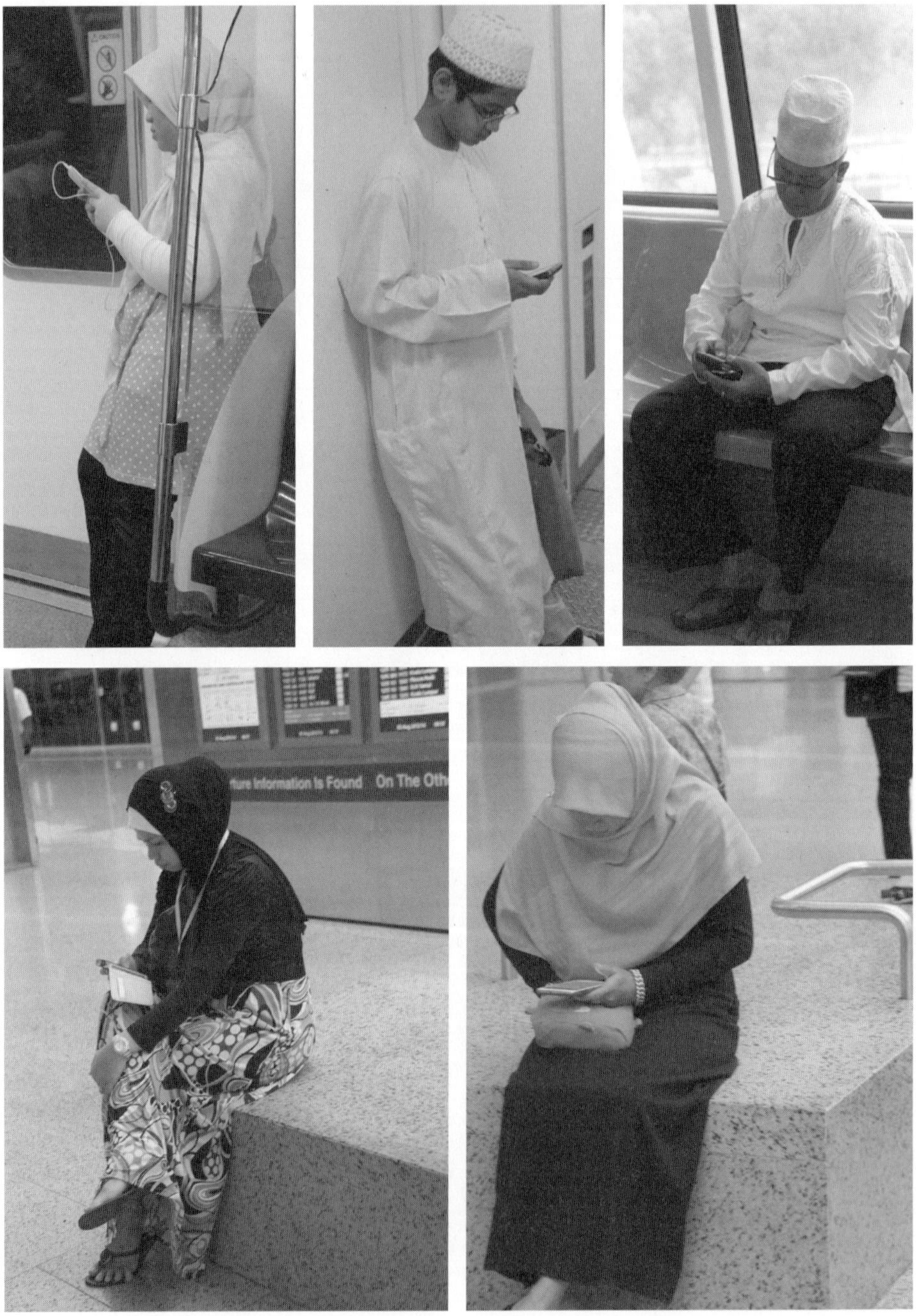

# 제4장 무슬림 가족

무슬림들은 가족을 중요시한다. 무슬림들은 가족들에게 최선을 다하는 따뜻한 가족문화를 중요하게 생각한다. 특히 웃어른을 공경하고 보살피는 것을 삶의 중요한 덕목으로 생각한다.

동남아 이슬람문화권에서는 이슬람 축제기간에 분가한 가족들이 부모님을 방문하여 무릎을 꿇고 부모님과 할아버지, 할머니 손에 입맞춤하며 1년동안 잘못한 부분을 사죄하고 용서를 구한다. 길거리에서도 어린 손자, 손녀들이 몸이 불편하신 할머니, 할아버지를 지극정성으로 부축하며 걸어가는 모습을 자주 볼 수 있다. 동남아 무슬림 식당에서는 대가족이 함께 식사하며 즐거워하는 모습도 자주 볼 수 있다. 무슬림들은 대가족이 많은데 보르네오섬의 무슬림들중에 일부는 롱하우스라는 마루가 긴 집에 여러 세대가 같이 모여 우애있게 살고 있다.

## 1. 무슬림의 웃어른 공경문화

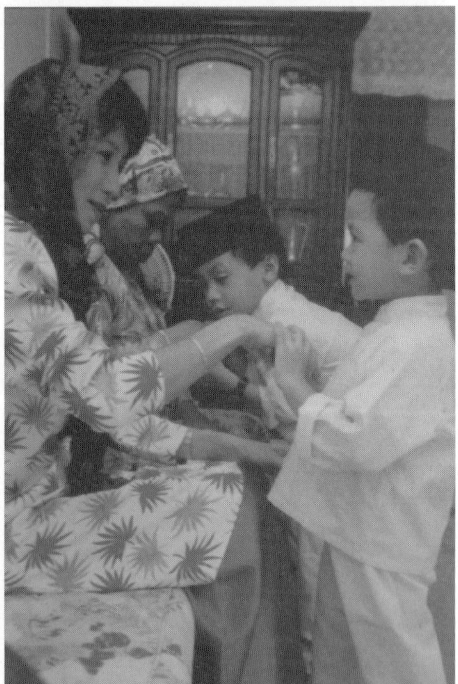

## 2. 무슬림의 가족 풍경

세상에서 마음을 따뜻하게 만들어 주는 말중에 하나가 가족이다. 그런데 산업화 이후 전 세계적으로 대가족이 해체되고, 핵가족화가 가속화되었다. 최근들어서는 혼자사는 나홀로족이 증가하고 있다. 동남아 무슬림은 가족을 중시하고, 웃어른을 공경하는 전통을 일상속에서 소중하게 지켜오고 있다. 대가족의 따뜻한 온기가 남아있는 동남아 무슬림의 가족이 부럽다.

# 제5장 무슬림 청소년들

동남아 이슬람권의 무슬림 청소년들은 소속국가의 경제상황, 문화에 따라 차이는 있지만, 전반적으로 정규교육뿐만 아니라 이슬람 교리에 대한 공부를 어릴 때부터 생활속에서 하고 있다. 무슬림 청소년들의 해맑은 모습, 환한 웃음은 동남아의 무더위를 식혀주는 보석이다.

# 제6장 무슬림의 기도

무슬림은 하루에 다섯 번 메카를 향해 기도를 한다. 기도를 하기 전에 모스크에 마련된 세면장에서 이슬람 방식으로 세면을 하고 기도를 한다. 하루에 다섯 번 기도는 인간의 일상적인 삶에서 큰 의미가 있다.

누구나 아침에 일어날 때 활기차고 아름다운 하루를 생각하지만, 일상생활속에서 분노, 증오, 미움, 시기, 질투 등의 부정적인 감정이 생기기 마련이다. 무슬림들은 하루에 다섯 번 메카를 향해 기도하면서 이러한 부정적인 감정들을 잠재울 수 있다.

저자가 말레이시아 최남단 죠호르에서 쿠알라룸푸르까지 말레이시아 친구와 승용차로 갈 때 말레이시아 친구는 운전도중에 휴게소에 들려 휴게소에 마련된 기도실에서 기도를 하고 다시 운전을 하였다. 휴게소의 기도실에서 많은 무슬림들이 장거리 운전을 하던 중에 휴게소에 들려 기도를 하는 모습을 볼 수 있었다. 하루 다섯 번의 기도는 짧은 시간 동안 마음에는 안정을, 몸에는 휴식을 주는 귀한 시간이다.

## 1. 무슬림의 기도 전 세면

## 2. 무슬림의 기도

# 제7장 모스크

이슬람의 아이콘중에 하나가 모스크이다. 동남아 이슬람권 국가를 거닐다 보면 모스크를 자주 접할 수 있다. 모스크는 기도하는 장소뿐만 아니라 휴식을 할 수 있는 공간, 친목을 나눌 수 있는 공간, 교육을 하는 공간 등으로 일상 생활속에서 자주 이용되고 있다. 한밤중의 모스크는 고요한 이슬람의 밤에 은은하게 빛난다.

모스크는 무슬림이 있는 곳이면 동남아 어딜 가나 있다. 브루나이 수상촌에도 모스크가 있다. 모스크 주변에서는 기도시간을 알리는 아단소리를 들을 수 있는데 한낮에 들리는 아단 소리는 동남아의 한낮의 더위에 지친 몸과 마음에 휴식을 준다. 한밤중에 들리는 아단 소리는 바쁘게 산 하루를 차분하게 되돌아 보는 시간의 멈춤을 준다.

## 1. 모스크 내부

## 2. 모스크 외부

### 3. 모스크 야경

한국에 여수 밤바다와 제주도의 푸른 밤바다가 있다면 동남아 이슬람문화권의 밤은 은은한 불빛에 고요하게는 빛나는 모스크가 있다. 뙤약볕에 하루내내 달궈진 적도의 열기가 한밤중 홀로 빛나는 모스크에서 식혀진다. 모든 것이 멈춘 듯, 고요하다. 그리고 평화롭다. 예배를 드리러 모스크로 가는 무슬림들의 걸음이 저 멀리서 들려올 뿐...

## 4. 수상가옥과 모스크

동남아 이슬람문화권의 수상촌에는 거주 공간인 집만 있는 것이 아니라 학교가 있어 학생들이 수상촌 다리를 건너 종종걸음으로 학교를 가는 모습도 볼 수 있고, 경찰서도 있고 소방서까지 있다. 수상촌에 있는 다양한 건물중에서 가장 눈에 띄는 것은 모스크이다. 수상촌에 거주하는 무슬림들은 수상촌에 있는 모스크에서 예배도 드리고 수상촌 무슬림간의 친목을 다진다.

## 5. 아단

브루나이 국립대학교 교정에는  모스크에서 예배시간마다 예배를 알리는 아단소리가 은은하게 들려온다. 아단소리에 한낮 이유없이 바쁘던 마음이 잠시 멈춘다. 그리고 뒤돌아 본다. 오늘 하루 걸어온 길을...

# 제8장 무슬림의 결혼문화

인간의 삶속에서 중요한 통과의례중에 하나가 결혼식이다. 결혼식에는 문화뿐만 아니라 종교가 배어 있다. 특히 무슬림들의 결혼식에는 이슬람문화가 그대로 녹아 있다.

동남아 무슬림들의 결혼식은 이슬람방식에 의해 진행된다. 결혼식은 종교적인 기도와 의례로 진행된다. 저자는 브루나이 무슬림의 결혼식과 싱가포르 무슬림의 결혼식에 참석하였다.

브루나이 결혼식은 수상촌 학교에서 진행되었고, 싱가포르 결혼식은 모스크에서 진행되었다. 두 결혼식 모두 종교적인 경건함속에서 진행되었고 혼주들의 친절함과 하객들의 웃음속에 정감이 넘쳤다.

## 1. 무슬림의 결혼식 풍경

## 2. 무슬림의 결혼과 가족

한국의 변하지 않는 결혼식 풍경중에 하나가 결혼식이 끝난 후 가족과 친지들이 모두 모여 기념사진을 찍는 모습이다. 결혼식 기념사진은 결혼이 신랑과 신부 둘만의 행사가 아닌 가족간의 만남이고 가족의 행사라는 점을 말해주고 있다. 동남아 이슬람권의 무슬림 결혼식도 마지막 풍경은 가족과 친지들이 함께 단체사진을 찍는 모습이다. 동남아 무슬림의 결혼식 풍경이 우리와 많이 닮아 있어 정겹다.

# 제9장 무슬림의 인사와 친절

무슬림들은 첫만남과 인사를 중요시한다. 무슬림들은 인사를 하면서 이슬람 방식대로 하는 경우도 있지만, 주로 악수를 한다. 단 남성이 무슬림 여성들에게 악수를 먼저 신청하는 것은 삼가해야 한다. 무슬림들은 손님에게 친절하고, 정성을 다해 환대한다. 동남아 무슬림들은 처음 본 외국인들에게도 호의적이고 밝은 미소로 대해준다.

## 1. 무슬림의 인사문화

## 2. 무슬림의 웃는 모습

인간의 모습중에서 가장 보기 좋은 모습은 웃는 모습이다. 만물의 영장 인간이 동물과 다른 점중에 하나는 웃을 수 있다는 점이다. 동남아 무슬림들의 밝게 웃는 모습은 찌는듯이 더운 동남아의 무더위를 잠시 잊게 해준다. 동남아 무슬림들의 웃음속엔 친절함과 남에 대한 배려가 녹아들어 있다. 무슬림의 웃음속엔 무엇보다 지속되는 무더위속에 서로가 부딪치지 않고 잘 살아갈 수 있는 지혜가 담겨져 있다.

# 제10장 동남아 전통 이슬람문화와 소비문화

동남아 이슬람문화는 정통 이슬람문화에 동남아 토착문화가 융합이 되어 동남아 특유의 이슬람문화를 정착시켰다. 동남아 무슬림들은 이슬람교리에 의해 지나친 소비를 하람으로 간주하고 근검절약의 합리적인 소비를 미덕으로 삼고 있다.

## 1. 동남아 전통 이슬람문화

## 2. 동남아 이슬람의 소비문화

소비는 재화를 소유하거나 사용하는 인간의 행위이다. 자본주의 사회에서 쇼핑은 즐거움과 삶의 활력소를 준다. 사회적 문제가 되는 부분은 지나친 과소비이다. 과소비란 필요 이상의 재화를 구매하거나 소득을 넘는 소비를 말한다. 이슬람은 기본적으로 인간의 행복한 삶을 위해 소비를 장려한다. 단, 이슬람 율법에서 금지하고 있는 하람 제품을 구매하거나 과시하는 소비를 금하고 있다. 동남아 이슬람문화권에서는 크고 작은 바자회가 자주 열리는데 이곳에 가면 동남아 무슬림들이 과소비를 하지 않고 알뜰하게 소비하는 모습을 자주 볼 수 있다.

# 제11장 한국과 동남아 이슬람

많은 한국 사람들에게 동남아는 한국인들이 즐겨 찾는 관광지로 떠올려 진다. 그러나 최근들어 동남아 관광객들의 한국 방문이 급증하고 있다. 특히 동남아 이슬람권의 무슬림들의 한국 방문이 증가하고 있다.

또한 한국에는 동남아 이슬람권 국가에서 온 외국인 근로자들이 많이 거주하고 있고, 이슬람 사원도 있다. 한국 기업은 동남아 이슬람권 소비자들의 니즈에 부합하는 차별화된 마케팅전략을 다각적으로 동남아 현지에서 하고 있다.

## 1. 동남아 이슬람권에 진출한 한국 화장품

## 2. 동남아 이슬람권에 진출한 한국 휴대폰

## 3. 한국을 방문한 동남아 무슬림

## 4. 한국의 이슬람 사원

# 제3부

# 이슬람에 대한 이해

# 제1장 이슬람 입문

## 1. 이슬람 정의

이슬람(Islam)은 신의 뜻에 복종하다라는 의미로 종교의 이름이다. 이슬람은 예언자인 무함마드께서 천사 가브리엘을 통해 알라(Allah)의 계시를 받아 610년에 창시한 일신교다. 이슬람교는 알라께 절대적으로 복종하는 것을 의미한다.

이슬람은 알라(Allah), 꾸란(Quran)과 무하마드(Muhammad)가 종교의 핵심이다. 꾸란은 기독교의 성경에 상응하고 무하마드는 기독교의 예수에 대응하는 존재로 신의 아들이 아니라 인간이라는 점이 다르다.

## 2. 이슬람 = 종교 + 유목민 전통 + 상인정신

이슬람을 종교로만 이해해서는 안 된다. 이슬람은 중동의 유목민 부족전통과 상인정신에 토대를 두고 있는 신앙이자 관례다(서정민, 2013.9).

## 3. 이슬람의 어원

이슬람(Islam)의 용어는 순종하다, 몸을 맡긴다는 의미의 아랍어 아슬라마(aslama)에 어원을 두고 있다(양승윤, 2014). 또한 이슬람이란 아랍어로 평화의 의미를 갖고 있는 쌀람(salām)에서 파생된 용어이다. 여기에서 평화의 의미는 알라의 모든 피조물은 유일신인 알라에게 복종과 순종을 할 때만이 오롯이 평화를 향유할 수 있다는 의미이다.

## 4. 이슬람의 종교적 함의

이슬람(Islam) = 순종 + 평화
무슬림(Muslim) = 복종하는자

이슬람은 꾸란(Al Qu'ran)등의 이슬람 경전의 가르침과 실천을 통하여 알라(Allah)께 귀의(歸依)하는 종교이다. 무슬림은 유일신 알라께 절대 순종함으로써 육체와 정신의 완전한 평화를 얻을 수 있다. 무슬림이 복종하는자의 함의는 무슬림들은 알라의 뜻과 의지에 절대 복종한다는 의미이다(양승윤, 2007).

### Check Point 이슬람의 언어학적 어원, 신학적 의미

이슬람의 언어학적 어원은 평화이고, 신학적 의미는 복종이다. 이슬람은 히브리어의 살롬과 같은 어근으로 평화를 의미한다. 이슬람 사상은 알라께 절대 복종함으로써 인간 내면의 평화와 지상에서의 평화를 얻는다(이희수, 2003).

### 5. 무슬림과 무슬리마

무슬림은 알라의 말씀을 진리로 받아들인 사람들이다(양승윤, 2014). 이슬람교를 믿는 사람을 무슬림(Muslim)이라고 한다. 즉, 무슬림은 이슬람 신자로 절대적으로 이슬람에 복종하는 자라는 의미이다. 이슬람을 믿는 이슬람 신자 중에서 여성은 무슬리마라라고 한다.

## 제2장 이슬람의 종교적 접근

### 1. 이슬람교는 아랍인만의 종교인가

유대교 = 유대인의 종교
이슬람교 ≠ 아랍인만의 종교

이슬람교와 유대교는 모두 유일신 신앙의 뿌리에서 출발하여 아브라함을 공통조상으로 하고 있다(이희수, 2003). 유대교는 유대인의 종교이지만, 이슬람교는 아랍인들만의 종교가 아니고 아랍연맹에 속해 있는 22개국을 포함하여 140여개 국가에 16억 명의 신도를 가진 종교이다.

### 2. 이슬람교는 무함마드교가 아니다

이슬람교는 무함마드(Muhammad)를 믿는 종교가 아니다. 이슬람교는 하나님을 믿는 종교이다(양승윤, 2007). 무슬림들은 알라의 말씀이 천사 가브리엘(Gabriel)을 통해서 오로지 한 인간에게만 계시(啓示)되었다고 믿는다. 알라의 예언자로 선택된 사람이 무함마드(Muhammad)이다. 무슬림들은 무함마드를 인간 이상의 존재로 신격화하지 않는다. 따라서 이슬람교를 무함마드교라고 불러선 안된다. 무슬림들은 오직 하나님 알라(Allah)만을 믿기 때문이다.

이러한 내용은 무슬림들의 신앙증언문에 다음과 같이 표현되어 있다. "알라 이외에 신은 없고, 무함마드가 신의 사도(使徒)이다"(양승윤, 2014). 무함마드는 자신을 신격화하려는 추종자들의 시도를 용납하지 않았고 자신의 신성(神性)을 주장하지 않았다. "나는 너희와 같은 인간이다"라는 구절이 꾸란 18장 110절에 나온다. 무슬림들은 무함마드를 예언자로 부른다(진원숙, 2008). 이슬람교의 원년도 무함마드께서 탄생한 570년이 아니고 사도 무함마드가 70명의 이슬람신도와 메카에서 메디나로 이주한 622년이다(엄익란, 2014). 이슬람을 유럽에서는 무함마드교 중국과 한국에서는 회교(回敎)라고도 칭하는데 잘못된 명칭이다.

### *Check Point* 무함마드의 가족

무함마드는 영어로는 마호메트(Mahomet)라고 한다. 무함마드는 570년 메카의 하심가문에서 태어났다. 무함마드의 아버지는 무함마드가 태어나기 전에 세상을 떠났다. 6살 때 어머니도 돌아 가셨고 할아버지와 생활하다가 할아버지도 돌아가시자 숙부 손에서 성장하였다. 무함마드는 25살 때에 부유한 미망인 카디자와 결혼했고, 슬하에 아들 두 명과 딸 넷을 두었다. 아들 두 명은 어렸을 때 모두 사망하였다(지아우딘사르다르, 1994).

### *Check Point* 이슬람교, 유대교, 기독교의 공통점

이슬람교, 유대교, 기독교 모두 같은 하나님을 믿는 일신교(一神敎)이다. 야훼는 헤브라이어이고, 알라는 아랍어이며 하나님은 한국어다(양승윤, 2007).

유대교는 구약성서만을, 기원후 1세기에 성립한 기독교는 구약성서와 신약성서를, 7세기에 성립한 이슬람교는 꾸란을 신앙의 근거로 삼고 있다(宮崎正勝, 2006).

## 3. 순니파와 시아파

이슬람은 주류인 순니파와 분파인 시아파로 분열된다. 순니파는 전통적으로 이어져온 칼리파를 지도자로 삼고 이슬람교도 전체의 합의를 중시하는 집단이다. 시아파는 제4대 칼리파인 알리의 자손을 이슬람 지도자로 삼고 혈통을 중시한다(미야자키 마사카쓰, 2005).

순니파와 시아파의 이슬람 기본교리에는 큰 차이가 없다. 일반적으로 순니파는 정통파이고, 시아파는 종파이다. 순니 무슬림 공동체에서 시아파들이 분파하였다. 이슬람이 크게 순니와 시아로 분리된 원인은 예언자 무함마드(Muhammad) 사후 예언자의 뒤를 누가 계승하느냐에서 시작되었다.

순니파는 공동체의 관행인 순나(Sunna)와 공동체의 합의를 따르는 사람들이라는 의미처럼 무함마드의 계승자인 칼리파가 이슬람 공동체의 관행과 합의에 따라 선출해야 된다고 생각하는 무슬림들이다.

이에비해 시아파는 알리 쉬아(Ali Shia)의 줄인 말로 무함마드의 사위인 알리(Ali)를 따르는 무슬림들이라는 의미처럼 무함마드의 계승자인 칼리파는 무함마드의 가문(ahl al-bait)에서 선출해야 된다고 생각하는 무슬림들이다(양승윤, 2014).

순니파(전승주의자)는 무함마드의 혈통이 아닌 칼리파와 꾸란의 주석서를 인정한데 이에 비해 시아파(종파주의자)는 칼리파는 무함마드의 혈통에 따라야 한다고 주장하고 꾸란을 위한 어떠한 주석도 인정하지 않는다. 순니파는 전 세계 무슬림의 약 90%정도를 차지하고 있고, 시아파는 약 10%로 주로 이란에 거주하고 있어 시아파 무슬림은 이란 무슬림으로 불린다. 순니파와 시아파 모두 율법의 세부 사항에 대한 해석을 달리하는 여러 종파로 다시 나뉜다(진원숙, 2008). 순니 무슬림은 4대 법학파인 한발리학파, 말리키학파, 하나피학파, 샤피이학파 가운데 하나를 따른다(윤용수외, 2009).

**표 3-1** 이슬람교 순니파의 주요 학파별 특징과 분포 지역

| 학 파 | 특 징 | 주요 분포 지역 |
|---|---|---|
| 하나피 (Hanafi) | 인간의 이성과 자유의지를 강조하여 자유롭고 융통성 있게 합리성을 추구하는 학파로, 타 학파에 비해 개방적이고 유연함 | 터키, 시리아, 요르단, 중국, 중앙아시아, 북인도, 아프가니스탄, 파키스탄, 하이집트(카이로와 델타지역) |
| 말리키 (Maliki) | 하나피 학과에 대항하여 창시되었으며 코란을 비롯하여 하디스에 주로 의존하여 법이론을 발전시켰고 순나의 범위를 넓게 받아들임 | 모로코, 알제리, 튀니지, 스페인, 상 이집트, 수단, UAE, 쿠웨이트, 바레인 |

| 학 파 | 특 징 | 주요 분포 지역 |
|---|---|---|
| 샤피이 (Shafii) | 하나피와 말리키 학파의 절충적 입장을 취하여 고전적 이슬람법 이 론의 체계를 정리·통합하고 과학화하여 이슬람법인 피크(fiqh)의 기초를 다짐 | 팔레스타인, 레바논, 예멘, 인도네시아, 말레이시아, 브루나이, 동아프리카, 남부 이집트, 인도양 연안 |
| 한발리 (Hanbali) | 하나피 학파와는 달리 이성을 배격하고 샤리아 법원(法源)은 코란과 하디스로 한정해야 한다는 엄격한 법체계를 주장함 | 사우디아라비아, 카타르, 이라크, 시리아 |

자료: 한동훈외(2009)

### *Check Point* 칼리파

632년에 무함마드가 사망한 후 이슬람 공동체인 움마는 무함마드의 후계자인 칼리파를 선출하여 위기를 극복하고 이슬람교단을 재건하였다. 칼리파는 무함마드 사후 무함마드의 후계자로 예언자나 사도로서의 자격을 제외한 공동체의 지도자로서 승계받은 자이다(김용선, 2002).

### *Check Point* 대정복운동, 민족대이동

2대 칼리파가 된 우마르는 지하드(성전)를 강화했다. 이러한 일련의 행동을 대 정복운동이라고 칭한다. 아랍인은 정복한 후 피정복지의 전통적인 사회 관습을 존중하였다. 7-8세기의 대정복 운동을 통해 약 130만 명의 아랍인이 아라비아 반도에서 이집트, 시리아, 이란, 이라크 등으로 대규모 이주했다. 이러한 대규모 이주를 민족대이동이라고 말한다.

### *Check Point* 지하드의 의미

지하드는 옳은 길을 위해서 투쟁하다는 의미이다. 지하드는 4단계로 진행된다. 첫째, 말로써 상대방을 설득한다. 말로써 설득함에도 불구하고 상대방이 계속 공격을 하면 둘째, 글로써 설득과 경고를 하고 글로써도 안되면 셋째, 직접 만나서 협상을 한다. 넷째, 말과 글과 협상을 통해서도 상대방의 적의감이 이슬람의 존재를 위협할 때 마지막 저항수단으로 무력을 통한 지하드를 선포한다.

말과 글을 통한 갈등해결은 대지하드이고 무력을 통한 갈등해결은 소지하드이다(이희수, 2003).

### 4. 이슬람 부흥운동

1950~1960년대 이후 이슬람 세계에서는 이슬람의 가치를 종교분야뿐만 아니라 무슬림의 삶의 모든 분야에 적용하고 실천하자는 이슬람화(Islamization) 운동이 일어났다. 서구세계가 자주 사용하는 이슬람 원리주의(Islamic Fundametalism)는 서양에서 만든 용어로 이슬람 부흥운동이 서양주도의 정치질서에 반대하고, 무슬림이 속한 세속정부에 저항하는 운동이라고 자의적으로 해석한 것이다.

그러나 이슬람 부흥운동은 서구를 부정하는 것이 아니고 서구와의 협력과 조화속에 이슬람의 가치를 회복하는 운동이다. 이슬람 부흥운동은 이슬람식 전통과 현대화사이의 모순과 갈등을 합리적으로 극복하려는 이슬람 운동이다(이희수, 2003).

## 제3장 이슬람교의 특징은 무엇인가

### 1. 이슬람교는 평등주의

사도 무함마드는 우상숭배의 철폐와 형제애에 기초한 사회정의와 평등을 설파하였다. 이러한 이슬람교의 평등 사상은 그 당시 메카의 기득권과 부를 차지하고 있던 메카의 귀족들과 갈등을 가져 왔다(엄익란, 2014).

이슬람은 원칙적으로 성속을 구분하지 않는다. 따라서 이슬람에서 종교적 가르침은 인간의 모든 삶을 관장한다(전제성, 2014). 이슬람교는 무함마드께서 계시받은 꾸란과 무함마드의 언행록인 하디스를 토대로 하는 신앙과 실천체계이다. 이슬람교는 알라 앞에 무슬림들이 인종, 국적, 피부색 등에 관계없이 누구나 평등하다는 원칙아래 오로지 신앙적 믿음과 실천만을 특징으로 하는 종교이다(한국종교문화연구소, 2003).

이슬람교는 일상생활과 신앙생활이 결합된 재가신앙으로 일상의 생활이 수행의 장이라고 생각하는 재가종교이다. 이슬람은 모든 것은 알라가 창조한 것이라는 전제하에 문화의 다양성을 인정하여 각 지역의 전통을 계승하고 다양한 생활을 영위하고 있다(宮崎正勝, 2006).

## 2. 이슬람 = 정교일치 = 신정체제

이슬람 공동체인 움마는 처음부터 정치와 종교가 분리되지 않은 신정체제(theocracy)였다. 이슬람을 기반으로 한 정치,경제, 종교 공동체를 구축하는 것을 이상적인 공동체로 생각했다(정상률 2012; Lewis 1990), (김동엽, 2014).

이슬람은 정교일치(政教一致)의 종교이다. 무슬림들은 처음부터 종교를 토대로 하여 무슬림 공동체를 구축하였고, 이러한 무슬림 공동체는 종교이고 국가였다. 무함마드가 만든 이슬람공동체인 움마(ummah)는 처음부터 모든 국가적 요소를 갖추고 있는 공통체로 국가와 종교를 구별하지 않는 구조였다.

꾸란과 하디스는 국가통치에 관한 기본원리가 된다. 무함마드는 종교를 바탕으로 공동체 움마를 세웠고 움마는 교회이자 국가였고, 후계자 칼리파들도 종교지도자로서 국가를 통치했다(진원숙, 2008). 꾸란과 예언자 무함마드의 언행록인 순나(Sunna)는 종교적인 교리로서 뿐만 아니라 정치적, 사회적, 군사적 모든 분야에서 움마 통치의 토대가 되었다.

무슬림들은 이슬람에는 종교뿐만 아니라 정치, 경제, 군사, 사회 등의 모든 원리가 내포되어 있다고 믿는다. 이처럼 이슬람이라는 표현은 종교를 의미하는 이슬람교보다 포괄적인 개념이다(양승윤, 2014).

## 3. 이슬람은 형제애를 신앙적 목표로 한다

세계 3대 종교인 기독교는 박애(博愛)를 신앙적 목표로 하고 있고, 불교는 자비(慈悲)를 신앙적 목표로 하고 있다. 이슬람은 형제애(兄弟愛; brotherhood)를 신앙적 목표로 삼고 있다. 중동의 이슬람 형제국가가 이교도(異教徒)와 전쟁이 일어나거나 대규모 지진 등의 천재지변이 발생하면 이웃 이슬람 국가들은 정서적 동질감에서 형제애를 발휘한다(양승윤, 2007). 무함마드는 "모든 무슬림들은 형제입니다. 여기에 모인 당신들은 모두 동등합니다"라고 말했다(진원숙, 2008).

### *Check Point* 움마와 형제애

무슬림은 자신의 정체성을 움마(Ummah)라는 이슬람 공동체를 토대로 정의

하려면 경향이 있을 정도로 움마는 무슬림에게 중요하다(엄익란, 2014). 이슬람문화의 전통중의 하나는 모든 무슬림 구성원들의 이해관계가 있는 갈등은 반드시 이슬람공동체 움마(Ummah)의 무슬림이 모두 참여하여 해결방안을 찾는다는 점이다.

## 4. 이슬람은 성직자 제도가 없다

이슬람에서는 기독교의 목사, 천주교의 신부와 같은 신과 인간간의 영적인 중재자가 없어도 알라와 개인 무슬림간은 직선적인 관계에 있다고 믿고 있다(양승윤, 2014). 무슬림들은 알라와 직접 통할 수 있기 때문에 성직자의 도움을 받거나 의지할 필요가 없다(진원숙, 2008). 무슬림은 알라의 의지에 따라 생활하다가 인생을 마칠 것을 요구되며 스스로 일상생활에 깊이를 더하는 것을 중요하게 생각한다(宮崎正勝, 2006).

## 5. 이맘

이맘(imam)은 예배 인도자를 의미한다. 이맘은 앞에서는 사람, 인도자, 무슬림 지도자 등의 여러 가지 의미를 내포하고 있다(장 후세인, 2013). 이맘은 모스크에서 무슬림들이 집단예배를 할 때 예배를 인도하는 무슬림이다. 이맘은 무슬림이면 누구나 될 수 있다. 특별한 자격시험이나 과정없이 무슬림이면 누구나 할 수 있다.

일반적으로 둘 이상의 무슬림이 예배를 드리면 그 중의 한 사람은 반드시 이맘이 되어 예배를 인도해야 한다. 대부분의 무슬림은 어린 시절부터 이슬람 예배절차를 배웠기 때문에 누구나 이맘이 될 수 있다.

이슬람에서는 알라를 믿는 자는 모두 알라 앞에 평등하다고 믿는다. 이슬람에서는 알라의 의지에 복종하는 알라의 피조물인 인간은 어떤 한 인간이 다른 인간보다 알라에 더 가까이 있다고 볼 수 없다는 것이다. 무함마드 사후 무함마드의 후계자로 이슬람 공동체를 이끌었던 칼리파(Khalifah)도 알라 앞에서는 무슬림 평신도와 동일하였다(양승윤, 2014).

무함마드는 이맘이 될 수 있는 조건으로 다음과 같이 말씀하였다. “꾸란을 가장 잘 암송하는자가 이맘으로서 가장 먼저 추천되며, 그 다음으로는 이슬람의 가르침을 가장 잘 아는 자가 이맘으로 추천되느니라, 만일 같은 조건을 가졌다면 연장자가 이맘이 되어야 하느니라” 이맘은 단지 예배를 인도하는 사람이지 성직자가 아니다. 남녀가 예배를 함께할 때는 남자만이 이맘이 될 수 있다(장 후세인, 2013).

### *Check Point* 울라마(ulama)

울라마(ulama)는 이슬람교 신학 또는 율법에 뛰어난 학자들이다(진원숙, 2008). 울라마는 이슬람법학자와 신학자 등의 이슬람 종교지식인에 대한 통칭으로 무슬림 대중으로부터 존경을 받고 있다. 이슬람 법학자들은 파끼(faqih)라고도 부른다(양승윤, 2014).

# 제4부

# 이슬람 세계

# 제1장 어디까지가 이슬람 세계인가

## 1 이슬람 세계의 범위

이슬람 세계 = 무슬림 공동체
이슬람문화권 = 무슬림 움마 = 이슬람 세계 = 이슬람권
이슬람 세계 > 아랍국가

이슬람 세계는 이슬람을 국교로 정한 국가와 국교가 이슬람은 아니지만 무슬림이 국민 중에서 다수파를 형성하고 있는 모든 나라의 집합이다(김대용, 2013).

문화적 관점에서 이슬람 세계는 이슬람을 믿는 무슬림 공동체를 말한다. 무슬림 공동체는 어느 한 국가나 지역에만 있지 않고 수 많은 국가들에 상존하고 있다. 이러한 무슬림 공동체는 이슬람교에 의해 강력하게 연결된 공동체이다. 지정학적 관점에서 이슬람 세계는 무슬림이 다수를 차지하고 있는 국가를 의미한다. 정치적 관점에서 이슬람 세계는 무슬림이 정치적으로 지배하는 국가들을 의미한다.

전 세계적으로 약 30-40개 국가들은 무슬림이 다수인 국가이다. 서남아시아 및 동남아시아에는 1억 이상의 무슬림이 거주하고 있는 인도네시아, 파키스탄 및 방글라데시 등의 이슬람대국들이 있다.

### *Check Point* 중동과 이슬람교

이슬람교를 기반으로 여러 아랍민족 연합체가 아랍세계를 구축하였다. 아랍인은 본래 아라비아 반도에 거주하였던 부족과 이슬람교가 확대되는 과정에서 이슬람교로 개종하여 아라비아어를 사용하게 된 시리아, 이집트 등의 신생 아랍인으로 분류된다. 일반적으로 아라비아어를 사용하는 사람을 아랍인이라고 한다. 그런데 중동에서 터키어를 사용하는 터키와 페르시아어를 사용하는 이란은 아랍세계가 아니다(宮崎正勝, 2006).

**표 4-1** 중동지역 국가들의 일반개황

| 구 분 | | 인 구 (만 명) | 면 적 (천km²) | GDP (억 달러) | 1인당 GDP (달러) | 경 제 성장률 (%) | 소비자 물 가 상승률(%) | 경상수지/ GDP (%) |
|---|---|---|---|---|---|---|---|---|
| 아라비아반도 | 바레인 | 61 | 0.7 | 7.6 | 1,242 | 3.1 | -0.2 | 66.6 |
| | 사우디 | 1,851 | 2,150 | 1,346.5 | 7,372 | 2.3 | 1.2 | 0.2 |
| | UAE | 244 | 83.6 | 446.2 | 18,287 | 0.8 | 7.4 | 14.9 |
| | 오만 | 221 | 320.0 | 153.2 | 6,932 | 3.5 | 0.2 | -1.7 |
| | 예멘 | 1,362 | 527 | 51.7 | 380 | 4.7 | 25.5 | -1.7 |
| | 카타르 | 58 | 11.4 | 80.5 | 13,999 | 4.6 | 2.5 | -28.9 |
| | 쿠웨이트 | 209 | 17.8 | 309.9 | 14,826 | 4.8 | 3.2 | 21.9 |
| 레반트 | 레바논 | 360 | 10.4 | 130.1 | 3,615 | 4.0 | 8.9 | -42.4 |
| | 시리아 | 1,462 | 185 | 599.2 | 4,099 | 5.5 | 8.3 | 0.5 |
| | 요르단 | 544 | 97.7 | 36.5 | 671 | 5.2 | 6.5 | -6.1 |
| | 이라크 | 2,045 | 435 | 227.1 | 1,111 | 0.0 | 225.0 | -1.5 |
| | 팔레스타인 | 237 | 526 | 33.8 | 1,707 | 3.5 | 11.1 | 5.5 |
| 북아프리카 | 리비아 | 533 | 1,761.1 | 231 | 4,334 | 1.5 | 35.0 | 0.5 |
| | 모로코 | 2,762 | 711 | 368.2 | 1,333 | 12.0 | 3.0 | -1.7 |
| | 수단 | 3,070 | 2,506 | 105.5 | 344 | 4.5 | 139.0 | -7.8 |
| | 알제리 | 2,917 | 2,382 | 450.9 | 1,546 | 3.4 | 21.7 | 3.0 |
| | 이집드 | 6,060 | 1,002 | 673.6 | 1,111 | 5.1 | 7.2 | -0.3 |
| | 지부티 | 58 | 23.2 | 4.5 | 769 | -3.1 | n.a. | -5.2 |
| | 튀니지 | 892 | 164 | 194.9 | 2,184.4 | 6.9 | 3.7 | -2.8 |
| 비아랍 | 이란 | 6,240 | 1,648 | 132.9 | 2,130 | 5.9 | 28.9 | .0 |
| | 이스라엘 | 570 | 20.7 | 951.9 | 16,700 | 4.5 | 11.3 | -7.4 |
| | 터키 | 6,269 | 780 | 175.9 | 2,806 | 7.4 | 80.3 | -0.8 |

자료: KIME, 2008, 홍성민(2010)

## 2. 이슬람 회의기구와 아랍연맹

이슬람 회의기구 > 아랍연맹

이슬람 회의기구(Organization of the Islamic Conference; OIC)는 4개 대륙에 속한 57개국의 회원국으로 구성된 이슬람 기구로 UN 다음으로 세계에서 두 번째로 큰 정부간 기구이다.

이슬람 회의기구(Organization of the Islamic Conference)에 가입되어 있는

회원국가는 아랍연맹 22개국을 포함하여 57개국이다. 아랍연맹국을 제외한 OIC회원국은 다음과 같다. 아프가니스탄, 알바니아, 아제르바이잔, 방글라데시 베냉, 브루나이, 부르키나파소, 카메룬, 차드, 가봉, 잠비아, 기니, 기니비사우, 가이아나, 인도네시아, 이란, 카자흐스탄, 키르기스스탄, 말레이지아, 몰디브, 말리, 모잠비크, 니제르, 나이지리아, 파키스탄, 세네갈, 시에라리온, 수리남, 타지키스탄, 토고, 터키, 투르크메니스탄, 우간다, 우즈베키스탄, 코트디부아르(홍성민, 2009).

**Check Point** 아랍연맹

아랍연맹에 속한 22개 국가는 레바논, 시리아, 이라크, 요르단, 팔레스타인 자치정부, 사우디아라비아, 쿠웨이트, 바레인, 카타르, 아랍에미레이트, 오만, 예멘, 이집트, 수단, 리비아, 튀니지, 알제리, 모로코, 모리타니, 지부티, 소말리아, 코모로 등이다.

**Check Point** GCC

걸프협력회의(GCC)는 아라비아반도에 위치한 국가군으로 1981년 걸프지역의 정치적 불안에 공동대응하기 위하여 사우디아라비아, 쿠웨이트, 아랍에미리트, 카타르, 오만, 바레인이 1981년에 설립하였다. GCC 국가들의 경제구조는 석유의존도가 높고 국내 제조업 기반이 취약하다(엄익란, 2014).

## 제2장 세계 무슬림 인구

### 1. 세계 무슬림 인구 개요

2010년 기준 세계인구 70억 중에서 무슬림 인구는 16억 1,930만 명이며 이는 세계 인구의 약 25%이다. 약 17억 명인 전 세계 무슬림의 61%가 아시아에 거주하고 있다(Pew Research Center: cdaily, 2012.9.11). 이슬람교는 기독교,

불교와 더불어 세계 3대 종교이다. 전 세계 무슬림의 인구는 2030년에는 22억 명으로 증가할 것으로 전망된다(Pew Research Center, 2013.6.7).

**표 4-2** 주요 국가의 이슬람교도 인구

| 국가 지역 | 인구 (백만 명) | 이슬람 교도비율 (%) | 이슬람 교도인구 (백만 명) |
|---|---|---|---|
| 서아시아 | | | |
| 아제르바이잔 | 8.5 | 93 | 7.9 |
| 바레인 | 0.7 | 100 | 0.7 |
| 이라크 | 29.6 | 97 | 28.7 |
| 이스라엘 | 7.2 | 19 | 1.4 |
| 요르단 | 5.6 | 94 | 5.3 |
| 쿠웨이트 | 2.7 | 100 | 2.7 |
| 레바논 | 3.9 | 60 | 2.3 |
| 오만 | 2.6 | 99 | 2.6 |
| 팔레스타인 | 3.9 | 98 | 3.8 |
| 카타르 | 0.8 | 95 | 0.8 |
| 사우디아라비아 | 24.1 | 100 | 24.1 |
| 시리아 | 19.5 | 90 | 17.6 |
| 터키 | 73.7 | 100 | 73.6 |
| UAE | 4.9 | 96 | 4.7 |
| 예맨 | 21.6 | 100 | 21.6 |
| 중앙/남아시아 | | | |
| 아프가니스탄 | 31.1 | 99 | 29.6 |
| 방글라데시 | 146.6 | 88 | 127.3 |
| 인도 | 1121.8 | 13 | 154.5 |
| 이란 | 70.3 | 99 | 68.8 |
| 카자흐스탄 | 15.3 | 47 | 7.1 |
| 키르기즈스탄 | 8.2 | 75 | 3.9 |
| 몰디브 | 0.3 | 100 | 0.3 |
| 파키스탄 | 165.8 | 97 | 157.5 |
| 스리랑카 | 19.9 | 8 | 1.5 |
| 타지키스탄 | 7.0 | 90 | 6.1 |
| 투르크메니스탄 | 5.3 | 89 | 4.6 |
| 우즈베키스탄 | 26.2 | 88 | 23.2 |

| 국가 지역 | 인구 (백만 명) | 이슬람 교도비율 (%) | 이슬람 교도인구 (백만 명) |
|---|---|---|---|
| 북아프리카 | | | |
| 알제리 | 33.5 | 99 | 33.2 |
| 이집트 | 75.4 | 94 | 70.9 |
| 리비아 | 5.9 | 97 | 5.7 |
| 모로코 | 32.1 | 99 | 31.8 |
| 수단 | 41.2 | 73 | 30.1 |
| 튀니지 | 10.1 | 98 | 9.9 |
| 유럽 · 북미 | | | |
| 영국 | 60.1 | 3 | 1.5 |
| 프랑스 | 60.7 | 10 | 6.1 |
| 독일 | 82.5 | 4 | 3.1 |
| 스위스 | 7.4 | 3 | 0.2 |
| 러시아 | 143.0 | 19 | 27.0 |
| 캐나다 | 32.6 | 3 | 0.8 |
| 미국 | 299.1 | 2 | 6.3 |
| | | | |
| 동남아시아 | | | |
| 브루나이 | 0.4 | 67 | 0.3 |
| 인도네시아 | 225.5 | 88 | 195.3 |
| 말레이시아 | 26.9 | 59 | 15.4 |
| 필리핀 | 86.3 | 7 | 5.9 |
| 싱가포르 | 4.5 | 15 | 0.7 |
| 태국 | 65.2 | 9 | 5.9 |
| 중국 | 1311.4 | 3 | 39.1 |
| 일본 | 127.8 | 0 | 0.2 |
| 한국 | 48.5 | 0 | 0.1 |

자료: islamicpopulation.com, 요시다 에츠야키(2007)

## 2. 무슬림이 가장 많이 거주하는 국가와 지역

전세계 무슬림의 약 20%는 아랍국가에 거주하고 있고, 아시아대륙에 약 40%가 거주하고 있다. 현재 전 세계적으로 무슬림 수가 가장 많은 국가는 인도네시아이고, 지역적으로는 인도반도(파키스탄, 인도, 방글라데시)에 무슬림이 가장 많이 거주하고 있다(한국농수산식품유통공사, 2014).

**| 표 4-3 |** 세계 무슬림 인구 10대 국가

(단위 : 명)

| 순위 | 2010 | | 2030 | |
|---|---|---|---|---|
| | 국가 | 인구 | 국가 | 인구 |
| 1 | 인도네시아 | 204,847,000 | 파키스탄 | 256,117,000 |
| 2 | 파키스탄 | 178,097,000 | 인도네시아 | 238,833,000 |
| 3 | 인도 | 177,286,000 | 인도 | 236,182,000 |
| 4 | 방글라데시 | 148,607,000 | 방글라데시 | 187,506,000 |
| 5 | 이집트 | 80,024,000 | 나이지리아 | 116,832,000 |
| 6 | 나이지리아 | 75,728,000 | 이집트 | 105,065,000 |
| 7 | 이란 | 74,819,000 | 이란 | 89,626,000 |
| 8 | 터키 | 74,660,000 | 터키 | 89,127,000 |
| 9 | 알제리 | 34,780,000 | 아프가니스탄 | 50,527,000 |
| 10 | 모로코 | 32,381,000 | 이라크 | 48,350,000 |

자료: Pew Research Center's Forum on Religion & Public Life, The Future of the Global Muslim Population, 2011.

## 3. 세계 4대 무슬림국가

2010년 기준으로 무슬림 인구가 많은 세계 4대 무슬림 국가는 인도네시아(2억 5,611만명), 파키스탄(1억7,809만명), 인도(1억7,722만명) 방글라데시(1억 4,890만명)이다(Pew Research: Centercdaily, 2012.09.11.). 세계 최대 무슬림국가인 인도네시아에 전세계 무슬림의 약 15%의 무슬림들이 거주하고 있다(한국농수산식품유통공사, 2014).

**Check Point** G2에도 무슬림이 있는가

중국에도 약 4천만명의 무슬림이 있고 미국에도 약 8백만명이 이상의 무슬림들이 거주하고 있다(한국이슬람중앙회, 2014).

**표 4-4** 주요국 무슬림 비중(2012-2013)

(단위: 백만 명, %)

| 국 가 | 총 인구(백만 명) | 이슬람 인구(백만 명) | 이슬람 인구 비중(%) |
|---|---|---|---|
| 일 본 | 12.7 | 0.18 | 0.14 |
| 한 국 | 48.9 | 0.44 | 0.9 |
| 영 국 | 63.2 | 2.91 | 4.6 |
| 싱 가 포 르 | 5.3 | 0.85 | 16 |
| 말레이시아 | 29.0 | 17.52 | 60.4 |
| 미 국 | 313.9 | 6.62 | 2.11 |
| 중 국 | 1350.4 | 135.04 | 10 |

자료: Muslim Population, Asia Muslim Population in 2013, 손성현외(2013)

**표 4-5** 지역별 무슬림 인구 비중

(단위: 명, %)

| | 2010 | | 2030 | |
|---|---|---|---|---|
| | 인구 | 비중(%) | 인구 | 비중(%) |
| 세계 | 1,619,341,000 | 100.0 | 2,190,154,000 | 100.0 |
| 아시아-태평양 | 1,005,507,000 | 62.1 | 1,295,625,000 | 59.2 |
| 중동-북아프리카 | 321,869,000 | 19.9 | 439,453,000 | 20.1 |
| 사하라 사막 이남 아프리카 | 242,544,000 | 15.0 | 385,939,000 | 17.6 |
| 유럽 | 44,138,000 | 2.7 | 58,209,000 | 2.7 |
| 미주 | 5,256,000 | 0.3 | 10,927,000 | 0.5 |

자료: Pew Research Center's Forum on Religion & Public Life, The Future of the Global Muslim Population, 2011.

**표 4-6** 세계인구 대비 무슬림 인구 비중

(단위: 10억 명)

| | 비 무슬림 인구 | 무슬림 인구 | 합계 | 세계인구 대비 무슬림 인구 비중(%) |
|---|---|---|---|---|
| 1990년 | 4.2 | 1.1 | 5.3 | 19.9 |
| 2000년 | 4.8 | 1.3 | 6.1 | 21.6 |
| 2010년 | 5.3 | 1.6 | 6.9 | 23.4 |
| 2020년 | 5.8 | 1.9 | 7.7 | 24.9 |
| 2030년 | 6.1 | 2.2 | 8.3 | 26.4 |

자료: Pew Research Center's Forum on Religion & Public Life, The Future of the Global Muslim Population, 2011.

## Check Point 아프리카에도 무슬림이 있는가

북부 아프리카는 대부분 이슬람화되어 있고 남부 아프리카와 중부 아프리카도 반정도가 해안지역을 중심으로 이슬람화되어 있다. 아프리카에서 무슬림 인구가 가장 많은 국가는 나이지리아(약 7천만명)이다(김대용, 2013).

**| 표 4-7 |** 사하라 사막 이남 아프리카 무슬림 인구 증가 10대 국가

(단위 : 명)

| 순위 | 국가 | 무슬림 인구 | | 예상 무슬림 인구증가 (2010-2030) |
|---|---|---|---|---|
| | | 2010 | 2030 | |
| 1 | 나이지리아 | 75,728,000 | 116,832,000 | 41,104,000 |
| 2 | 니제르 | 15,627,000 | 32,022,000 | 16,395,000 |
| 3 | 에티오피아 | 28,721,000 | 44,466,000 | 15,745,000 |
| 4 | 부르키나파소 | 9,600,000 | 16,480,000 | 6,881,000 |
| 5 | 말리 | 12,316,000 | 18,840,000 | 6,525,000 |
| 6 | 세네갈 | 12,333,000 | 18,739,000 | 6,406,000 |
| 7 | 소말리아 | 9,231,000 | 15,529,000 | 6,298,000 |
| 8 | 탄자니아 | 13,450,000 | 19,463,000 | 6,013,000 |
| 9 | 기니 | 8,693,000 | 14,227,000 | 5,534,000 |
| 10 | 코트디부아르 | 7,960,000 | 12,977,000 | 5,017,000 |

자료: Pew Research Center's Forum on Religion & Public Life, The Future of the Global Muslim Population, 2011.

## 4. 유럽에서 이슬람은 두 번째로 큰 종교

기독교 문화권인 유럽에서 이슬람은 두번째로 신도수가 많은 종교이다. 유럽에는 약 1천 7백만 명의 무슬림이 거주하고 있다. 유럽 나라들의 무슬림 인구는 다음과 같다. 프랑스 4백만 명, 영국 4백만 명, 독일 250만 명 등이 있다(한국이슬람중앙회, 2014).

**| 표 4-8 |** 유럽 무슬림 인구

(단위: 명, %)

| 국 가 | 2010 | | 2030 | |
|---|---|---|---|---|
| | 무슬림 인구 | 전체 인구 대비 비중(%) | 무슬림 인구 | 전체 인구 대비 비중(%) |
| 오스트리아 | 75,000 | 5.7 | 799,000 | 9.3 |
| 벨 기 에 | 638,000 | 6.0 | 1,149,000 | 10.2 |
| 덴 마 크 | 226,000 | 4.1 | 317,000 | 5.6 |
| 핀 란 드 | 4,000 | 0.8 | 105,000 | 1.9 |
| 프 랑 스 | 4,704,000 | 7.5 | 6,860,000 | 10.3 |
| 독 일 | 4,119,000 | 5.0 | 5,545,000 | 7.1 |
| 그 리 스 | 527,000 | 4.7 | 772,000 | 6.9 |
| 아 일 랜 드 | 43,000 | 0.9 | 125,000 | 2.2 |
| 이 탈 리 아 | 1,583,000 | 2.6 | 3,199,000 | 5.4 |
| 룩셈부르크 | 11,000 | 2.3 | 14,000 | 2.3 |
| 네 덜 란 드 | 914,000 | 5.5 | 1,365,000 | 7.8 |
| 노 르 웨 이 | 144,000 | 3.0 | 359,000 | 6.5 |
| 포 르 투 갈 | 65,000 | 0.6 | 65,000 | 0.6 |
| 스 페 인 | 1,021,000 | 2.3 | 1,859,000 | 3.7 |
| 스 웨 덴 | 451,000 | 4.9 | 993,000 | 9.9 |
| 스 위 스 | 433,000 | 5.7 | 663,000 | 8.1 |
| 영 국 | 2,869,000 | 4.6 | 5,567,000 | 8.2 |
| 합 계 | 18,267,000 | 4.5 | 29,759,000 | 7.1 |

자료: Pew Research Center's Forum on Religion & Public Life, The Future of the Global Muslim Population, 2011, 장건(2014)

**| 표 4-9 |** 영국 무슬림인들의 소득수준

| 계층구분 | 연간 소득수준 | 인구수(명) | 비율(%) |
|---|---|---|---|
| 부유층 | 5만 파운드 이상 | 27만 | 15 |
| 도시상류층 | 4만 파운드 이상 | 36만 | 20 |
| 중상류 | 3만~4만 파운드 | 41만 4,000 | 23 |
| 중류 | 3만 파운드 미만 | 30만 6,000 | 17 |
| 빈곤층 | 2만 파운드 미만 | 43만 2,000 | 24 |
| 분류불가 | - | 1만 8,000 | 1 |
| 합 계 | - | 180만 | 100.0 |

자료: HSBC. KOTRA(2008.8)

### *Check Point* 무슬림의 유럽 이주

세계 2차대전 이후 무슬림들의 이주노동자가 이슬람권에서 유럽으로 많이 유입되었다. 영국은 파키스탄과 북인도, 이집트에서 무슬림들이 많이 유입되었고, 독일은 터키에서, 프랑스는 알제리, 튀니지 등에서 많은 무슬림들이 유입되었다(newspower, 2013.3.11).

### *Check Point* 유럽에 백인 인구는 줄고 무슬림은 늘고

최근들어 유럽에서도 한국처럼 3D업종에 대한 인력난이 심하여 외국인 노동자의 유입이 증가되고 있는데 이슬람권에서 유럽으로 이주한 무슬림 노동자들이 많다.

또한 유럽 본토 백인들은 아이을 낳으려고 하지 않아 가구당 출산율이 1.3명에 불과하지만 무슬림들은 이슬람 율법에 따라 산아제한을 전통적으로 금지하고 있어 가구당 출산율이 높다.

이처럼 유럽에서 백인 인구는 출산율 저하에 따라 노령화되어 감소하고 있고 무슬림 인구는 증가하고 있다(newspower, 2013.3.11).

**| 표 4-10 |** 아랍세계 인구 구성(2011)

| 국 가 | 25세 미만 총 인구 | 전체 인구 대비 비율 |
|---|---:|---:|
| 가자 지구 | 1,082,333 | 65.3 |
| 예멘 | 15,489,583 | 64.2 |
| 소말리아 | 6,292,355 | 63.4 |
| 수단 | 28,267,861 | 62.8 |
| 코모로 | 441,959 | 61.2 |
| 모리타니 | 1,983,496 | 60.4 |
| 이라크 | 17,627,266 | 58.0 |
| 서안 지구 | 1,476,627 | 57.5 |
| 지부티 | 430,600 | 56.9 |
| 시리아 | 12,746,461 | 56.6 |
| 요르단 | 3,618,065 | 55.6 |

| 국 가 | 25세 미만 총 인구 | 전체 인구 대비 비율 |
|---|---|---|
| 오만 | 1,568,841 | 51.8 |
| 이집트 | 42,074,746 | 51.3 |
| 리비아 | 3,359,792 | 50.9 |
| 사우디아라비아 | 12,915,084 | 494 |
| 모로코 | 14,863,303 | 465 |
| 알제리 | 15,606,703 | 44.6 |
| 쿠웨이트 | 1,075,391 | 41.4 |
| 레바논 | 1,714,530 | 41.4 |
| 튀니지 | 4,346,714 | 40.9 |
| 바레인 | 442,312 | 36.4 |
| UAE | 1,777,882 | 34.5 |
| 카타르 | 511,678 | 27.7 |
| 아랍 세계 총계 | 189,713,582 | 53.0 |
| 중국 | 459,177,809 | 34.4 |
| 인도 | 570,251,321 | 48.0 |
| 미국 | 105,484,398 | 33.9 |

자료: 미국 인구조사국, 인터내셔널 데이터베이스, http://www.census.gov/population/international/data/idb/informationGateway.php

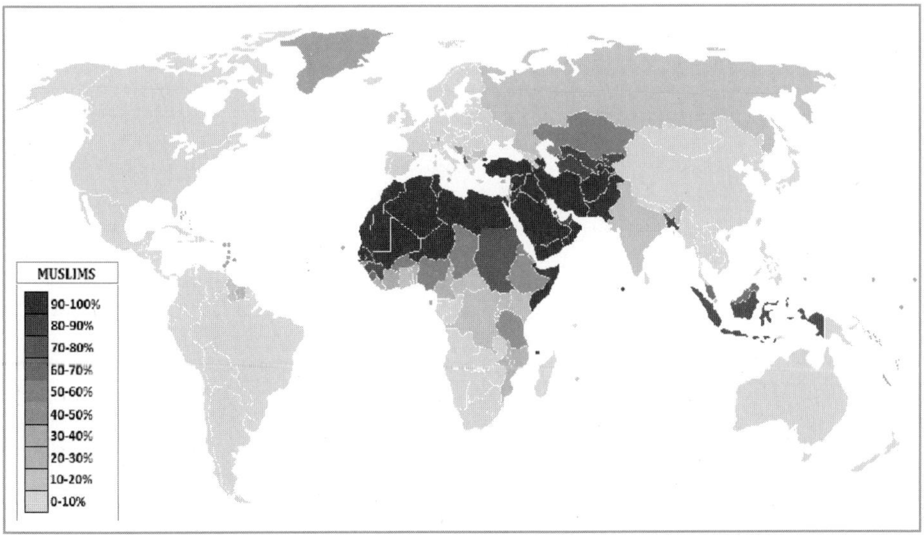


자료: WTO(2014)

# 제5부

# 이만과 이바다트

# 제1장 여섯 가지 믿음과 다섯 가지 기둥

## 1. 이만과 이바다트

꾸란 내용의 핵심은 여섯 가지 신앙에 대한 믿음과 신앙의 실천(의무)에 관한 다섯 가지 기둥에 대한 가르침이다(양승윤, 2014).

## 2. 신(信) = 믿음 = 이만, 실행(行) = 이바다트

이슬람교는 믿음의 의미인 이만(iman)과 실행의 의미인 이바다트(ibadat)로 구성되어 있다. 즉, 이슬람의 교리(가르침)는 여섯 가지 신(信)과 다섯 가지 행(行)의 두 부분으로 분류할 수 있다. 이슬람에서는 이를 육신(六信)과 오행(五行)이라고 한다(한국종교문화연구소, 2003).

# 제2장 육신(六信)

## 1. 육신(六信) = 종교적 신앙 = 종교적 믿음

이만은 믿음이라는 의미로 무슬림의 여섯 가지 믿음을 말한다. 이만(육신)은 신(알라), 천사, 성전(경전), 예언자, 최후의 심판, 정명(定命)에 대한 믿음이다(한국종교문화연구소, 2003).

## 2. 여섯 가지 믿음이란

무슬림의 첫 번째 믿음은 만물을 창조한 유일신 알라를 믿는다. 두 번째 믿음은 알라께 복종하는 천사들의 존재와 천사가 알라의 사자임을 믿는다. 세 번째 믿음은 알라의 계시인 경전을 믿는다. 네 번째 믿음은 경전에 언급된 예언자에 대한 믿음으로 무함마드가 알라의 사도임을 믿는다. 다섯째 믿음은 최후의 심판을 믿는다. 여섯째 믿음은 운명을 믿는다. 정명(定命: qadar)은 각 개인의 과거, 현재, 미래의 일들을 알라께서 의지에 따라 창조하신다는 의미이다. 알라께서는 시간을 초월하여 모든 것을 아시므로 인간이 항상 모든 일을 알라께 맡기고 자신이 할 수 있는 최선을 다해서 올바르게 살려고 노력하면 나쁜 일을 막아주고 안될 일을 가능하게 해준다는 것이 정명의 믿음이다(장 후세인, 2013).

정명관은 인간의 행위와 존재를 포함해 우주의 모든 섭리가 이미 정해져 있다는 숙명론에 대한 믿음이다. 중동인들이 자주 사용하는 신의 뜻이라면의 의미인 인샬라도 이슬람의 정명관인 숙명론을 반영한 것이다(양승윤, 2014: 정수일, 2002: 엄익란, 2014).

# 제3장 오행(五行)

## 1. 이슬람의 다섯기둥 = 오행(五行) = 종교적 의무 = 오주(五柱)

이바다트(오행)은 무슬림의 다섯 가지 의무로 신앙고백, 기도, 단식, 자선, 성지순례를 의미한다. 무슬림(Muslim: 이슬람교를 믿는 사람)들은 절대로 지켜야 하는 다섯 가지 기본 의무가 있다. 오행은 알라와 무하마드에 대한 믿음, 1일 5회 기도, 자카드(Zakat: 희사(喜捨)의 납부), 라마단 금식, 메카 순례이다.

무슬림은 신앙증언을 하는 동시에 무슬림으로서 믿음을 실천하겠다는 의지가 있어야 한다. 이러한 믿음과 실천의지가 기도, 단식, 희사, 성지순례를 행할 수 있게 인도해 준다(장 후세인, 2013).

## 2. 샤하다

샤하다(shahadah)는 무슬림의 신앙 증언이다. 무슬림은 "알라 이외에 신은 없고, 무함마드는 알라의 사자이다"라는 신앙고백을 한다(양승윤, 2014). 샤하다(Shahadah)는 신앙고백을 의미한다. 신앙고백(샤하다)은 하나님(알라) 이외에 다른 신은 존재하지 않으며 무함마드는 하나님(알라)의 예언자라는 신앙고백을 의미한다. 샤하다는 장례식에서는 애도의 표시로, 아이가 태어났을 때는 축복의 의미로 낭송을 한다(진원숙, 2008).

첫 번째 신앙고백인 "알라이외의 신은 없고"의 의미는 알라만이 유일신이므로 다른 어떤 신이나 사상을 믿어선 안된다는 내용이다. 이슬람은 우상숭배를 철저히 배격한다. 따라서 무슬림에게 유일신 알라만을 숭배하는 사상은 이슬람의 핵심이다.

두 번째 신앙고백인 "무함마드는 알라의 사자이다"의 의미는 무함마드는 알라께서 선택하신 최후의 예언자라는 믿음을 증명하는 것이다. 무함마드가 알라의 사도임이 부정된다면 무함마드가 알라의 말씀을 천사를 통해 계시 받은 이슬람교의 교리가 흔들리게 된다. 따라서 무슬림은 무하마드는 알라의 사자이다는 신앙고백을 한다(엄익란, 2014).

## 3. 쌀랏

쌀랏(salat)은 예배의무를 의미한다. 기도(쌀랏)는 매일 다섯 차례 하는 무슬림의 기도를 의미한다. 기도 시간을 알리는 소리인 아단(adhan)과 함께 하루가 시작되고 끝난다. 기도를 올리는 방향은 성지 메카를 향한다.

무슬림은 새벽 동트기 직전 파즈르(fajr), 정오의 주흐르(zuhur), 그림자가 실제 건물의 두 배가 되는 오후에 하는 아스르(asr), 해가 진 직후인 일몰에 하는 마그립(Maghrib), 어두워진 저녁에 하는 이샤(isha)등 하루에 다섯 번 기도한다(Heidi Munan, 2005: 엄익란, 2014). 한번 예배를 드리는 시간은 5~10분 정도이다.

예배방식은 가장 먼저 선채로 팔장을 끼고 다음에 두손을 무릎에 대고 허리를 90도 숙이고 다음은 몸을 폈다가 코와 이마가 땅에 닿도록 큰 절을 하고 다음은 무릎을 꿇고 앉는다(宮崎正勝, 2006). 예배를 통해 알라께 가장 겸손한 자세로 엎드려 절할 때 영혼이 평안함을 느낀다. 무슬림은 예배를 통해 자신이 지금 어떤 상황에서 어떤 삶을 살고 있는지 알라께 머리를 숙여 자신의 진정한 모습을 살펴 볼 수 있다. 예배를 통해 인간은 사악함과 교만함을 희석시켜 겸손과 겸양의 마음을 일으키게 한다. 예배는 인간을 모든 악행으로부터 보호해준다(장 후세인, 2013).

**표 5-1** 이슬람의 5대 기둥

| 예 배 명 | 예배 시간 |
|---|---|
| 파 즈 르 | 새벽 직후(6:28 A.M.) |
| 주 흐 르 | 정오 직후(1:38 P.M.) |
| 아 스 르 | 늦은 오후(5:06 P.M.) |
| 마 그 립 | 일몰 후(7:43 P.M.) |
| 이 샤 | 밤(8:49 P.M.) |

자료: Islamic Society of North America, (네제이마한, 2010)

### Check Point adhan과 muadhin

아단(adhan)은 알림을 의미하며 하루 5번 정해진 시간에 예배를 드리로 오라는 부름이다(장 후세인, 2013). 하루 다섯 차례 예배시간은 리듬이 들어간 육성으로 알리는데 이를 아단(adhan)이라고 하고 아단을 행하는 무슬림을 무아딘(muadhin)이라고 한다. 무아딘은 특별히 자격이 있는 것은 아니고 무슬림 중에서 목소리가 아단에 적합하면 누구나 할 수 있다(양승윤, 2014).

사람의 목소리로 기도시간을 알리는 이슬람 전통은 사도 무함마드가 무슬림들이 모여드는 시간이 통일되지 않은 것을 시정하려고 만들었다. 현재는 모스크 첨탑(미나렛: Minaret)의 확성기를 통해 녹음된 소리가 아닌 육성으로 일정한 리듬을 넣어 매 예배시간마다 알려준다(장 후세인, 2013). 최근 들어 무슬림들의 스마트폰 사용이 증가하면서 각종 앱(application)을 통해 기도시간을 전달받는 경우도 증가하고 있다(엄익란, 2014).

### Check Point 종교마다 예배시간을 알리는 방법

이슬람교는 아단을 통해 예배시간을 알리지만 유대교는 나팔을 불어서, 기독교는 종을 쳐서, 조로아스터교는 불을 피워서 예배시간을 알린다(장 후세인, 2013).

### Check Point qiblah, Kiblat

무슬림들은 어디에서든지 예배를 할 때 사우디아라비아의 메카 방향을 바라보고 예배하는데 이러한 메카쪽으로의 예배 방향을 끼블라(qiblah)라고 한다. 동남아에서는 끼블라(qiblah)를 끼블랏(Kiblat)이라고 부른다.

### Check Point rakah

라크아(rakah)는 무슬림의 예배 행위를 말한다. 무슬림들은 예배를 드릴 때 상체를 굽혀서 반절을 하고, 엎드려 이마가 바닥에 닿게 온 절을 두 차례 한 다음 처음의 서 있는 자세로 되돌아오는 예배 행위를 하는데 이를 라크아

(rakah)라고 말한다.

라크아 숫자는 하루 다섯 차례 예배할 때마다 라크아 숫자가 상이하다. 파즈르(일출) 때는 라크아를 두 번하고 주흐르(정오), 아스르(오후), 이사(밤)에는 라크아를 네 번한다. 마그립(일몰) 때는 라크아를 세 번한다. 또한 금요일 정오에 모스크에서 무슬림들이 합동으로 하는 예배 때에는 라크아를 두 번한다(양승윤, 2014).

## *Check Point* wudhu

우두(wudhu)는 무슬림들이 예배를 드리기 전에 손과 발을 씻는 행위를 말한다. 예배를 드리기 전에 우두를 할 물이 없는 경우에는 고운 모래로 씻는 행위를 흉내내는 것으로 우두를 대신한다(양승윤, 2014).

우두는 무슬림이 예배 전에 마음의 안정과 몸의 청결을 위해 간단히 몸을 씻는 부분 세정식이다. 이에 비해 예배 전에 혐오스러운 동물들을 만졌을 때에는 몸 전체를 씻는 구슬(ghusl)을 한다(엄익란, 2014).

무슬림들은 모스크이외에서의 기도를 대비하여 물을 준비하고 다닌다. 그런데 물이 없는 경우에는 모래나 흙으로 세면하는 흉내를 낸다(진원숙, 2008). 이처럼 이슬람에서는 물대신 흙을 사용해도 청결해진다고 믿고 깨끗한 모래, 자갈, 흙 등에 양손을 살짝댄 후 묻은 먼지를 양손으로 비벼 떨어버린 후 얼굴을 한번 쓰다듬은 다음 양손을 비비는 행위를 타야뭄(tayammum)이라고 한다(윤용수외, 2009).

## *Check Point* 기도 전 세면방법

우두의 방법은 흐르는 물에 양손, 얼굴, 팔꿈치, 머리카락, 발목을 씻는다(엄익란, 2014). 기도 전 의식으로 먼저 물을 이용해 손목부터 손까지 세 번 씻어야 한다. 그리고 입을 깨끗이 하기 위해 물로 입안을 헹군다. 무슬림은 기도에 앞서 반드시 목욕을 하거나 노출된 신체부위를 씻어낸다. 제일 먼저 손을 씻는데 반드시 오른손부터 씻는다. 손목에서부터 손끝가지 3회를 반복한다. 입, 콧구멍, 얼굴, 팔뚝, 머리, 귀를 씻고 나서 마지막으로 발을 씻는다. 발을 씻을 때도 오른발부터 씻는다(김종윤, 1994. 50).

## 4. 사움

사움(sawm)은 절제하는 의미로 단식(斷食)을 의미한다. 무슬림들은 이슬람 월력(月曆) 9월인 라마단(Ramadan) 한달 동안 해뜰 때부터 해질 때까지 단식해야 한다(양승윤, 2014).

이슬람력으로 9월인 라마단은 가장 중요하고 성스러운 달이다. 무함마드가 40세 되던 해의 라마단 달에 누르산의 언덕에 있는 히라 동굴에서 알라의 첫 계시를 받았기 때문이다(장 후세인, 2013).

사움은 일출부터 일몰까지, 이슬람력 9월인 라마단 한달동안 음식을 금하는 것을 의미한다. 무슬림은 일 년에 한 번 28-29일 동안 일출 때부터 일몰 때까지 금식을 한다. 이 시기를 라마단이라고 하는데, 평소에 대접하던 오렌지주스나 차도 내지 않으며, 담배도 돌리지 않는다. 비무슬림이 금식하는 친구 앞에서 음식을 먹는 것은 아주 무례한 행동이다(Heidi Munan, 2005).

꾸란에서는 흰실과 검은 실이 구분될 때 단식을 시작하라고 되어있다. 따라서 실제 아랍세계에서는 해뜨기 전 이른 새벽부터 단식이 시작된다(이희수, 2003). 금식월의 시작과 끝은 이슬람교 권위자나 모스크의 이맘이 초승달의 형태를 관찰하여 라마단의 시작을 알린다(엄익란, 2014).

**표 5-2** 2017년까지 라마단 기간

| 연도 | 5월 | 6월 | 7월 | 8월 | 9월 |
|---|---|---|---|---|---|
| 2008 | | | | | 9.1.~9.30. |
| 2009 | | | | 8.22.~9.20. | |
| 2010 | | | | 8.11.~9.9. | |
| 2011 | | | | 8.1.~8.29. | |
| 2012 | | | 7.20.~8.18. | | |
| 2013 | | | 7.9.~8.7. | | |
| 2014 | | 6.28.~7.27. | | | |
| 2015 | | 6.18.~7.16. | | | |
| 2016 | | 6.6.~7.5. | | | |
| 2017 | 5.27.~6.25. | | | | |

자료: 마하잔(2013), 엄익란(2014)

## *Check Point* 단식의 범위

원칙적으로 무슬림은 단식기간 중에 모든 먹고 마시는 것을 금식해야 한다. 단식해야 하는 범위에는 약의 복용과 흡연, 부부관계까지 포함된다. 그러나 양치한 후 물로 행굴 수 있고, 의도하지 않은 상태에서 무의식적으로 먹거나 마신 경우는 용서된다(양승윤, 2014). 라마단 기간 중에는 화를 내서도 안된다. 이슬람교는 신성한 달인 라마단에는 싸우지 않도록 가르친다(진원숙, 2008). 무함마드는 단식과 관련하여 다음과 같이 말씀하셨다. "만일 누군가가 당신의 감정을 건드리거나 당신을 모욕함으로써 화나게 한다면 당신은 저는 단식중입니다라고 말해야 한다"(장 후세인, 2013).

### Check Point 모든 무슬림은 단식에 동참해야 되는가

원칙적으로 단식은 모든 무슬림이 동참해야 하는 의무이다. 그러나 환자, 정신이상자, 노약자, 어린이, 임산부, 생리중인 여성 등은 단식의 의무에서 제외된다(양승윤, 2014).

### Check Point 무슬림이 라마단 기간 중에 해외여행 중이면 어떻게 해야 되나

무슬림이 라마단 기간 중에 해외여행을 하여 단식을 할 수 없으면 여행이 끝난 후 단식을 못한 날짜만큼 혼자 단식을 해야 한다(양승윤, 2014).

### Check Point 라마단 기간은 자기성찰과 가족방문기간

라마단 기간은 단식을 통해 가난한 사람들의 고통을 체험하여 남에 대한 배려심을 높일 뿐만 아니라 자기자신을 돌아보는 자기성찰의 시간이고 라마단 기간의 밤에는 가족과 지인들의 방문하여 서로 음식을 나누어 먹는 시간을 갖는다(양승윤, 2014).

라마단 기간 중 일몰 직후에 하는 저녁식사인 이프따르(iftaar)에 무슬림들은 가족, 친지, 이웃 등을 초대한다. 특히 무슬림들은 이프따르에 손님 초대를 대비하여 가구와 가전제품을 구매하여 라마단 기간 중에는 소비가 증가한다(엄익란, 2014). 라마단 기간 중에 어른들은 아이들에게 세뱃돈, 사탕 등의 선물을 주면서 덕담을 해준다.

### Check Point 라마단 단식의 사회적 효과

단식의 목적은 배고픈 자와 빼앗긴 자의 아픔과 고통을 체험하자는 종교적 의미가 크다. 그런데 단식은 질병치료와 체중감소에 큰 도움을 준다. 중동지역에서는 육식 중심의 기름진 음식을 먹고 더운 날씨에 규칙적인 운동을 할 수 없어 비만과 질병의 위험이 큰데 단식을 통해 체중감소와 질병을 예방할 수 있다(이희수, 2003).

## 5. 자카트

자카트(Zakhat)의 사전적 의미는 정화, 증진, 축복이다(장 후세인, 2013). 자카트는 희사를 의미한다. 희사의 범위는 일반인은 연소득의 2.5%, 농민들은 연 생산양의 5-10%, 석유나 금같은 매장자산이 있는 경우에는 20%정도이다(정수일, 2002: 김종윤, 1994). 이렇게 희사된 돈이나 생산물은 가난한 사람들에게 분배된다.

### 1) 자카트의 의미

자카트는 단순히 자신의 재산의 일부를 타인에게 기부하는 행위만을 의미하지 않는다. 이 세상 모든 것의 주인은 알라이시고 재물은 인간에게 의탁된 것이고 개인이 부를 축적할 수 있었던 것은 알라께서 허락하셨기 때문이었다는 것을 인지하여 재물은 알라께서 원하시는 방법으로 사용해야 한다는 의미가 있다(장 후세인, 2013). 사회적 관점에서 부자들이 사회적 책임을 수행하게 하여 빈곤을 줄여 사회를 건전하게 성장시키는데 의미가 있다. 경제적 관점에서 자카트는 소수에게 부가 편중되어 낭비되는 것을 방지한다. 도덕적 관점에서 자카트는 인간의 탐욕을 정화시키는데 그 의미가 있다.

### 2) 자카트의 특성

자카트(zakat)는 무슬림이 어려운 사람들을 돕기 위해 내는 구빈세(救貧稅)이다(양승윤, 2014). 자카트는 무슬림 개인의 총자산에 대해 순자산 가치를 기준으로 매년 부과되는 특별세의 성격을 갖는 세금으로 사회보험의 역할을 수행하고 있다. 자카트는 정부지출로는 사용되지 않는다.

**Check Point** 자카트의 사용범위

자카트의 사용범위는 꾸란에 명시되어 있다. 꾸란에 명시된 자카트의 사용범위는 가난한 자, 고아, 선교, 여행자 등이다. 이슬람교의 구제는 사회정의를 구현하는 방법으로 가난한 자, 정신이상자, 여행자 등을 돕는다(진원숙, 2008).

**Check Point** 자카트의 예외

자카트는 무슬림이면 누구나 수행해야 하는 종교행위이지만, 가난한자, 미성

년자, 정신이상자, 노예 등은 자카드 의무가 없다.

**표 5-3** 말레이시아 연도별 자카트 기금 배분추이 (단위 : 천링킷)

| 유형별 | 2006년 | 2007년 | 2008년 | 2009년 | 2010년 |
|---|---|---|---|---|---|
| 절대 극빈자 | 14,837 | 19,364 | 20,507 | 36,086 | 36,908 |
| 상대 극빈자 | 13,463 | 20,675 | 22,617 | 25,932 | 30,889 |
| 자캇 모금자 | 25,685 | 16,250 | 31,644 | 40,351 | 32,438 |
| 개종 예정자 | 3,126 | 3,796 | 5,653 | 6,570 | 3,459 |
| 노예해방 | 0.0 | 0.0 | 0.0 | 0.0 | 0.0 |
| 과도채무자 | 1,399 | 1,395 | 1,653 | 2,230 | 2,540 |
| 곤경여행자 | 341 | 383 | 400 | 487 | 575 |
| 이슬람종사자 | 42,697 | 59,362 | 85,035 | 63,330 | 93,732 |
| 계 | 101,548 | 121,225 | 167,508 | 174,986 | 200,541 |

자료: pusat pungutan zakat(http://www.zakat.com.my/index.php), 강대창외(2011).

### *Check Point* 이슬림에서 예배와 자카드의 의미

무슬림은 정해진 시기에 신께 예배 드림으로 신과 인간과의 수직관계를 정립하고 자카트를 수행함으로써 무슬림간의 형제애 등이 수평관계를 정립한다(양승윤, 2014).

### *Check Point* 일부다처제의 사회적 의미

꾸란에는 "만일 너희들이 고아에게 공정하게 하지 못할 것 같이 생각되면 누군가 마음에 드는 두명, 세명, 네명의 여자와 결혼하라"는 구절이 있다(진원숙, 2009). 이슬람에서 일부다처제를 허용하는 이유는 중동지역에서 잦은 전쟁으로 인해 발생한 미망인과 고아들을 구제하기 위한 사회구제의 목적이 크다.

꾸란은 "남성은 여성의 보호자이니 이는 하나님께서 그녀들보다 강한 힘을 주셨기 때문이니라"고 말하고 있다. 이슬람에서는 이처럼 남성이 여성을 보호해야 한다고 가르치고 있다.

또한 꾸란에는 일부다처제와 관련하여서도 다음과 같은 단서를 두고 있다. "너희가 아내를 공명정대하게 대우할 수 없는 것을 두려워한다면 오직 한 사람하고만 혼인하라"고 명시하고 있다(조희선, 2009).

일부다처제의 전제조건은 4명의 아내에게 정신적, 육체적, 경제적으로 동등하게 대우를 해주어야 한다는 전제조건하에서 가능하다. 이슬람에서 기혼남성이 처녀와 두 번째 결혼한 경우 두 번째 부인과 일주일을 보낸 후 그 이후에는 첫 번째 부인과 두 번째 부인에게 동일한 시간을 부여해야 한다. 기혼남성이 결혼경험이 있는 여성과 두 번째 결혼을 한 경우 두 번째 부인과 3일간을 보낸 후 그 이후에는 첫 번째 부인과 두 번째 부인에게 동일한 시간을 부여해야 한다(윤용수외, 2009).

### *Check Point* zakat와 sadaqa

자카트(zakat)는 무슬림이 매년 의무적으로 내야 하는 종교세 성격을 갖고 있지만, 사다까(sadaqa)는 무슬림들이 가난한 사람들에게 자발적으로 하는 헌금과 자선행위이다(양승윤, 2014). 사다까는 개인이 자유헌납 형식으로 가난한 사람을 도와주는 것이다.

### *Check Point* 목표가 수단을 정당화할 수 없다

이슬람에서는 모스크를 건립하기 위해서나 자선을 하기 위해 이슬람에서 금하는 고리대금업을 하는 것이 정당화되지 않는다(윤용수외, 2009).

### *Check Point* 라마단과 자카트

무슬림들은 이슬람에서 축복받은 달로 간주되는 라마단 기간에 선행을 하면

더 많은 복을 많을 수 있다고 믿는다. 따라서 라마단 기간에는 아랍의 부호들이 거액의 희사를 하는 경우가 증가한다.

## 6. 하즈

하즈(hajj)는 무슬림들의 메카로의 성지순례(巡禮)를 의미한다, 무슬림들은 이슬람력 12월에 성지순례를 한다. 하지(haji)는 건강과 경제적 형편이 되는 무슬림이 평생에 한번은 해야 되는 의무이다. 순례를 행한 무슬림에게는 이름 앞에 하지(hajji)의 칭호를 붙인다(양승윤, 2014).

무슬림들의 성지순례는 이슬람력 12월 8일부터 5-6일간에 걸쳐 행해진다. 순례는 규정된 기간에 규정된 절차를 따르는 대순례(hajj)와 규정된 기간이외에 규정된 절차를 따르는 소순례인 우므라(umra)와 임의의 기간에 몇가지 절차만을 행하는 야라(ziyaarah)로 구분된다(엄익란, 2014).

무슬림은 일생에 한번은 성지를 집단적으로 순례하는 것을 의무로 여긴다(김종윤, 1994). 메카의 카바신전을 일곱바퀴도는 것으로 시작되는 순례는 무함마드가 632년 죽음 직전에 행하였던 이별의 메카순례를 모델로 하여 정식화되었다(宮崎正勝, 2006).

매년 300만명 이상의 전 세계 무슬림들이 순례를 위해 메카로 모여 든다. 그런데 순례는 무슬림의 재정과 건강이 충족되어야 한다. 따라서 재정과 건강이 좋지 않은 무슬림은 다른 선행을 많이 함으로써 무슬림이 지켜야할 순례의 의무를 대신한다. 꾸란에는 순례를 할 수 없는 경우 단식을 하든가 희사를 하라고 되어 있다(진원숙, 2008).

순례는 전 세계 무슬림들이 메카에 모이므로 자연스럽게 정보교류와 상품매매의 교역이 이루어진다. 특히 세계 각국에서 온 무슬림들이 순례비용을 마련하기 위해 각국의 토산품을 판매하는 국제교역시장이 개최되기도 한다(이희수, 2003).

사우디아라비아가 2012년에 300만명 무슬림들의 성지순례로 얻은 관광수입은 16억 5,000만 달러이다. 이는 사우디아라비아 GDP의 3%정도이다(Arabian business, 2013.1.6). 무슬림들의 메카순례는 메카노믹스(meccanomics)라는 신조어가 만들어질 정도로 규모가 지속적으로 커지고 있다.

### *Check Point* 순례자는 동일한 복장을 입는다

무슬림들이 메카를 성지순례할 때는 누구나 재봉하지 않은 두 개의 흰색 천으로 만든 순례복장을 착용하여 신 앞에 누구나 평등함을 실천해야 한다(양승윤, 2014). 이러한 이음매 없는 겉옷을 이흐람(ihram)이라고 한다. 여성은 순례를 할 때 흘러내리는 머리에 신경을 쓰지 않기 위해 머리를 땋은 후 흰색의 히잡을 두른다. 순례기간 동안에는 머리카락, 손발톱을 자르지 않고 보석을 착용하지 않는다. 향수도 뿌리지 않는다(엄익란, 2014).

### *Check Point* 메디나, 헤지라, 야스리브, 이슬람원년

무함마드는 계시를 받은 이후 10년 동안 열심히 포교했지만, 그 당시 메카는 유목민들이 여러 부족으로 나뉘어 다양한 우상을 신봉하고 있어서 많은 수의 신자를 규합하지는 못했다.

무함마드는 포교가 쉽지 않은 메카를 떠나 나중에 초대 칼리파의 자리에 오르는 양부인 아브 바쿠르 등 세명을 데리고 622년 대추야자의 대 생산지인 야스리브(Yathrib)로 이슬람교의 포교 중심지를 옮겼다.

먼 훗날 무슬림들은 야스리브를 마디나트 안 나비(예언자의 마을)로 불렀고 이를 줄여 도시라는 뜻인 메디나라고 불렀다. 이러한 이슬람 교단의 이동을 아랍어로 이주라는 의미가 있는 헤지라라고 부르고 이 해(年)는 이슬람력의 기원 원년이 되었다(지아우딘사르다르, 1994).

# 제6부

# 샤리아와 이슬람의 법원

# 제1장 샤리아

## 1. 샤리아 = 이슬람 율법 = 신법(神法)

샤리아 = 사회공동체의 표준 법전
샤리아 = 인간과 이슬람 공동체의 이상(理想)
샤리아 = 인간 행위의 표본

이슬람 율법은 아랍어로 샤리아(sharia)라고 한다. 샤리아는 알라의 메시지 속에 들어 있는 법을 탐구하고 해석하는 것이다. 샤리아는 아랍권에서 근대국가가 출범하기 이전에 존재했던 이슬람공동체에서 신과 인간과의 관계를 정한 규범으로 인간이 신과의 관계에서 반드시 준수해야 할 법, 윤리 등을 의미한다(정영철, 2012).

샤리아(sharia)는 신법(神法)인 이슬람법을 의미한다. 일반적인 법은 인간이 제정한 것이지만 샤리아는 인간에 의해 만들어지고 변하는 법이 아니고, 알라의 계시에 의해서 불변의 것으로 만들어지고 예언자 무함마드를 통해서 계시(啓示)된 알라의 의지이다.

샤리아는 어원적으로 길을 의미하는데 알라께로 가는 길, 알라의 의지에 귀의하는 길을 의미한다. 무슬림들은 삶의 모든 부분에서 이슬람법인 샤리아의 적용을 받고 준수해야 한다.

샤리아는 무슬림이 신과 인간의 관계, 인간과 인간의 관계를 이슬람의 교리에 맞게 수행할 수 있도록 인간의 정신적, 육체적인 부분을 상세하게 규정하고 있다.

샤리아에서 규정하고 있는 무슬림이 신과 인간의 관계에서 수행해야 하는 부분은 불변적인 것으로 기도, 단식, 성지순례 등이다. 또한 샤리아에서 규정하고 있는 인간과 인간의 관계에 관한 부분은 가변적인 것으로 가장 일차적인 가족관계, 상속, 혼인뿐만 아니라 상행위까지 광범위하게 규정하고 있다(양승윤, 2014). 샤리아는 인간의 정신적인 측면뿐만 아니라 일상의 실제적인 생활에도 관련을 갖고 있다(김용선, 2002).

## 2. 샤리아의 어원적 의미

샤리아의 어원적 의미는 물웅덩이 또는 물웅덩이로 가는 법이란 의미로 목이 마를 때 물을 찾아가는 것을 뜻한다.

**Check Point** 샤리아와 법의 차이점

일반적인 법은 종교와 분리되어 있다. 그러나 샤리아는 종교와 연관되어 있다.

**Check Point** wajib

와집은 지키기지 않으면 죄가 된다(엄익란, 2014). 와집(wajib)은 단식과 기도처럼 무슬림이 의무적으로 반드시 해야하는 행위이다(양승윤, 2014).

**Check Point** mandub

만둡은 권하는 것으로 행하지 않는다고 죄가 되지는 않는다(엄익란, 2014). 만둡(mandub)은 효도처럼 무슬림들에게 권장되는 행위이다(양승윤, 2014).

# 제2장 이슬람의 법원

## 1. 샤리아의 2대 법원

일반적으로 샤리아의 법원(法源)은 이슬람법의 양대 법원으로 불려지는 꾸란(Al Qu'ran)과 예언자 무함마드의 언행록인 하디스(Al Hadith)이다. 꾸란과 하디스에 명시된 것은 모두 샤리아의 법원이다(양승윤, 2014).

## 2. 샤리아의 4대 원리

샤리아의 법원은 알라의 계시서인 꾸란, 예언자인 무함마드의 언행과 관습을 기록한 순나, 이슬람 공동체의 일치를 의미하는 이즈마, 무슬림 개인의 창조적인 사상인 이즈티하드의 네가지 원리에 기초하고 하고 있다(정영철, 2012). 이슬람사회는 꾸란과 꾸란을 근간으로 이루어진 이슬람법을 재해석하여 새로운 시대 적합한 규범을 만들어 간다(이희수, 2003).

## 3. 꾸란

이슬람 경전의 이름 = 꾸란 = 계시서 = 씌어진 것

꾸란은 대천사 가브리엘을 통하여 예언자 무함마드께 전해진 신의 말씀으로 인간이 의지해야 할 기준이다. 꾸란은 읽어야 할 것, 독송해야 할 것이란 의미로 예언자 무함마드의 입을 빌려 알라가 일인칭으로 말한 것을 제3대 칼리파 오스만시절에 모아 놓은 것이다(宮崎正勝, 2006).

꾸란은 이슬람 경전의 이름이다. 기독교에 성경이 있고 불교에 경전이 있듯이 이슬람에도 꾸란이라고 하는 경전이 있다. 꾸란은 샤리아의 주법원(法源: the sauce of law)이다. 꾸란은 세 번째 칼리파인 오스만 시기에 현재의 진본판이 만들어졌다(손태우, 2013).

꾸란의 어의(語義)를 그대로 해석하면 읽는 것이지만, 신학적인 의미는 신의 말씀이다. 무슬림들은 신의 말씀이 꾸란이 되어 전승되었다고 믿는다. 꾸란은 천사 가브리엘을 통해 예언자 무함마드께 계시된 천상의 말씀을 받아 적은 것이다. 말씀의 주체가 알라(Allah)이다. 꾸란은 알라께서 가브리엘 천사를 통해 무함마드에게 23년이라는 기간 동안 단계적으로 계시한 내용이다(장 후세인, 2013).

꾸란은 무함마드가 제자에게 구두로 전한 것을 제자들이 암기했고 이를 양피지 등에 기록하거나 구전되어 오던 것을 무함마드가 타계한 후 20년이 지나 3대 칼리파 오스만 때에 수집해 기록한 것이다(진원숙, 2008).

꾸란은 알라의 말씀을 받아 적은 것으로 제3대 칼리파 오스만에 의해 꾸란의 정본이 보급되어 현재까지 원형 그대로 보존되고 있다. 꾸란은 현재까지 한자의 첨삭도 없이 보존되고 있다. 이런 이유로 꾸란에는 오스만본이라고 명시되어 있다(양승윤, 2014). 꾸란은 무슬림이 지켜야 할 삶의 규범과 알라를 모시는 방법을 제시한 신앙지침서로 무슬림이 알라께 복종하는 것은 꾸란의 말씀을 따르는 것이다(宮崎正勝, 2006).

### 1) 꾸란의 어원과 의미

꾸란(Quran, Qur'an: 성전)은 읽다 또는 암송하다의 의미를 갖고 있는 아랍어인 까라아(qaraa)라는 동사에 어원을 둔 아랍어 명사로 알라로부터 예언자인 무함마드께 계시된 성전이다. 꾸란은 읽기라는 의미이다. 무함마드가 알라로부터 받은 첫 계시가 "읽어라! 창조주이신 너의 주님의 이름으로."라고 했기 때문에 꾸란으로 명명되었다.

### 2) 꾸란의 구성

꾸란은 무함마드 사후 무함마드가 전한 알라의 말씀인 7만 8000단어를 114개 장으로 나누어 기록하였다. 가장 긴 문장은 286절, 짧은 장은 불과 3절에 불과하다(宮崎正勝, 2006). 꾸란은 114개의 장과 6,236개의 절로 구성되어 있으며 꾸란은 무슬림의 믿음, 예절규범, 행위규범으로 구성되어 있다(손태우, 2013). 꾸란은 첫장인 개경장(opening chapter)을 제외하고는 계시의 연대순으로 구성된 것이 아니고 장단의 길이에 따라 배열되었다. 장은 286절로 가장 긴 장인 제2장부터 점진적으로 짧은 장으로 순차적으로 배열되어 있다. 꾸란의 각 장은 거미의 장 등과 같이 특별한 명칭이 부여되어 있다(양승윤, 2014).

### Check Point Al Qu'ran al Karim

일반적으로 꾸란의 명칭으로 가장 많이 사용하는 알 꾸란 알 카림(Al Qu'ran al Karim)의 의미는 고결한 꾸란이라는 의미를 담고 있다(양승윤, 2014). 무슬림들은 꾸란을 매우 소중하게 생각하여 정결하지 않은 자가 꾸란을 만져선 안 되며, 허리이하의 높이에 두지 않는다(진원숙, 2008).

### Check Point hafiz

하피즈(hafiz)는 꾸란을 암송하는 자를 의미한다(양승윤, 2014). 기독교도가 찬송가를 부르듯이 무슬림들은 꾸란을 은율에 맞추어 낭송한다(진원숙, 2008). 꾸란은 천천히 암송하고 서둘지 않는다. 꾸란을 읽거나 암송할 때에는 꾸란의 암송법인 타즈위드(Attajwid)를 따라야 한다(윤용수외, 2009).

### Check Point 꾸란은 번역할 수 없는가

일반적으로 무슬림들은 알라의 말씀을 오류없이 그대로 이해라면 아랍어로 쓰인 꾸란 원문을 그대로 독송해야 된다고 생각한다. 따라서 무슬림들은 원칙적으로 아랍어인 꾸란이 다른 언어로 번역되는 것을 금하였다. 그러나 근세에 들어 선교 등을 목적으로 비아랍국에서 꾸란이 번역되는 것을 허용하고 있다.

### Check Point 메카 계시와 메디나 계시의 차이점

꾸란의 내용은 초기의 메카 계시와 메디나 계시로 분류할 수 있는데 초기 메카의 계시들은 일반적으로 알라와 인간의 관계 등에 관한 내용들로 문장이 간결하다. 메디나 계시들은 법률적이고 사회적 내용 등에 관한 내용들로 문장이 길다(양승윤, 2014).

### Check Point 계시

무함마드는 610년 메카 교외에 있는 누르 산에서 명상을 하다가 대천사 가브리엘에게서 '너는 신(알라)의 사도이며 예언자다'라는 계시를 받고, 알라를 절대신으로 하는 이슬람교를 창시했다.

## 4. 순나

순나(Sunna)는 무함마드의 삶의 방식과 언행들로 무슬림 신앙과 실천의 두 번째 원천이다. 하디스(Hadith)는 무함마드께서 삶을 통해서 보여 주었던 언행, 사례들을 편찬한 언행록이다(장 후세인, 2013).

순나는 예언자 무함마드의 언행에 관한 것이다 순나는 '~ 에 따른다' 또는 '~을 모범으로 삼는다'는 의미로 행동기준에 적용되는 용어이다. 순나는 크게 3가지 규범의 형태를 이루고 있는데 첫째, 순나는 꾸란에서 제시한 규범을 확인하는 규범이며 둘째, 순나는 꾸란의 일반적 내용을 보다 구체적으로 설명하거나 한정시키는 규범이고 셋째, 꾸란에서 제시하지 않는 규범을 순나에서 제정하는 것이다(손태우, 2013).

하디스(Hadith)는 뉴스나 이야기를 의미하는 것으로 예언자의 언행인 순나를 기록한 언행록이다. 하디스는 예언자의 언행, 예언자가 허가하고 권장한 것들을 기록한 것이다(진원숙, 2008).

**Check Point** 순니파와 시아파의 하디스의 차이점

순니파는 무함마드 사후 3세기에 구전되어 오던 순나를 분류하고 편집하여 6권으로 정리하고 하디스를 6권의 올바른 책으로 부른다. 이에 비해 시아파는 4대 칼리파 알리와 그의 추종자들에 의해 구전되어 온 하디스만을 인정한다(진원숙, 2008).

**Check Point** 꾸란 하디스의 차이점

꾸란은 신의 말씀이고 하디스는 신의 메신저로서의 무함마드의 언행을 기록한 것이다(손태우, 2013).

## 5. 이즈마

이즈마(Ijma)는 합의라는 뜻으로 이슬람 공동체에서 합의를 도출하거나 이슬

람 법학자들의 집단적 협의에 의해서 결정하는 것을 말한다(양승윤, 2014). 급변하는 사회적 현상 등에 대해 개인의 창조적 사상인 이즈티하드(idjtihad)가 발생하는데 이러한 이즈티하드가 무슬림 공동체에서 합의 되었을 때 샤리아의 법원이 된다(손태우, 2013). 이슬람 법학자인 울라마가 이상적으로 합의한 것을 이즈마 울라마(ijma ulama)라고 한다(장건, 2014).

**Check Point** idjtihad

이즈티하드(idjtihad)는 무슬림 개인이 이슬람 경전(經典)인 꾸란과 하디스를 합리적으로 유권해석하는 것을 의미한다(김성건, 2007).

### 6. 끼야스

끼야스(Qiyas)는 유추라는 의미이다. 끼야스는 꾸란과 하디스의 교의를 해석한 것이다(장건외, 2014). 무슬림 공통체에서 어떤 사안이 발생하여 무즈타히드(mujtahid: 이슬람법 해석가)가 판단과 결정을 해야 할 때 꾸란과 순나를 통하여 할 수 없을 때 꾸란과 순나에 나와 있는 사건의 판단에서 보여준 법적 이유로써 해결하는 것을 의미한다(손태우, 2013). 끼야스(qiyas)는 유추(類推)하고 해석하여 결정하는 것을 말한다(양승윤, 2014).

**Check Point** tafsir와 이슬람 법학

타프씨르(tafsir)는 꾸란 주석학으로 꾸란 구절을 언어적, 문법적으로 주해(註解)하는 것을 의미한다. 이슬람 샤리아의 4대 법원의 해석과 적용범위을 둘러싼 다양한 이견으로 이슬람 법학파가 생겨났다(양승윤, 2014).

**Check Point** 이슬람 율법의 분류

이슬람 율법은 교리학(아까이드)과 법학(피끄흐)으로 구성되어 있다. 교리학은 알라, 천사들, 메신저들, 경전들, 최후의 날, 운명론을 어떻게 믿는지를 연구한다. 법학(피끄흐)은 무슬림드의 행동을 연구하는 학문으로서 무슬림들의 삶을

제도화한 것이다. 세부적으로 법학은 예배부문과 관습부문으로 구분된다(공일주, 2010).

**| 표 6-1 |** 이슬람 율법의 주제

이슬람 교리 : 교리학
인간과 알라 간의 관계에 대한 제도(기도, 금식, 종교 구빈세) : 예배 부문(법학)
인간과 인간 간의 관계에 대한 제도(혼인, 이혼, 매매) : 관습 부문(법학)
인간과 사회 간의 관계에 대한 제도(지하드, 의결제도, 윤리, 처벌) : 관습 부문(법학)

자료: 공일주(2010)

**| 표 6-2 |** 이슬람법 비공통 법원의 종류와 설명

| 법 원 | 설 명 |
|---|---|
| 이스티흐산<br>(Istihsan) | - "좋음" 또는 "더 나음"의 뜻으로 기존의 가장 유력한 논리로 판결한 것을 포기하고 다른 판단을 좋게 보는 것<br>- 원전, 합의, 불가피함, 숨은 유추, 관습, 복리 등에 의거하여 기존의 판례를 포기함 |
| 이스티스라흐<br>(Istislah) | - 무언의 복리(al-masalih al-mursalah)라고도 함<br>- 기존에 규범이 없는 영역에 있어 인간에게 이익을 가져다주고 해를 제거하며 불편을 제거하는 규범을 정립하며, 시대에 따라 가변적임 |
| 관습(urf) | - 샤리아에 모순되지 않으면서 사람들이 서로 인정하고 습관으로 된 말이나 행위 혹은 금지된 것이나 관행적으로 행하는 것 |
| 이스티스하브<br>(istishab) | - 상대의 변화를 증명할 수 있는 근거가 나타나기 전까지 내린 판결이 그대로 존속되는 것<br>- 무효 또는 무조의 원칙 포함 |
| 전승된 이슬람 이전의 법 | - 모하메드 이 전의 공동체에 대한 규범으로, 코란과 순나에 기술되어 있는 것만 법원으로 인정함 |
| 전승된 사하바들의 법적 견해 | - 사하바란 모하메드와 같은 세대의 교우를 지칭하며, 모하메드 사후 법적 견해를 발표하였음 |

자료: 한동훈외(2009), 이서영(2012).

# 제7부

# 이슬람문화

# 제1장 이슬람 의식주 문화

## 1. 이슬람의 문화는 통전적이다

이슬람의 가치는 통전적(wholistic)이다. 따라서 종교로서의 이슬람과 무슬림의 삶으로서의 이슬람은 분리되지 않는다(양동철, 2013).

## 2. 이슬람 복식문화

이슬람은 깨끗하고 검소한 의상에 단정한 외모로 자신의 명예를 유지할 것을 요구한다. 이슬람의 관점에서 의상은 몸을 가리는 것과 외모를 아름답게 꾸미는 두가지 목적을 갖고 있다(Yusuf Al-Qardawi, 2011).

이슬람의 복식은 중동 지역의 전통적인 복식이 이슬람화한 것으로 이슬람 복식은 이슬람의 종교적인 이념뿐만 아니라 변화하는 사회구조의 영향을 받고 있다. 이슬람 복식의 특징은 다음과 같다. 첫째, 중동지역의 강한 태양과 모래바람으로부터 신체를 보호하기 위해 옷을 풍성하게 겹쳐서 전신을 가릴수 있는 긴 의복 형태이다.

둘째, 히잡, 차도르, 부르카 등 여성의 정숙성을 강조하기 위해 눈까지 가리는 경우가 있다. 셋째, 검정색과 흰색 등을 이용한 무채색이 많고 장식이 극도로 억제된 복식이다 넷째, 일부지역에서는 전통의상의 주술적 장식성이 있다(서봉하, 2007). 히잡착용을 법적으로 의무화하고 있는 국가는 사우디아라비아와 이란정도이다. 히잡은 불편한 점도 있지만, 여성의 성적 상품화를 막고 여성을 보호하는 측면도 있다(조희선, 2009).

저자가 동남아 지역에서 본 이슬람의 복식은 중동지역의 일반적인 무채색과 단순한 이슬람 복식에 비해 컬러풀하고 화려한 복식이 많았다. 또한 청바지에 머리 부분에 히잡만 하고 다니는 젊은 여성도 많이 보았다.

### *Check Point* 부르카와 니캅

부르카는 머리부터 발목까지 전신을 가리는 복장으로 눈조차도 망사로 가리는 의상이다. 니캅은 얼굴은 가리되 눈은 보이도록 하는 복장이다. 몸 전체를 가리는 천은 하바라 또는 페르시아로 차도르라고도 한다(宮崎正勝, 2006).

## 3. 이슬람 건축문화

이슬람 건축의 가장 큰 특징은 돔, 첨탑, 미나렛, 건물 내외의 정교한 모자이크 등이다. 이슬람 건축의 돔은 비잔틴 양식의 영향을 받았으며 이슬람은 우상숭배를 방지하기 위해 이슬람 건물에 사람이나 동물의 그림 또는 조각을 금기시한다. 이로 인해 이슬람 건축물의 내부와 외부는 글씨나 문양으로 장식했다. 이러한 이슬람 건축문화의 특징으로 아랍문자의 서예와 문양 디자인이 크게 발달하였다(박돈서, 2001).

الله واحد

## Check Point 모스크

무함마드가 거주하는 곳은 예배당으로도 사용되었는데, 이곳은 최초의 모스크(Mosque)가 되었다. 모스크(mosque)는 아랍어로 마스지드(masjid)라고 하는데 엎드리는 장소라는 의미로 무슬림들이 예배를 하는 성원(聖院)을 말한다(양승윤, 2014).

모스크는 예배공간, 미나렛, 세정장으로 구성된다. 모스크는 크게 미흐랍(mihrab), 민바르(minbar), 미나렛(minaret), 돔(dome)의 건축요소들을 특징으로 삼아 건축되는데 이슬람 초창기에 건축된 모스크는 돔, 미나렛, 아치 등이 없는 단순한 구조였다.

돔(Dome)은 이맘이 예배를 인도 할 때나 꾸란을 낭송할 때, 금요합동예배에서 설교를 할 때 이맘의 목소리가 모스크 전체에 울리도록 설계된 것이다(장 후세인, 2013).

예배장소는 일반적으로 융단을 깔고 메카방향을 향해 절을 해야 하므로 이치형 벽에 메카방향을 표시하는 끼블라(qiblah)를 표시하는 벽감 미흐랍이 만들어진다. 미흐랍은 벽감으로 벽면에 오목하게 파놓은 작은 공간인데 무슬림들이 기도를 할 때 모스크에서 메카쪽의 벽이 어느 방향인지를 알려주기 위해 만든다. 민바르는 설교를 하는 작은 교단을 말한다. 또한 모스크에는 무슬림에게 하루 다섯 번 기도시간을 알려주기 위한 첨탑인 미나렛를 만든다. 일반적으로 하나의 모스크에 3~6개의 미나렛을 만든다(박순관, 2013).

전 세계 이슬람권에는 각지역의 전통적인 건축양식에 따라 다양한 모스크가 건립되었다. 모스크는 처음에는 각 도시에 하나씩 건립되었지만 도시인구가 증가하여 여러 개의 모스크가 도시에 건립되었고 농촌에도 모스크가 건립되었다(宮崎正勝, 2006).

## Check Point 모스크에 그림이 없는 이유

이슬람에서는 알라(창조주)가 인격을 갖는다든지, 인간이 신격을 갖는 경우가 없다. 이슬람에서는 알라를 인간의 모습으로 묘사하는 것을 금지한다. 또한 인간의 신격화나 우상화도 금지한다(장 후세인, 2013).

이슬람에서 알라는 인간이 볼 수 없고, 만질 수 없는 절대 초월의 존재다. 이에 따라 모스크에는 알라의 상이나 성화를 찾아 볼 수 없다(김종윤, 1994). 이슬람교에서는 모스크에서 경전의 내용을 전달하는 방식이 그림보다는 문자로 표현하는 서예가 일반적으로 활용된다.

이슬람의 종교적 메시지는 모스크의 내부공간과 벽면에 서체장식과 빛을 이용한 채색효과만으로 강조한다(박순관, 2013). 이슬람에서는 우상숭배를 배격한다. 따라서 이슬람 예술가들은 동물과 인물에 대한 조각이나 회화보다 기하학문양과 아랍서체를 발달시켰다(엄익란, 2014). 이슬람에서는 꾸란 구절을 아름다운 서예로 쓰거나 꽃문양에 기초한 복잡한 기하학적 문양으로 모스크 내부를 장식한다(장 후세인, 2013).

## 4. 커피문화

### 이슬람에서 커피는 술의 대체상품

꾸란에서는 "술은 이로움보다 해로움이 더 많고, 술을 마시고 예배하는 것은 마귀행위의 죄악이다"고 말하고 있다. 술을 마시는 것 자체가 알라에 대한 불경이라고 말하고 있다. 이처럼 술을 금하는 이슬람의 율법때문에 술을 대체할 음료가 필요했는데 그것이 커피다. 커피는 아라비아 반도 예멘의 아랍인들이 기도를 드리기 전에 경건한 의식과 명상중에 잠을 쫓기 위해 마시면서 일반화되었다. 이슬람 사교문화에서는 선술집과 같은 사교장소가 커피점이다(이희수, 2010).

커피의 대명사 모카는 아라비아 남부 예멘에 있는 지방이다. 인간이 커피를 마시기 시작한 것은 예맨의 이슬람 신비주의자들이다. 이슬람 신비주의자들은 오랜 명상과 기도를 위해 잠을 쫓고 맑은 정신상태를 유지하기 위해 커피를 마셨다. 예맨이 오스만 투르크 통치하에 놓이면서 커피가 오스만 왕궁이 있는 이스탄불에 진상되었다. 그 이후 이스탄불에는 카페가 많이 생겼고 전 세계로 커피 문화가 확산되었다(이희수, 2003).

**| 표 7-1 |** 음식의 섭취 일반과 관련된 코란 본문

| 코 란 | 본 문 |
|---|---|
| 제2장 168절 | 사람들이여 지상에 있는 허용된 좋은 것을 먹되 사탄의 발자국을 따르지 말라. 그는 실로 너희들의 반역자라. |
| 제7장 32절 | 일러 가로되 종들을 위하여 창조하신 하나님의 아름다움과 깨끗한 이 양식을 누가 금기하느뇨. |

자료: 이서영(2012)

## 5. 이슬람 축제문화

이슬람력에는 두 개의 기본이 되는 축제가 있다. 첫번째는 금식을 마치는 축제인 이드 알 피트르이고, 두번째는 희생제인 이드 알 이드하이다.

### 1) 이드 알 피트르 축제

이드 알 피트르(Eid al-Fitr)는 작은 축제로 불려진다. 이드 알 피트르는 금식

기간 마지막 날인 샤왈 달(10월)의 첫날에 시작되어 사흘간 계속된다. 이드 알 피트르는 라마단이 끝난 후 단식이 종료됐음을 축하하는 명절기간이다. 이드 알 피트르가 시작되면 무슬림들은 고향을 방문하기 위해 귀성길에 오르는데 귀성전쟁을 방불케 한다(김나연, 2013.9).

이드 알 피트르는 절제의 시간인 금식기간 중에 신의 보호에 대한 감사의 축제다. 무슬림들은 축제기간 동안 공동 기도를 한 후에 신생아, 지인의 가정, 가족의 산소 등을 방문한다.

### 2) 이드 알 아드하 축제

희생제인 이드 알 아드하(Eid al-Adha)축제로 불려진다. 이드 알 아드하 축제는 이슬람의 둘히자 달(12월) 10일에 시작되어 사흘간 진행된다. 신의 자비를 구하며 희생제를 준비한다(발터 M. 바이스, 2007). 희생제에는 하루에 수천 마리의 양이 도살되어 세계 모피업계와 육류업게에 지대한 영향을 미치고 있다(이희수, 2003).

# 제2장 이슬람 사회

## 1. 이슬람의 가족중심주의 문화

무슬림들은 다른 문화권에 비해 상대적으로 가족을 중시하는 문화가 있다. 무슬림들은 가족들과 함께하는 것을 좋아하고 항상 가족이 같이 있기를 원한다. 또한 이슬람문화는 부모를 공경하고 가족를 중시한다. 꾸란에는 "너의 주님께서 명하시니 그분 외에는 어떤 것도 경배하지 말고 너의 부모에게 효도하라"고 말하고 있고, 부모 중 한 사람 또는 두 사람이 연로해졌을 때 그들을 멸시하거나 그들에게 저항하지 말라. 그리고 그들에게 고운 말로 대하라"고 언급돼 있다.

이와 같은 효사상속에서 자란 무슬림들은 부모를 공경하는 마음으로 사람을 대한다. 그리고 개인보다는 가족을 사회구성의 기본으로 여긴다. 이러한 가족중시 문화로 인해 이슬람에서는 결혼을 개인적인 일이 아닌 가족 간의 집안일로 간주한다(김나연, 2013).

### Check Point 이슬람의 작명문화

이슬람문화에서는 아이가 태어난 생후 7일째 작명의식을 한다. 일반적으로 성서에 등장하는 예언자의 이름을 따르거나 역사상 인물이나 지명이나 부족이름을 따르는 경우도 많다(이희수, 2003).

이슬람교는 유대교, 기독교의 예언자도 모두 예언자로 인정된다. 따라서 무슬림이 아이의 이름을 작명할 때는 꾸란뿐만 아니라 구약성서, 신약성서에 등장하는 인물에서 따오는 경우가 많다. 무슬림의 본명은 매우 길다. 본인, 부친, 조부 이름이 이어지고 네 번째 자리에 부족, 출신지 등이 온다(宮崎正勝, 2006).

이슬람교도 남자들은 자신의 이름 다음에 'bin(누구의 아들)'을 붙인 자신의 아버지의 이름을 쓴다. 말레이 여성은 자신의 이름 다음에 'bimti(누구의 딸)'을 붙인 자기 아버지의 이름을 쓴다. 메카로 성지순례를 했던 이슬람교도의 남성들은 '하지(Haji)'라고 불리며, 여성은 하자(Hajjah)라고 부른다(한국무역협회, 2014).

## 2. 남성중심의 이슬람문화

이슬람의 남성중심 문화 = 유목문화 + 가부장적 권위주의

전통적으로 중동의 유목민들은 물 걱정이 없던 정착문명과는 달리 부족 전체의 생사를 결정하는 오아시스를 보호하기 위해 무장을 해야 했다. 남성은 항상 무장을 하고 오아시스와 부족의 재산을 지켜야 했다. 특히 부족 구성원들은 공동의 안전을 위해 부족장의 명령에 절대 복종해야 했다. 이러한 이슬람문화권의 권위주의적 리더십은 이슬람사회를 남성중심의 사회로 만들었다(서정민, 2013.9).

무슬림 남성들이 착용하는 터번은 더위를 피하기 위한 모자의 일종이다. 그런데 터번의 색을 통해 종파, 가문 등을 나타낸다. 과거에 녹색터번은 예언자 무함마드 자손을 의미했다. 터번 색깔은 이슬람 왕조에 따라 상이했는데 압바스 왕조에서는 검은 터번을, 이집트 파티마 왕조에서는 하얀 터번이 사용되었다. 또한 이슬람에서는 턱수염에 걸고 맹세할 정도로 남성의 턱수염은 권위를 나타내는 상징이다(宮崎正勝, 2006).

이슬람의 남성위주의 문화는 결혼문화와 이슬람교 입교에 투영되어 있다. 이슬람 사회에서 무슬림 남성은 비무슬림 여성과 자유롭게 결혼할 수 있지만, 무슬림 여성은 반드시 무슬림 남성과 결혼해야 한다. 만약 무슬림 여성이 비무슬림 남성과 결혼하려면 비무슬림 남성은 이슬람교로 개종해야 한다. 이러한 이슬람 규정으로 인해 무슬림 여성이 비무슬림 남성과 결혼하여 모국인 이슬람국가에서 아이를 낳으면 평생 그 나라에 거주해도 2세는 외국인으로 취급된다. 또한 아버지가 무슬림일 경우 자녀는 자동적으로 무슬림이 된다. 무슬림은 아이가 태어나면 아버지가 아기의 오른쪽 귀에 신앙고백을 읊어주면 아기는 무슬림이 된다(엄익란, 2014).

**Check Point** 이슬람에서 여성에게는 허용하지만 남성에게 금지하고 있는 것

이슬람에서는 금장식품과 실크로 제작된 옷은 여성에게는 허용되지만 남성에게는 금지된다. 남자들에게 금장식품과 실크 옷을 금지하는 이유는 사치생활을 막기 위함이다. 알라께서 남성에게는 여성과 다른 체격과 체력을 주셨는데 남자가 값비싼 것으로 치장하는 것은 남성에게 어울리지 않는다. 이에 비해 여성은 보석류와 치장을 좋아하는 본성을 고려하여 허용된다.

예언자 무함마드는 "결혼할 여성에게 선물을 하시오 줄 것이 없으면 쇠붙이로 만든 것이라도 주시오"라고 말씀하셨다(Yusuf Al-Qardawi, 2011).

## 3. 이슬람 여성문화

무슬림들은 지금도 남녀의 분리사상이 강하여 어린 남자아이도 7~8세가 되면 여성들이 거주하고 있는 하렘이라는 방은 출입을 못한다. 여성이 혼자 있을 때는 가정을 방문할 수 없다. 또한 여성들이 외출할 때는 히잡 등으로 신체의 전부나 일부를 가려야 한다. 또한 이슬람원리주의 국가에서는 외국인 여성도 히잡을 착용해야 하며, 여성이 외출할 때는 남편 또는 부모 등 가장이 동행해야 하는 경우도 있다(조희선, 2009).

이슬람교에서는 남녀가 서로 접촉하는 것이 금지되어 있으며, 여성과 몸을 닿은 남성은 몸이 정결치 못하다는 이유로 재차 기도를 드리지 못한다. 따라서 여성은 이슬람교도인 남성에게 악수를 청하지 않도록 하며, 남성도 여성에게 마찬가지로 악수를 하지 않도록 한다. 물론 상대방으로부터 요청이 있을 때는 응하도록 한다(Terri Morrison, 1994. 222).

무슬림 여성은 신체부위의 노출을 꺼린다. 수영복은 적어도 무릎까지 내려오는 반바지를 입어야 한다. 여자들은 아예 옷을 입은 체로 물 속에 들어간다. 이러한 이유는 종교와 기후적인 요소가 결합되어

나타나는 관행이다.

그러나 최근 들어 이슬람의 여성들의 사회진출이 증대하고 있다. 쿠웨이트에서는 여성운전을 허용한 이후 무슬림 여성들의 사회진출과 취업이 급증하였다. 인도네시아에서는 국민들의 직접선거에 의해 메가와티 여사가 대통령에 당선되었다. 파키스탄에서도 부토여사가 선거를 통해 두 번 수상에 선출되었다. 파키스탄의 이웃 국가인 방글라데시아에서도 칼레다 지아 여사가 민선수상을 했다. 중동 이슬람권 국가에서 가장 서구화된 터키에서도 칠레르 여사가 선거로 수상에 당선되었다(이희수, 2003).

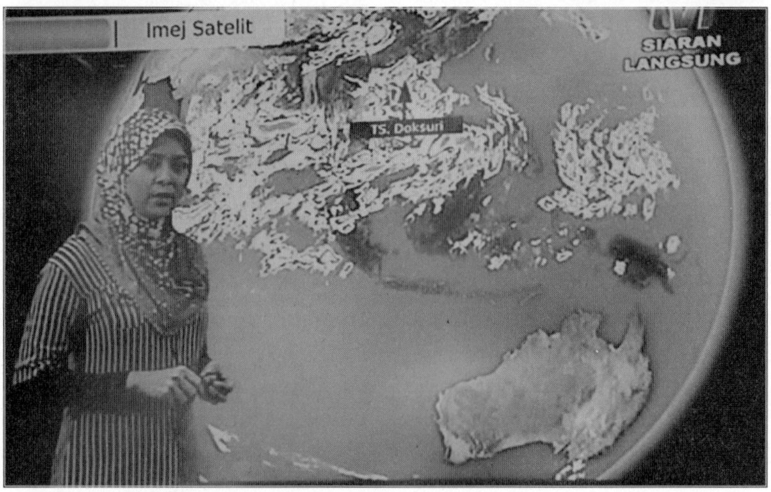

## Check Point Mahr

마흐르(Mahr)는 결혼시 신랑이 신부에게 지불하는 혼납금(婚納金)이다. 마흐르는 여성이 미망인이 되거나 이혼을 했을 때 경제적 기반이 된다. 마흐르의 금액과 조건은 양가 부모가 결정한다. 마흐르는 결혼 계약시 즉시 제공하는 경우와 결혼 후 이혼하거나 남편이 사망했을 때 제공하는 경우가 있다(윤용수외, 2009).

**표 7-2** 아랍 세계에서 영향력 있는 여성들

| 이 름 | 국 가 | 자 격 |
|---|---|---|
| 루브나 올라얀 | 사우디아라비아 | 올라얀 파이낸싱 CEO<br>2005년 다보스 세계경제포럼 공동의장 |
| 타우왁쿨 카르만 | 예멘 | 2011년 노벨 평화상 수상자<br>민주화 운동가 |
| 자하 하디드 | 이라크 | 건축가 겸 도시 디자이너<br>2004년 프리츠커 건축상 수상 |
| 하와 압디 | 소말리아 | 소말리아인들에게 보건 서비스를 제공하기 위해<br>병원을 짓고 자선 재단 창설 |
| 무나 아부술레이만 | 사우디아라비아 | 알왈리드 빈 탈랄 재단의 전 사무총장<br>유명 미디어 인사 |
| 셰이카 루브나 알 카시미 | UAE | UAE의 대외통상부장관, UAE최초의 여성 장관 |
| 수하이르 벨하센 | 튀니지 | 저널리스트 인권국제연맹 회장 |
| 셰이카 하나디 | 카타르 | 암왈 투자 은행의 창업자이자 회장<br>알 와브 시티 부동산 CEO |
| 수아드 알 호마이지 | 쿠웨이트 | 억만장자 비즈니스우먼, 투자자<br>쿠웨이트와 해외의 부동산 개발업자 |
| 하난 알 샤이크 | 레바논 | 수상 경력이 있는 논란이 많은 소설가<br>대표작 <모래와 몰약의 여인들> |
| 나왈 엘 사아다위 | 이집트 | 소설과 희곡으로 널리 알려진 대학자<br>정신과 의사이며, 정치 운동가 |
| 라니아 왕비 | 요르단 | 국왕 압둘 2세의 부인<br>교육과 비교 문화 이해 옹호자 |
| 마하 알 구나임 | 쿠웨이트 | 이 지역 최대의 비정부 투자 은행인<br>글로벌 인베스트먼트 하우스 회장 |
| 셰이카 모자 | 카타르 | 셰이크 하마드의 아내<br>카타르와 기타 지역의 기업 및 재단 회장 |
| 헨드 사브리 | 튀니지 | 여배우, 영화배우,<br>아랍 전역의 인기 있는 제품 홍보 대사 |
| 이나스 데기디 | 이집트 | 수상 경력이 있는 14편의 장편영화감독<br>이집트 최초의 여성 감독 |
| 아테이야트 압누드 | 이집트 | 수상 경력이 있는 다큐멘터리 영화감독<br>아랍과 아프리카 사회 문제에 주목 |
| 나헤드 타헤르 | 사우디아라비아 | 걸프 원 인베스트먼트 은행<br>공동 설립자 겸 CEO |
| 파이자 알카라피 | 쿠웨이트 | 화학 교수<br>2011년 로레알UNESCO 여성 과학자 상 |

ArabianBusiness.com.http://www.arabianbusiness.comhttp://www.forbes.com/wealth/power-women/http://en-marktoob.news.yahoo.com/queen-rania-sheikha-mozah-top-arab-women-role-073848024.html, 비제이마하잔(2012)

**| 표 7-3 |** 아랍 국가의 여성 대학 졸업률과 재학률(2009)

| 국 가 | 여성졸업생 비율(%) | 여성 재학생 비율(%) |
|---|---|---|
| 알제리 | 62.5 | 58.1 |
| 레바논 | 57.1 | 53.7 |
| 모로코 | 46.3 | 46.9 |
| 카타르 | 62.3 | 64.2 |
| 사우디아라비아 | 57.0 | 54.7 |
| UAE | 59.8 | 59.6 |
| 팔레스타인 | 59.0 | 55.6 |

자료 : http://databank.worldbank.org, 비제이마하잔(2012)

# 제3장 이슬람 에티켓

## 1. 이슬람의 오른쪽 중시문화

이슬람에서는 오른쪽이 신성시된다. 코란도 오른쪽에서 왼쪽으로 쓰여 있다. 동그라미를 그릴 때도 오른쪽부터 시작한다. 두 손을 포갤 때도 왼손을 오른손 밑에 들어간다. 무릎을 꿇고 앉을 때도 왼발은 엉덩이 밑에 깔고 앉는다. 악수를 할 때나 선물을 전달할 때 오른손을 사용해야 하므로 왼손잡이들은 특히 주의해야 한다(김종윤, 1994. 50). 무슬림들은 신을 신을 때, 옷을 입을 때, 머리를 빗을 때, 몸을 깨끗이 할 때도 오른쪽부터 한다(윤용수 외).

### *Check Point* 이슬람은 머리를 신성시한다

이슬람에서 머리는 신성시된다. 남의 머리를 쓰다듬거나 만지거나 때리는 행위는 신성 모독으로 간주된다(김종윤, 1994. 50). 무슬림들은 머리나 머리카락, 특히 어린이의 머리나 머리카락을 신성시한다(Cathie Draine, 2005, 113-116). 남의 머리를 만져선 안된다.

## 2. 이슬람의 인사문화

“앗 쌀라무 알라이쿰.” 아랍어로 “안녕하세요”라는 의미의 인사말이다. ‘쌀람'은 평화를 의미한다. 우리나라 인사말 안녕(安寧)도 무탈·평안을 의미한다. 이슬람문화에서는 인사는 중요한 예의로 생각한다. 하디스에는 "말하기 전에 인사를 먼저 하라"고 명시하고 있다.

이슬람문화에서는 초면인 사람과도 자연스레 인사를 건네는데, 이는 유목민족으로 생활했을 때 인사를 통해 상대에게 적의가 없고, 해를 끼치지 않는다고 표현했기 때문이다. 또한 이슬람 인사문화에서는 아랫사람이 어른에게 먼저 인사하는 것을 예의로 삼는다(김나연, 2013.9). 꾸란에서도 인사를 받았을 때에는 인사를 건넨 사람의 표현만큼 하거나 더 나은 인사말로 응답하라고 하였다. 하디스에 따르면 인사순서는 말탄 사람이 걸어가는 사람에게, 걸어가는 사람이 서있는 사람에게, 혼자인 사람이 전체에게 먼저 인사한다.

하디스에서는 무슬림이 동료 무슬림에게 반드시 서둘러서 해야 될 5가지를 다음과 같이 말하고 있다. 인사에 답하기, 병문안 가기, 초대에 응하기, 재채기 했을 때 답하기이다. 이슬람에서 재채기는 알라의 축복으로 생각하기 때문에 재채기를 하면 주변의 사람은 야르하묵알라(yarhamu allah: 알라가 당신에게 자비를 베풀기를)라고 말한다(윤용수외, 2009).

## 3. 이슬람의 접대문화

무슬림은 3개의 침대를 갖고 있어야 한다, 하나는 자신을 위해, 또 하나는 부인을 위해, 나머지는 손님을 위한 것이다(윤용수외, 2009). 중동에서는 다른 집을 방문하면 집주인이 방문객에게 "만질루나 만질루쿰"이라는 인사말을 건넨다. 이 인사말의 의미는 우리 집이 당신의 집이다라는 뜻이다. 이처럼 중동인들은 손님을 환대하고 손님을 후한 인심으로 대하는 접대문화를 갖고 있다. 이러한 접대문화는 유목생활 시절 사막에서 길을 잃은 자가 누구든 도움을 주는 전통에 기인하고 있다(김나연, 2013.9).

## 4. 이슬람의 악수문화

여자가 먼저 악수를 청해 손을 내밀기 전에는 여자와 악수를 해서는 안 되며 왼손은 부정한 손이므로 선물이나 음식물을 왼손으로 주어서는 안 되는 문화가 있다. 무슬림들은 오랫동안 악수를 하고 동성간에는 포옹을 한다. 포옹의 관습은 메카 이주민과 메디나 원주민사이의 서먹함을 없애기 위해 무함마드가 마당에 모인 두 집단 간에 포옹을 지시한데서 연유한다(윤용수외, 2009).

### Check Point 모스크에서 에티켓

· 의심스러울 경우 들어가도 되는지 문의한다.
· 들어가기 전에 신발을 벗는다.
· 조용하고 경건히 행동한다.
· 기도하는 사람이 있으면 특히 조용히 해야 한다.
· 사진을 찍기 전에 허락을 받도록 한다.
· 사람이나 물건에 손대지 않는다. 특히 코란은 건드리지 말라.
· 월경 중인 여자는 들어가면 안 된다.
· 모스크나 왕궁박물관에 갈 때는 슬리퍼, 민소매, 미니스커트는 금한다.
· 모스크 안에는 신발을 벗고 들어가야 하고, 기도하는 사람 앞으로 지나가면 안된다.
· 여자들은 모스크에 들어가기 전에 머리, 팔, 다리를 다 가려야 한다(Cathie Draine, 2005).

### Check Point 이슬람 비즈니스 에티켓

· 일반적으로 남녀는 서로 악수를 하지 않는다.
· 어린이의 머리를 쓰다듬는 것은 금지
한국에서는 어린이를 보고 예쁘다고 하면서 머리를 쓰다듬는데 이것은 가장 조심해야 할 행동이다.
· 이슬람교 교리에 따라 이슬람교도들은 돼지고기와 술을 먹지 않으며 닭고기, 쇠고기도 할랄을 하지 않은 경우 먹지 않는 것이 원칙이다.
· 외국인의 경우 음주는 가정집 또는 특별히 제한된 장소(식당 내 폐쇄된 지정석 등)에서 허용되나, 공공장소에서 음주 및 취중운전은 범법 행위이다.
· 물건이나 음식을 건넬 때는 항상 오른손을 사용하고, 사람, 물건 등을 지적할 때 손가락을 사용을 하면 안된다. 한국에서는 보통 검지손가락으로 가리키는데 이 경우 욕이 된다. 오른손 주먹을 쥐고 엄지손가락을 옆으로 뉘어 가리켜야 한다.

· 사람을 부를 때는 손바닥을 편 후 손가락이 아래로 향하도록 해서 흔들어야 한다.
· 앉아 있을 때는 발바닥이 상대를 가리키면 불경스런 행위로 간주되므로 두 다리를 나란히 하여야 한다(mofat, 2014).

# 제8부

# 동남아 이슬람의 이해

# 제1장 동남아 문화

## 1. 동남아 문화의 특징

동남아시아 문화는 다양성과 복잡성이 상존하고 있다. 거시적인 차원에서 동남아시아 문화권은 크게 대륙부(태국, 미얀마, 캄보디아, 라오스, 베트남)와 도서부(말레이시아, 인도네시아, 필리핀, 싱가포르, 브루나이)로 양분할 수 있는데 일반적으로 대륙부 동남아는 주로 중국과 불교문화의 영향이 강하고 도서부 동남아는 인도와 이슬람문화의 영향이 강하다. 동남아는 지정학적으로 다른 지역에 비해 많은 섬들과 바다로 둘러싸인 곳이 많아서 강력한 중앙집권적 왕국의 출현이 미미하여 언어와 종족이 다양하고 문화도 다양한 스펙트럼을 형성하고 있는 다원주의(Pluralism)사회이다.

**| 표 8-1 |** 동남아시아 국가들의 주요산업

| 국 가 | 주 요 산 업 |
|---|---|
| 필 리 핀 | 가전산업, 광업, 농림수산업, 석유화학 에너지, 이동통신, 자동차, 자동차 부품 |
| 인도네시아 | 농업, 제조업, 전지 및 전자, 자동차, 화학 및 석유, 항공, 철강, 목재가공 |
| 말레이시아 | 팜 오일, 바이오디젤, 셀람고리, 정수시설, 관련산업 |
| 베 트 남 | 섬유, 신발, 석유화학, 철강, 이동통신, 전력 |
| 태 국 | 농업, 수산업, 광업, 제조업, 자동차, 식품 |
| 캄 보 디 아 | 봉제, 관광, 농심수산, 제조, 건설 |
| 미 얀 마 | 농업, 광업, 임업, 자원개발 |
| 라 오 스 | 광산개발 |

자료 : 이준호(2009), 이경의(2010)

**| 표 8-2 |** 동남아 국가간 산업정책 비교

| 국가명 | 초기 산업정책 | 최근 산업 정책 |
|---|---|---|
| 말레이시아 | 경공업을 중심으로 수출산업 육성 | 제조업과 서비스업을 아우르면서 산업연계를 고려한 정책 |
| 베트남 | 도이모이 도입과 함께 수입대체에서 수출지향 정책 실행 | WTO 가입과 함께 국내 시장을 개방하고 고부가가치 제조업과 서비스 산업 육성 |
| 싱가포르 | 독립 시기부터 경공업 중심의 수출지향 정책 실행 | 바이오 메디컬 산업과 같은 최첨단 산업을 육성하고, 교육, 의료, 금융 등 수출 가능 서비스 산업도 육성 |
| 인도네시아 | 유치산업 보호를 위한 수입대체정책 실행 | 국내시장을 개방하면서 경공업 중심의 산업 경쟁력을 높이고 고부가가치 제조업 육성을 시도 |
| 태국 | 1980년대 중반 일본기업의 진출로 수입대체에서 수출지향 정책으로 전환 | 동아시아 외환위기로 인해서 대외충격을 줄이고자 내수시장 확대에도 초점을 두고 있지만 수출지향 기조는 유지 |
| 필리핀 | 1970~80년까지 농업이 산업정책에서 중요하였지만, 1990년부터 제조업이 산업정책의 중심에 대두 | 공기업의 민영화와 같이 경공업 중심의 효율성 증진에 노력 |

자료 : 김태윤외(2010).

**| 표 8-3 |** 동남아 주요국의 산업정책 및 산업구조 전망과 협력 유망 분야

| 동남아 주요국 | 산업정책 | 산업구조 전망 | 협력유망 분야 |
|---|---|---|---|
| 말레이시아 | 말레이시아 계획 (2011~15년)<br>- 전략산업: 석유 · 가스, 팜 오 일, 금융서비스, 도소매, 관광, 정보통신기술, 교육, 전기 · 전자, 비즈니스 서비스, 민간의 료 서비스, 농업 | 지속적인 높은 산업구조 변화율<br>GDP 기준 광업, 제조업 비중 증가<br>노동력 기준 서비스업 증가 및 제조업 다소 감소<br>중위기술 및 자본집약적 업종 수출 비중 증가 | 제조업 중 고부가가치를 창출하는 석유화학과 전자 및 IT분야 협력 유망<br>서비스업 중 금융 및 부 동산업, 공공서비스분야 협력 유망 |
| 베트남 | 10개년 사회경제개발전략 (2010~20년)<br>- 현대화된 산업개발(건설)<br>- 전략산업: 자동차, IT, 석유화학, 신재생에너지, 관광, 조선, 유통 | 동남아 내 평균적인 산업구조 변화<br>GDP 기준 광업, 제조업 비중 증가<br>노동력 기준 제조업, 서비스업 증가 및 농림수산업 감소<br>노동 및 자원집약, 저 · 중 · 고 위 기술 업종 등 1차 상품을 제외한 업종의 수출비중 증가 | 도로, 건설, 통신, 전력 등과 같은 사회기반시설에 대한 협력 유망<br>자동차, 신재생에너지, 조선, 유통분야와 같이 정부가 추진하는 산업 협력 유망 |

| 동남아 주요국 | 산업정책 | 산업구조 전망 | 협력유망 분야 |
|---|---|---|---|
| 싱가포르 | 새로운 도전과 목표: 역동적인 글로벌 도시를 향하여(2003 마련)<br>- 전략산업: 창조산업, 교육, 의료 서비스, 금융<br>- 전자, 화학, 생물의학, 엔지니어링<br>- 초소형 전자기계 시스템, 나노기술, 포토닉스 | 높은 산업구조 변화율 지속<br>GDP 기준 금융, 상업 비중 증가<br>노동력 기준 서비스업 증가 제조업 · 건설업 감소<br>중 · 고위 기술 업종 수출비중 증가 | 전자, 생물의학, 나노기술, 초소형 전자기계 시스템 등 고급기술을 사용하는 제조업 분야 협력 유망 서비스업 중 문화, 교육, 금유, 관광분야 협력 유망 |
| 인도네시아 | 국가 중기 개발계획 (2010~14년)<br>- 사회기반시설 확충, 투자 및 기업환경 개선, 에너지 확충, 문화, 창의력, 기술혁신 '2025년 인도네시아 산업'<br>- 10대 전략산업: 음료, 수산물 가공, 작물 및 직물상품, 신발, 팜유 상품, 목재상품, 고무 및 고무상품, 펄프 및 제지, 전자기계 및 설비, 석유 화학 | 산업구조 변화율 낮아지는 추세<br>GDP기준 제조업, 건설업 비 중 증가<br>노동력 기준 광업, 제조업, 서비스업 증가 및 농림수산업 감소<br>비연료 1차상품, 지 · 중 · 고위<br>기술 업종 수출 비중 증가 | 1차 산업과 관업 및 이를 이용한 신재생에너지 분야 협력 유망<br>도로, 건설 통신, 전력 등과 같은 사회기반 시설 협력 유망 |
| 태국 | 제2차 ICT Master plan (2009~13년)<br>제10~11차 NESDP<br>- 지식 · 문화 콘텐츠 기반 산업 육성<br>- 신재생 에너지 분야 | 낮은 산업구조 변화율 지속<br>GDP 기준 제조업, 광업 비중 증가<br>노동력 기준 제조업, 서비스업 증가 및 농림수산업 감소<br>연료 1차 및 저 · 중 · 고위 기술 업종 수출 비중 증가 | 신규 성장이 유망한 창조산업(지식, 문화 콘텐츠 기반의 산업)과의 협력 유망 |
| 팔리핀 | 아키노정권(2010~14년) 향후 산업정책<br>- 쌀 자급률 향상 및 농업의 산업화, 신재생에너지 및 전력 개발, BPO 산업 육성, 관광산 업 지속적 개발 | 산업구조 변화율이 동남아 내에서 다소 낮음.<br>GDP 기준 물류, 통신, 상업, 금융업, 기타(해외근로자 송 금액) 비중 증가<br>노동력 기준 서비스업 증가 및 농림수산업, 광업, 제조업 감소<br>연료 1차상품, 중 · 고위기술 업종 수출 비중 증가 | 산업 협력 농업, 신재생에너지 협력분야 산업협력 유망 |

자료 : 김태윤외(2010)

## 2. 대륙부 동남아와 해양부 동남아의 문화적 차이

동남아는 크게 대륙부 동남아와 도서부 동남아로 구분할 수 있는데 태국, 베트남, 라오스, 캄보디아, 미얀마 등으로 구성된 대륙부 동남아는 전통적으로 중국문화의 영향이 강하다. 이에 비해 필리핀, 인도네시아, 말레이시아, 싱가포르, 부르나이 등이 포함된 도서부 동남아는 인도문화가 상대적으로 강하게 남아 있다(장준영, 2007).

## 3. 동남아의 종교도래

동남아는 종교박물관이라고 할만큼 다양한 종교가 동남아 지역에 상존하고 있다(김종욱, 2007). 도서부 동남아는 원시 정령신앙(Animism)을 토대로 인도로부터 힌두교, 불교가 유입되었고, 인도와 아랍상인들로부터 이슬람이 유입되었다(S.Q. Fatimi, 1963).

# 제2장 동남아 무슬림

## 1. 동남아 무슬림 개요

동남아는 전 세계 무슬림의 반 이상이 집단 거주하고 있는 지역이다, 특히 인도네시아는 인구 규모로 세계 최대의 이슬람 국가이다. 말레이시아는 국교가 이슬람으로 정해져 있고, 국왕 또한 무슬림이다. 브루나이는 현존하는 세계 최고의 이슬람 왕국이다. 이와같은 이슬람 대국뿐만 아니라 싱가포르, 미얀마, 태국, 필리핀, 캄보디아, 베트남 등에도 상당수의 무슬림이 집단 거주하고 있다(장준영 2007). 동남아지역이 수 백년 동안 유럽의 식민통치를 받으면서 이슬람은 동남아 토착민들의 구심점 역할을 하였고 역사적 공감대를 형성하는데 기여를 했다.

## 2. 동남아의 무슬림 인구

동남아의 이슬람문화는 600년 이상의 오랜 역사를 갖고 있다. 무슬림은 동남아 총인구의 반이상으로 이슬람은 동남아 문화에 지대한 영향을 주고 있다(김종욱, 2007). 인도네시아, 말레이시아, 브루나이는 각각 총인구의 약 87%, 53%, 90%정도가 무슬림이다. 싱가포르도 총인구의 15%정도가 무슬림이다. 필리핀, 태국, 미얀마, 베트남, 캄보디아에서는 이슬람교가 소수민족의 종교에 속하지만 각 나라에 5~6% 정도의 무슬림이 있다.

**| 표 8-4 |** 동남아 이슬람 국가 인구

| 국 가 | 인구 수 (명) | 이슬람 (명) | 비율(%) |
|---|---|---|---|
| 말레이시아 | 2,825만 | 1,500만 | 53 |
| 태 국 | 6,388만 | 390만 | 6 |
| 필 리 핀 | 9,200만 | 460만 | 5 |
| 브 루 나 이 | 40만 | 36만 | 90 |
| 인도네시아 | 2억 3천만 | 2억 | 87 |
| 싱 가 포 르 | 500만 | 75만 | 15 |
| 동 남 아 | 5억 8천만 | 2억 3천만 | 40 |

지료: 외교통상부

# 제3장 동남아에 이슬람의 도래와 확산

## 1. 동남아 해상무역과 중동 무슬림의 동남아 출현

동남아 이슬람의 도래는 크게 4개의 기간으로 구분할 수 있다. 1300년까지의 이슬람의 동남아 도래기, 1300~1800년까지의 제1차 융성기, 1800~1950년까지의 제국주의 시대, 1950~2000년대까지의 독립국가 이후의 시기이다.

동남아의 이슬람 도래에 대해서는 유럽 역사가들과 동남아 이슬람 학자 간에 이견이 있다. 유럽 역사가들은 동남아의 이슬람은 인도와의 해상무역을 통해 유입되었다고 주장한다. 이에 비해 동남아 이슬람 학자들은 동남아 이슬람은 아라비아 반도에서 직접 유입되었다고 주장한다(박순관, 2013).

11세기경부터 동남아에 본격적으로 유입된 이슬람교는 말라카 해협을 따라 인도네시아 군도, 필리핀 군도의 많은 섬들로 확산되었다(장준영, 2007). 13세기 이후 도서부 동남아를 중심으로 활성화된 해상무역은 중동의 무슬림 상인들을 동남아 지역으로 유입시킨 계기가 되었다(양승윤, 2007). 중동에서 태동한 이슬람은 상인들에 의해 동남아에 전파되었다. 이슬람은 중동, 서아시아, 인도를 거쳐 동아시아로 이어지는 무역로를 따라 동남아에 유입되었다.

인도와 아랍 상인들은 유럽인들이 동남아시아로 진출하기 이전인 13세기부터 주로 동남아 도서지역과 교류하면서 이슬람교를 전파하기 시작하였다. 특히 수백년 전부터 동남아지역과 활발한 무역관계를 지속하고 있던 인도 서부의 구자라트(Gujarat) 지역의 무슬림 상인들의 역할이 컸다(오부영, 2009.6).

동남아의 이슬람화는 인도네시아의 수마트라섬의 북부지방을 기점으로 해상무역로를 따라 동쪽으로 전파되었다(Cesar A. Majul, 1985). 14세기에는 말레이반도 북동쪽과 필리핀 남부의 술루제도와 일부 동부 자바지역이 이슬람화되었고, 15세기에는 말라카와 말레이 반도가 이슬람화되었다(Hardjowidjono, 1993).

동남아에 이슬람이 전래된 것은 11세기이지만, 이슬람이 동남아에 폭넓게 확산되고 정착되는 과정은 15세기부터 17세기까지 3세기 간에 걸쳐 장구한 시간이 걸렸다(김성건, 2007).

## 2. 동남아 이슬람의 확산 배경

동남아에서 이슬람은 무슬림 무역상과 토착민의 교류, 무슬림과 동남아 왕족과 혼인, 수피(Sufi)의 활동, 동남아 왕족들의 개종 등을 통해 자연스럽게 확산되었다(S.Batumalai, 1999). 동남아에서 이슬람은 14~15세기를 거치면서 동남아 도서지역에서 대중적인 종교로 자리 잡았다(박순관, 2013).

### 1) 무슬림의 결혼과 이슬람 확산

아랍과 인도 무슬림 상인들은 말레이 군도(Malay Archipelago) 지역을 다니며 토착민들과 친밀하게 교류하면서 인도네시아 군도와 말레이 반도(Malaya)에 이슬람을 전파하였다.

동남아 지역에서 활발한 상업적 교류를 통해 부를 축적한 무슬림 상인들은 동남아 사회에서 상류층으로 살게 되면서 동남아 토착 여성들과 결혼한 사람이 많았고 여성들은 자연스럽게 이슬람으로 개종하는 경우가 많았다(오부영, 2009.6).

### 2) 모스크와 이슬람 학교, 이슬람 전파

동남아 지역과 교류를 하던 일부 무슬림 상인들은 동남아 항구를 중심으로 거주하면서 무역뿐만 아니라 모스크를 건립하여 동남아에 이슬람을 전파하였다. 마을에는 모스크뿐만 아니라 이슬람 교사와 학생이 함께 기숙하며 이슬람을 체계적으로 학습할 수 있는 뽄독학교(Pondok School)가 설립되어 동남아에 이슬람이 확산되는데 기여를 하였다(Hussin Ali, 1981).

### 3) 스스로 술탄이 된 동남아 통치자들

1511년 포르투갈이 말라카 왕국을 붕괴시키기 전까지 동남아에는 무슬림 술탄(Sultan)이 통치하는 왕국이 설립되었다(노해종, 2008). 동남아에 술탄이 등장하게 된 배경은 동남아 항구도시를 중심으로 무슬림 상인들이 정착하면서 무슬림 공동체가 형성되었고 왕국의 통치자는 해상무역 네트워크를 장악하고 있는 무슬림들이 해상무역에서 중요하다는 것을 인식하였다. 또한 이슬람 교리와 신앙체계가 왕국을 통치하는데 필요한 사회적 질서의 유지에도 도움이 된다고 생각하여 이슬람으로 개종하고 이슬람 왕국의 통치자인 술탄(sultan)이 되었다(오부영, 2009.6). 이슬람은 동남아 섬들의 연안지역주민들 사이에서 통합적 요인으로 매우 중요한 역할을 했다(Milton Osborne, 1996, 53).

## 3. 이슬람이 동남아에서 정착되게 된 동기

해상무역에서 서역(西域)의 이슬람 상인들의 중요함을 인식한 도서부 동남아의 군도에 산재했던 군주들이 경제적, 정치적 이익을 위해 이슬람을 적극 도입했다. 그 당시 말라카 해협과 자바 인근의 주요 무역항은 대부분 무슬림들의 영향하에 있었다. 동남아 토착민들도 이슬람교가 동남아에 유입되기 이전에 전해진 힌두교와 불교의 추상적이고 복잡한 종교의식에 비해 상대적으로 종교의례가 생활종교인 이슬람에 관심을 가졌다(장준영, 2007).

# 제4장 동남아에 이슬람이 평화적으로 전파된 이유

## 1. 동남아 이슬람의 정착은 타협의 산물

동남아 지역에서 이슬람교의 수용은 외부세력에 의한 강요가 아닌 통치자의 개종으로 위에서 아래로 확산되었고, 또한 이슬람교가 기존에 동남아에 상존하고 있던 토속신앙, 힌두교, 불교를 배척하지 않고 상당부분 수용하여 큰 마찰없이 평화적으로 정착되었다.

이슬람교보다 동남아에 먼저 전래되었던 힌두교와 불교는 이슬람교의 동남아 유입과정에서 배타적이지 않고 수용적인 경향을 보여 이슬람교는 동남아에서 기존의 힌두교, 불교와 심각한 갈등과 마찰을 겪지 않고 종교 간의 상호보완적인 역할을 하면서 동남아에 정착되었다(장준영, 2007).

동남아지역에 이슬람이 전해지기 전에 동남아 지역에는 다양한 토착신앙이 있었고 외부에서 힌두교와 불교가 동남아 지역에 전파되어 있었다. 동남아 지역에 이슬람교는 타종교가 동남아에 정착된 이후 수세기가 지난 후에 동남아에 도래 되었다. 동남아 지역에서 이슬람은 토착 신앙뿐만 아니라 동남아에 먼저 도래한 힌두교 등의 외부 종교와 조화를 이루면서 정착되었다(양승윤, 2007).

## 2. 동남아 이슬람엔 동남아가 투영되어 있다

이슬람을 믿는 무슬림은 세계 어느 곳에 살더라도 이슬람교의 기본교리와 핵심 의례에 있어서는 일관성을 보인다. 그러나 이슬람을 실천하는 구체적 방식은 국가와 지역마다 상이한 경우가 있다(오명석, 2007: 95-96).

동남아 무슬림도 세계의 무슬림과 일치된 모습을 가지고 있지만, 동남아의 독특한 지역적 성격이 이슬람에 투영되어 있다. 동남아에 정착된 이슬람은 정통이슬람 요소에 풍습, 정령(精靈)신앙, 힌두교, 불교, 주술적 요소가 혼합되었다(김성건, 2007). 특히 동남아에 들어온 초기 이슬람은 이슬람 율법중심의 정통이슬람보다는 신앙의 내면화를 강조하는 수피즘(sufism)이라고 불리는 신비주의 이슬람의 영향이 컸다.

### *Check Point* 수피사상과 이슬람교

수피(sufi)들은 고행(苦行)을 통하여 진리를 깨닫는다는 수피사상(sufism)을 기초로 하여 내면적인 신앙의 정신세계의 중요성을 강조하면서 이슬람교를 재정립하려 했다(장준영, 2007).

수피 이슬람은 중세 기독교 수도원과 같이 스승을 중심으로 금욕주의(Asceticism)를 하면서 공동생활하며 영적훈련을 통해 초자연적인 힘과 능력을 얻고 영적 치료(Spiritual healing)를 받으려는 이슬람교를 말한다. 수피사상은 제도와 형식보다는 내면세계를 강조한다(Syed Naguib al-Attas, 1963: M. Nasir Tamara, 1968).

수피즘(Sufism)의 어원은 양모의 아랍어인 수프(suf)에 있다. 신비주의 성향의 무슬림들이 양털 옷을 입고 금욕생활과 신비적 체험을 하는데서 수피즘이라는 용어가 생겼다(양승윤, 2014).

# 제5장 동남아와 중동의 이슬람

## 1. 동남아 이슬람과 중동 이슬람의 공통점

동남아 이슬람과 중동의 이슬람 모두 알라(Allah)에 대한 절대적인 신앙심과 이슬람 경전(經典)인 꾸란(Al Qu'ran)에 대한 믿음과 복종의 의무는 동일하다.

## 2. 중동과 다른 동남아 이슬람의 특징

중동의 이슬람은 시아파와 순니파의 구분이 확실하고 네개 이슬람 법률학파도 구분이 확실하다. 이에 비해 동남아의 이슬람은 이슬람의 전통관습인 순나(sunnah)를 따르는 순니파가 주류를 이루고 있고 동남아에서는 이슬람 법률학파간의 구분이 힘들다(양승윤, 2007).

중동지역은 일반적으로 단일문화에 유사인종으로 구성되어 있지만, 동남아는 태생적으로 복합인종, 복합문화, 복합종교로 구성된 지역이다. 이처럼 동남아 이슬람은 중동지역의 이슬람과 다른 종교 환경을 갖고 있어 이슬람에서 혼합적인 성향이 강하다.

### *Check Point* 이슬람의 대전통과 소전통

이슬람은 시대와 지역에 상관없이 이슬람의 교리에서 보편성을 띠는 이슬람의 전통을 대전통(great tradition)이라고 하고 지역의 특수한 문화가 융합된 이슬람 전통을 소전통(little tradition)이라고 한다(엄익란, 2014).

## 3. 동남아와 중동의 자연환경이 이슬람에 미친 영향

동남아 이슬람과 중동 이슬람에 차이가 발생한 근본적인 원인은 무엇보다도 동남아 지역과 중동지역의 자연환경에 큰 차이가 있기 때문이다. 중동 지역의 자연환경은 일반적으로 강수량이 적고, 낮과 밤의 온도차가 커 식물이 자라기 힘든 사막지대이다. 중동지역의 무슬림들은 사막의 척박한 자연환경을 극복하면서 생존하여 왔다.

이에 비해 동남아 지역은 일반적으로 수량이 풍부하고, 대륙부 동남지역은 토양이 비옥한 델타형 평원이 많다. 도서부 동남아도 잦은 화산 폭발로 만들어진 화산토(火山土)가 많아 농사에 적합한 천혜(天惠)의 자연조건을 갖춘 지역이다.

문화 형성에서 중요한 물은 이처럼 동남아지역과 중동지역에서 큰 차이를 보이고 있다. 중동지역은 광활한 사막의 크기에 비해 오아시스가 소규모로 분산되어 있다. 이에 비해 동남아지역은 동남아 거의 모든 지역이 오아시스라고 말할 수 있을 만큼 강수량이 풍부하여 물 걱정을 할 필요가 없는 지역이다.

이처럼 물과 식량을 얻기 위해 자연과 투쟁해야 하는 중동지역과 물과 식량이 풍부하여 자연에 순응하며 사는 동남아지역의 무슬림들은 신앙행위와 신앙생활에서 차이를 보이고 있다. 동남아 지역은 풍부한 자연환경으로 인해 다른 문화에 대한 수용이 좋다. 이러한 포용력 있는 동남아의 문화로 인해 동남아 이슬람은 중동 이슬람의 단일성에 비해 종교적 다양성이 상존하였다.

또한 외부와의 통로도 중동은 육지로 연결되어 있지만, 동남아는 대륙부 동남아는 육로로 도서부 동남아는 해양으로 다양하게 연결되어 있는 지리적 특성으로 종교에 다양한 문화가 접목되어 있다(양승윤, 2007).

## 4. 동남아 이슬람의 특징

동남아 이슬람의 특징은 다음과 같다.

첫째, 동남아 이슬람문화권은 대부분 말레이문화의 유산을 공유하고 있다. 말레이어와 아랍어에 기원을 둔 자위(jawi)라는 문자는 말레이시아, 인도네시아, 브루나이 뿐만 아니라 동남아 무슬림 집단 거주지역인 태국 남부지역과 필리핀 남부지역인 민다나오 지역에서도 국가를 초월하여 통용되고 있다.

둘째, 동남아 이슬람은 관습(Adat)에 기반을 두고 있다.

동남아 이슬람 국가들은 이슬람 율법에 의해 건국된 국가가 아니고, 이슬람 율법으로 통치되지 않는 전통관습 중심의 이슬람 국가이다. 동남아 이슬람은 이슬람 신비주의인 수피즘의(Sufism Islam, Mysticism)의 영향을 받아 샤리아보다는 관습법을 더 따른다. 동남아에서 슈피즘은 민속 신앙(Folk beliefs)과 혼합을 이루어 이슬람 율법인 샤리아(Shariah)보다는 관습법(Adat, Customary law)을 따른다(Hussin Mutalib, 1993: 노혜종, 2008).

슈피 이슬람은 동남아에서 무슬림 상인들을 통해 일상생활 속에서 자연스럽게 스며들어 동남아 이슬람의 토대를 이루었다. 특히 수피 이슬람은 동남아의 토착신앙과 융합되어 동남아 토착민들은 이슬람을 자연스럽게 수용하였다(M. Nasir Tamara, 1968). 아다트(adat)로 불리는 말레이 무슬림들의 전통과 관습은 이슬람을 토대로 하여 이슬람 공동체에서 계승되고 있다(김성건, 2007). 이처럼 동남아의 무슬림들은 동남아 전통문화에 뿌리를 두고 있는 전통 관습의 무슬림(Adat Muslim)이다.

**Check Point** adat = 이슬람 + 토착ansghk

아다트(adat)는 전통적, 토착 신앙적 관습(慣習)을 의미한다.

# 제6장 말레이문화와 이슬람

## 1. 말레이 인종은 동남아 이슬람의 중심

말레이 인종은 말레이군도(Malay Archipelago)에 광범위하게 거주하고 있는 주요 인종으로 말레이시아, 인도네시아, 부르나이 등의 동남아 주요 이슬람국가들 뿐만 아니라 싱가포르, 필리핀, 태국 남부 등에도 거주하면서 동남아 이슬람의 중심인 말레이 이슬람(Malay Islam)을 형성하고 있다(중근동연구소). 15세기 초에 동남아의 강력한 해상무역 왕국으로 발전한 말라카 왕국에 의해 이슬람은 말레이 반도 남부, 수마트라 섬, 자바의 북부 해안지역 등이 이슬람화되었다(박순관, 2013). 말라카 왕국은 말레이 인종이 중심이 된 왕국이었다.

## 2. 동남아에서 말레이어는 유럽의 라틴어

이슬람 왕국인 말라카 왕국은 동남아 지역의 해상무역을 장악하고 동서 무역교류의 중심지로 각광받으면서 경제적 번영을 가져왔고 경제적 번영을 기반으로 동남아 문화의 중심지가 되었다. 동남아 문화의 중심지 말라카의 언어인 말레이 언어는 동남아에 자연스럽게 퍼져 유럽의 라틴어처럼 동남아의 중심 언어가 되었다(Hussin Ali, 1981).

### 3. 동남아에서 말레이어와 아랍문자

아랍문자는 동남아에 일찍이 소개되어 수마트라 아쩨에서 필리핀 민다나오에 이르기까지 동남아 도서부 군도에서 지역어(地域語)를 보완하여 광범위하게 사용되었다. 또한 지역어인 말레이어는 말레이 반도와 인도네시아 군도에서 이슬람 종교교육에서 널리 활용되었다(양승윤, 2007).

**Check Point 말레이 민족주의와 이슬람**

이슬람은 말레이인들의 정신적 결집력을 강화하여 말레인을 하나로 묶는 촉매제 역할을 하였다(류승완, 2000).

## 제7장 동남아 서구 식민세력과 이슬람

### 1. 포르투갈 식민세력과 무슬림

동남아에 본격적으로 발을 디딘 최초의 서구 열강은 포르투갈인들이었다. 포르투갈인들은 동남아 향료무역 독점과 카톨릭 포교를 목적으로 동남아에 진출하였다.

동남아에 진출한 포르투갈인들은 약 100년 동안 동남아 무슬림과 긴 전쟁을 했다. 동남아 무슬림들이 포르투갈인들을 상대로 치열한 투쟁을 지속한 이유는 포르투갈인들이 동남아 지역에 카톨릭을 전파하기 때문이기도 했지만, 경제적으로도 무슬림들이 장기간 구축해 놓은 해상무역을 포르투갈인들에게 장악되는 것을 막기 위해서였다(양승윤, 2007).

유럽 열강에 의한 동남아 식민통치는 19세기 이후에 시작되었고, 이 시기부터 동남아의 사회, 문화와 정치경제는 서구열강으로부터 큰 영향을 받았다(양승윤, 2007).

**Check Point 동남아에서 서구식민 세력과 무슬림의 선교 비교**

동남아에 온 무슬림들은 서구 식민세력처럼 정복자로 오지 않았고 우월의식을 갖지 않아 이슬람교의 전파과정에서 갈등을 유발하지 않았다(S.Batumalai, 1999). 이에 비해 동남아 온 서구세력은 동남아 원주민과 전통문화를 무시하는 우월의식(Superiority)을 지니고 동남아지역에서 선교하여 원주민과 갈등을 유발하였다(Robert A. Hunt, 1997).

### 2. 동남아 서구 식민통치와 이슬람의 갈등

일반적으로 불교와 힌두교 등의 동양종교에 비해 상대적으로 정교일치(正敎一致)에 근거하여 정치적 성향이 강한 이슬람교는 동남아를 자의적으로 통치하고 싶었던 서구의 동남아 식민통치자들과 갈등을 가져왔다(양승윤, 2007).

### 3. 동남아 식민정부의 행정이 이슬람에 미친 영향

서구 열강들에 의한 동남아 식민정책의 핵심은 동남아 토착민들의 정치활동을 약화시키기 위해 정치와 종교를 분리하는 세속화이다. 이러한 식민정부의 세속화 정책은 전통적인 이슬람국가의 기본이념인 정교일치(政敎一致), 신법통치(神法統治)의 질서를 와해하는 것이었다(양승윤, 2007). 태국을 제외한 동남아 지역은 19세기에 서구의 식민지배를 받게 되었는데 서구의 식민통치로 인해 동남아에서 무슬림들의 경제적 위상은 추락하였다(박순관, 2013).

## 제8장 동남아 소수 무슬림의 커뮤니티

### 1. 소수 무슬림은 국민국가에 통합

우리가 흔히 말하는 동남아 국가들의 국토는 서구열강의 식민통치에 의해서 서구 열강들의 식민통치 이전에 형성되었던 동남아의 문화권과 관계없이 국경이 정해졌다(장준영, 2007).

동남아 국가들에서 주류가 아닌 비주류로 격하된 소수 무슬림들 중에는 고대 왕조시대에는 왕국을 구축했을 정도로 독자적인 영역을 확보하고 있었으나 서구 식민통치자들의 자의적인 정치적·행정적 국경 획정에 의해 타종교를 주로 믿는 국가에 자신들의 의지와 상관없이 편입된 경우도 많다.

특히 동남아의 소수 무슬림들은 제2차대전 이후 출범한 국민국가의 중앙정부로부터 정치뿐만 아니라 사회문화적, 경제적으로도 주변부로 전락하였다(장준영 2007).

## 2. 독자적 이슬람문화 구축

베트남 소수민족 참(Cham)족과 미얀마의 로힝야(Rohimgya)족은 수세기 동안 고립된 채 외부와의 교류없이 이슬람교와 토착신앙을 접목한 독자적인 이슬람을 구축하였다(양승윤, 2007).

## 3. 소수 무슬림들의 거주특징

동남아 개별 국가에서 소수 무슬림이 차지하는 비중은 매우 미미하다. 일반적으로 태국과 미얀마의 무슬림 인구는 각각 전체 인구 중에서 약 4%를 차지하고 있고 필리핀도 무슬림의 인구는 전체 인구에서 약 5%에 불과하다.

그런데 소수 무슬림들은 공통적으로 거주 국가내의 특정지역에 집중 거주하고 있어 이슬람 종교로 일체성을 유지하고 있고 있다. 미얀마의 대표적인 무슬림인 로힝야자(Rohingya)족은 방글라데시와 인도의 접경 지역인 여카잉(Rakhine)주의 마웅도(Maungdaw), 부디다웅(Buthidaung), 로디다웅(Rothidaung) 지역에 집단으로 거주하고 있다.

태국의 무슬림인 타이 무슬림(Thai Muslim)은 태국과 말레이시아가 국경을 접하고 있는 말레이(Malay) 반도 북부의 파따니(Patanni), 얄라(Yala), 나리타왓(Naratiwat), 싸뚠(Satun), 쏭클라(Songkla) 등 5개주에 집중되어 있다. 필리핀의 무슬림인 모로(Moro)족은 민다나오(Mindanao)의 남부지역, 술루(Sulu)군도, 팔라완(Palawan)에 집중거주하고 있다(장준영 2007).

### *Check Point* 동남아 국가별 상이한 이슬람

인도네시아의 이슬람은 인도네시아 토착문화와 조화를 이루었다. 이에 비해 불교국가 태국과 가톨릭국가 필리핀의 이슬람은 원리주의 이슬람 경향을 보이고 있다(양승윤, 2007).

## Check Point 동남아에서 무슬림과 타종교인의 갈등

동남아에서 대표적인 불교국가인 미얀마와 태국에서 다수의 불교신자와 소수 무슬림이 갈등이 발생하고 있다. 또한 동남아 대표적인 가톨릭 국가인 필리핀에서 다수의 가톨릭교도와 소수의 무슬림 간에 갈등이 지속되고 있다(장준영, 2007).

# 제9장 동남아 이슬람 부흥운동

## 1. 동남아에서 이슬람 부흥운동과 이슬람화

전 세계 이슬람권 국가에서는 1960~70년대에 이슬람 부흥*(Islamicresurgence)* 운동이 일어났다(Dekmejianm 1985; Esposito 1983). 이슬람 부흥운동은 개인의 일상생활과 공적부분에서 이슬람식 가치를 함양하자는 운동이다. 특히 동남아 국가에서 발생한 이슬람 부흥운동은 서구 식민지배 이후 무분별하게 동남아 각국에 유입된 서구식 자본주의 제도 등에 대한 비판과 재평가 논의가 일어났다. 특히 서양에서 유입된 제도를 보완하고, 이슬람에 부합하는 정치 경제체제를 구축하려는 이슬람화*(Islamization)*에 대한 논의가 점화되었다(전제성, 2014).

## 2. 동남아에서 이슬람 부흥운동이 발생한 이유

신비주의적이고, 제설혼합적인 동남아의 이슬람을 비판하고 이슬람 교리에 충실한 이슬람으로 변화시키고자하는 이슬람 부흥운동이 1970년대 이후 말레이시아와 인도네시아에서 전개되고 있다(오명석, 2007).

이슬람 부흥운동을 주도하는 무슬림들은 이슬람 국가들이 19세기 서구 열강의 식민지배를 받고 쇠락한 이유가 무슬림들이 이슬람의 율법을 지키기 않았기 때문이라고 보고 무슬림들이 이슬람율법을 엄격히 지켜야 된다고 주장하고 있다(이상민, 2014).

## 3. 동남아 이슬람 분쟁은 종교문제가 아니고 정치적 경제적 요인

동남아의 태국, 필리핀 등에서 발생하고 있는 이슬람 관련 분쟁은 종교적인 문제뿐만 아니라 무슬림들이 상대적으로 느끼는 경제적 빈곤, 정치적 소외감도 크게 작용하고 있다.

### 4. 동남아 이슬람 부흥운동 = 정화운동

정화(淨化)의 의미는 순수한 것으로 돌아간다는 의미인데, 이슬람 정화운동은 동남아 이슬람의 특징인 혼합적인 이슬람의 구성요소에서 정통이슬람 교리인 꾸란에 없는 힌두교, 불교, 주술, 정령신앙적 요소를 정화하여 순수한 이슬람 원리로 돌아가자는 운동을 말한다(김성건, 2007).

**Check Point** Kaum Muda

동남아에 이슬람 정화운동이 발생하게 된 계기는 동남아의 대표적인 무슬림인 말레이시아인들과 인도네시아인들이 19세기 말에 기선을 타고 메카(Mecca)로 성지순례와 이슬람 유학을 가서 이슬람 개혁주의의 영향을 받은 것이다. 이러한 개혁주의 운동은 말레이시아와 인도네시아에서 젊은이들이라는 의미의 까움 무다(Kaum Muda)라는 이름으로 확산되었다(김성건, 2007).

### 5. 동남아 국가별 이슬람 부흥운동의 상이한 영향

동남아 국가에서 이슬람 부흥운동은 각 국가의 무슬림 인구비율, 역사, 경제여건, 사회발전 단계 등에 따라 이슬람 부흥운동의 영향이 상이하게 나타났다 (Mutalib 1990: 878~879) (김동엽, 2014).

## 제10장 동남아시아 무슬림의 신앙조사[1)]

### Pew Research Center 조사

미국의 연구 기관 Pew Research Center에서 세계의 3만5천 명의 무슬림을 대상으로 그들의 가치, 예배의례, 생활 방식등을 조사한 결과 인도네시아, 말레

1) 제10장 세계 무슬림 신앙조사는 Pew Research Center에서 조사한 것으로 cdaily에 기사로 실린 내용임.

이시아, 태국의 무슬림들이 이슬람 신앙의 다섯 기둥인 신앙 고백, 기도, 자선, 금식, 메카 순례를 가장 열심히 지키는 것으로 조사되었다(cdaily, 2012.9.11).

## 1. 자선

자선을 한다고 대답한 무슬림의 비율은 인도네시아가 98%, 말레이시아와 태국이 93%으로 이들 3개국의 비율이 세계에서 가장 높았다.

## 2. 라마단 기간 중 금식

라마단 기간 동안의 금식을 한다고 응답한 무슬림의 비율도 말레이시아와 인도네시아가 99%이며, 태국은 100%로 조사되었다. 또한 매주 한번 이상 이슬람 사원에 간다고 응답한 무슬림의 비율은 인도네시아가 72%로 가장 높았고, 말레이시아가 57%, 이집트 61%, 터키가 44%를 기록했다.

## 3. 매일기도

매일 기도를 한다고 대답한 무슬림의 비율은 동남아시아가 99%로 가장 높은 반면, 중앙아시아가 51.5%로 가장 낮았다.

## 4. 메카순례

메카 순례는 지리적으로 먼 동남아시아 무슬림의 비율이 낮았는데, 동남아시아는 6%에 불과한 반면 지리적으로 근접한 중동과 북아프리카는 17%를 보였다.

## 5. 천사의 존재를 믿는 무슬림의 비율

천사의 존재를 믿는 무슬림의 비율은 인도네시아가 99%, 말레이시아가 98%, 태국 91%로 아주 높게 나타났다.

## 6. 주술과 부적에 대한 믿음

주술에 대한 믿음도 동남아시아 무슬림들이 가장 높았지만, 부적에 대해서는 가장 낮은 신앙심을 나타냈다. 설문을 실시한 모든 나라에서 대다수의 무슬림들이 악이나 불행을 없애기 위해 부적과 같은 신비한 물건을 사용하지 않는 것으로 조사되었다(cdaily, 2012.9.11).

# 제9부

# 이슬람 경제의 이해

# 제1장 이슬람 경제 입문

## 1. 이슬람 경제의 토대

이슬람 경제의 해석 = 샤리아에 의존

이슬람 경제의 근본적인 경제사상은 꾸란에 토대를 두고 있기 때문에 이슬람 경제를 이해하려면 꾸란에 대한 이해가 선행되어야 한다.

## 2. 이슬람 경제의 특징

이슬람 경제원리 = 이슬람의 관습 + 문화

이슬람 경제는 기본적으로 자유로운 비즈니스가 허용된다. 그러나 자본주의 경제에서 일반적으로 허용되고 있는 투기, 이자의 상관행은 비즈니스로 허용되지 않고 있다(이선호, 2014).

일반적으로 한국경제와 유럽경제는 한국이라고 하는 한 국가의 경제와 유럽 공동체의 경제권을 의미하지만 이슬람 경제는 자본주의 경제도 아니고, 사회주의 경제도 아닌 제3의 경제를 의미한다. 이슬람 경제는 이슬람의 전통과 율법을 현대의 경제체제에 접목시켜 무슬림들에게 자선행위(자카트)를 의무화하고 투기와 이자를 금지하고 있다(심의섭, 1987).

**표 9-1** 경제체제 간의 관계

| | 경제학 | | |
|---|---|---|---|
| 경제체제 | 사회주의 경제학 | 이슬람 경제학 | 자본주의 경제학 |
| 패러다임 | 마르크스 이론 | 샤리아 | 시장경제 |
| 미시적 기초배경 | 생산요소 /사유 금지 | 무슬림 | 합리적 경제인 |
| 철학적 기초 | 변증법적 유물론 | 현대와 내세에서 활라흐(Falah: 만족)를 달성할 목적으로 지구상에 있는 신의 대리자 역할을 하는 개인주의 | 자유방임에 기초한 효용극대화를 추구하는 개인주의 |

자료: 홍성민(2009), 강대창외(2011)

## 3. 이슬람 경제권의 범위

이슬람 경제권 > 중동 + 아랍국가

이슬람 경제권(Islamic Economy)은 지정학적으로 근접한 중동국가와 아랍국가만을 의미하지 않는다. 이슬람 경제권은 이슬람을 믿는 전세계 60여개의 이슬람 국가군을 촘촘하게 연결하는 거대경제권을 의미한다.

이처럼 이슬람 경제권은 중동이라는 좁은 지정학적 범위를 넘어 세계 인구의 20-25%를 점유하고 있는 약 16억 명의 전 세계 60여개 이슬람국가를 종교적 공통점과 유대관계로 연결하는 거대 종교경제권이다.

**표 9-2** 세계 15대 경제국

(단위 : 조 US $)

| 순 위 | 국 가 | 2010년 GDP |
|---|---|---|
| 1 | 미 국 | 14.53 |
| 2 | 중 국 | 5.88 |
| 3 | 일 본 | 5.46 |
| 4 | 독 일 | 3.29 |
| 5 | 프랑스 | 2.56 |
| 6 | 영 국 | 2.25 |
| 7 | 브라질 | 2.09 |
| 8 | 이탈리아 | 2.06 |
| **9** | **아랍 세계** | **1.99** |
| 10 | 인 도 | 1.63 |
| 11 | 캐나다 | 1.58 |
| 12 | 러시아 연방 | 1.48 |
| 13 | 스페인 | 1.41 |
| 14 | 호 주 | 1.24 |
| 15 | 멕시코 | 1.03 |

자료 : 비제이마하잔(2010)

# 제2장 이슬람의 경제관

## 1. 이슬람 관점에서 상업활동

이슬람에서는 "경제적으로 창조적인 활동에 있어서 힘든 일과 참여는 모든 무슬림의 의무이다"라고 명시하고 있어 신체적으로 건강한 무슬림의 경제활동은 의무이다(중동경제연구소).

이슬람의 대표적인 경전인 꾸란과 하디스에 의하면 이슬람에서는 신의 보상을 통한 상업활동은 장려되고 중요하다. 또한 합법적으로 얻은 부를 공평하게 분배하고 사회공헌을 통해서 신에 대한 인간의 의무를 성실히 수행해야 된다고 말하고 있다.

## 2. 이슬람 관점에서 재화

이슬람에서 재화는 신이 인간에게 준 하사품이다. 꾸란은 재화에 물질적 가치뿐만 아니라 도덕적인 가치를 부여한다. 특히 소비재는 무슬림 소비자의 물질적인 요인뿐만 아니라 도덕적, 정신적 부분까지 유익한 영향을 미치는 재화이다.

## 3. 재화에 대한 현대 경제학과 이슬람 경제의 차이점

현대 경제학에서는 시장에서 교환될 수 있는 것은 무엇이든 경제적 효용이 있다고 보는 반면에 이슬람 경제에서는 재화가 경제적 효용을 가지려면 시장에서 교환 뿐만 아니라 도덕적으로도 반드시 유용해야 된다.

## *Check Point* 이슬람의 상인정신

바자르(bazar)와 수쿠(souq)는 시장을 의미한다. 무함마드는 사람들이 가장 많이 모이는 시장을 중심으로 이슬람 교리를 전파하였다. 이슬람문화권에서 모스크와 시장은 사람들이 쉽게 모일 수 있는 도시의 중심부에 위치했다(엄익란, 2014). 일반적으로 이슬람권의 마을 한가운데는 모스크가 있고 모스크 주변에는 상설시장이 있어 무슬림들은 모스크에서 예배를 보고 집에 귀가할 때 물건을 구매한다(이희수, 2003).

중동인들은 역사적으로 농토가 부족한 사막지역에서 유목생활을 기반으로 살았기 때문에 제조업보다는 현금회전이 상대적으로 빠른 상업을 통해 부를 축적하였다(서정민, 2013.9).

이슬람 도시는 농작물을 공급하는 농촌과 가축을 공급하는 유목사회가 공생관계에 있었다. 도시를 중심으로 농촌과 유목사회가 계약을 중심으로 상거래를 하였다. 이슬람 사회에서 이처럼 계약은 이질적인 집단을 묶어주는 중요한 역할을 하였다. 순나에서는 상인들은 지상에 있어서 신의 충실한 관재인이다고 말하고 있을 정도로 이슬람에서는 상업과 상인에 대해 호의적이다(宮崎正勝, 2006).

## 4. 이슬람에서 기업

이슬람에서 기업 = 경제적 자유 + 협동

이슬람에서는 기본적으로 개인 재산과 재산권, 경제적 자유를 보장하는 시장 구조이다. 경제적 자유는 이슬람의 교리에 기반을 둔 것으로 자유뿐만 아니라 책임도 따른다. 특히 개인 재산은 부족 및 국가 경제성장에 기여해야 하고 개인 재산이 사회에 해악을 끼쳐서는 안된다.

이러한 거시적인 경제적 목적을 위해 이슬람 경제는 경쟁보다는 협력을 더욱 강조한다. 협력관점에서 이슬람 경제는 소득과 재산의 재분배가 사회적으로 요구된다. 이러한 원리에 의해 기업에서도 경제적 자유와 이에 따르는 무슬림 공동체의 책임과 의무가 수반되고 있다(홍성민, 2013).

## 5. 경제적 효율성과 경제적 형평성

이슬람의 경제적 이념 = 경제 활동의 자유 + 무슬림 공동체의 발전

이슬람은 상거래에 의한 이익과 상대방의 궁핍을 이용한 고리대금이 엄격하게 구별되고 정당한 상거래와 노동을 통한 이익은 장려된다(宮崎正勝, 2006).

이슬람은 무슬림 개인의 경제활동의 자유를 보장하고, 이러한 무슬림 개인의 경제활동의 자유가 경제적 효율성을 증대할 수 있도록 제도적 뒷받침을 해준다. 무슬림 개인의 경제활동은 무슬림 개인의 필요만을 만족시키는 것에 국한되지 않는다.

무슬림은 효율적인 경제활동을 통해 무슬림 자신이 개인적으로 소비하는 것 이상으로 생산하여 분배 등을 통해 무슬림 공동체의 발전에 기여하고 무슬림 공동체의 경제적 형평성을 달성해야 한다. 따라서 이슬람 경제에서 잉여생산물은 필요하고, 분배제도는 도덕적 원칙인 보편적 복지와 사회적 연대를 기반으로 구축되어야 한다(한덕규, 1997).

**| 표 9-3 |** 아랍경제(2010)

(단위 : 10억 US $)

| 국 가 | 2010 GDP |
|---|---|
| 사우디아라비아 | 448.36 |
| UAE | 302.04 |
| 이집트 | 218.47 |
| 알제리 | 157.76 |
| 쿠웨이트 | 132.57 |
| 카타르 | 127.33 |
| 모로코 | 91.14 |
| 이라크 | 81.11 |
| 리비아 | 71.34 |
| 수단* | 65.39 |
| 시리아 | 59.33 |
| 오만 | 57.85 |
| 튀니지 | 44.28 |
| 레바논 | 39.24 |
| 예멘 | 31.32 |
| 요르단 | 26.45 |
| 바레인 | 22.66 |
| 팔레스타인 | 6.64 |
| 모리타니 | 3.63 |
| 소말리아 | 2.37 |
| 지부티 | 1.13 |
| 코모로 | 0.574 |

자료: 비제이마하잔(2010)

## 6. 이슬람에서 소비

이슬람은 무슬림이 고통스러운 삶을 사는 것을 요구하지 않으며 알라께서 인간에게 허락하신 안락하고 쾌적한 삶을 권하고, 고행과 금욕같은 고통을 요구하지 않는다(윤용수외, 2009). 따라서 무슬림들은 소비를 긍정적으로 생각하고 즐긴다.

이슬람에서는 부의 축적과 개인재산권은 존중되지만, 부를 이슬람 율법에 맞게 합법적으로 사용해야 한다. 따라서 개인 재산이지만, 재산을 도박에 사용할 수 없고, 술로 소비해서는 안된다.

무슬림의 소비문화는 할랄음식과 히잡과 같이 무슬림의 가치에 적합한 이슬람식 상품(Islamic products)과 무슬림 여성만을 위해 몸전체를 덮도록 고안된 수

영복인 부르끼니(burqini)처럼 이슬람식으로 재탄생된 상품(Islamized products)으로 분류할 수 있다. 부르끼니는 무슬림 여성의 전통 복장인 부르카와 비키니의 합성어이다(엄익란, 2014).

이슬람은 아름답고 즐거운 삶을 위해 음식, 의복 등에 관해 보편적인 규범을 제시하고 있다. 소비에서 과분함과 허례허식, 과시가 없어야 한다. 과시는 다른 사람보다 우월하고 다른 사람 위에 있다는 것을 보이려는 의도이므로 금지한다. 예언자 무함마드는 무슬림들에게 과시적 소비를 금지하였다(Yusuf Al-Qardawi, 2011).

**Check Point** 이슬람과 주류판매

이슬람의 율법에 의해 주류(酒類)의 판매는 원칙적으로 금지되지만, 이슬람 국가에 따라 어떤 국가는 외국인에게만 허용하는 국가도 있고, 또 어떤 국가는 주류의 반입 자체를 원천적으로 금지하는 국가들도 있다.

## 7. 이슬람 경제학

이슬람 경제는 자본주의나 사회주의 경제체제와는 상이한 이슬람정신에 토대를 둔 경제체제이다(양동철, 2013). 이슬람 경제학은 신과 이슬람 율법을 통한 이슬람식 경제적 사유에 의한 학문체계로 이슬람 경제학은 경제행위의 주체인 무슬림의 경제행위를 연구한다. 이슬람 경제학은 연구방법론이 실증적이기보다는 규범적이다.

# 제10부

# 이슬람 금융의 이해

# 제1장 이슬람 금융 입문

## 1. 이슬람 금융의 정의

이슬람 금융(Islamic finance)은 이슬람 율법인 샤리아를 토대로 하여 이슬람 교리에 부합하는 금융상품, 금융기법을 개발하고 금융서비스를 제공하는 금융과 금융기관을 말한다(이선호, 2014).

이슬람 금융은 일반적으로 이슬람 교리를 준수하는 금융사업을 의미한다. 이슬람 율법(Sharia)의 교리에 부합되게 이자가 배제된 은행업(interest-free banking)을 발전시킨 것이 이슬람 금융(Islamic finance)이다.

이슬람 금융은 이슬람 율법인 샤리아에 따라 화폐의 이자수수와 투기적 거래 등을 금지하는 금융을 의미한다. 이슬람 율법(Sharia)은 금융거래에 있어 이자의 지불을 금지하고 있다. 이에 따라 이슬람 금융기관들은 이슬란 율법을 준수하기 위하여 이자개념을 적용하지 않는 다양한 금융거래 기법들을 개발해 왔다(한덕규, 1999).

이슬람 금융은 이처럼 이슬람 율법에 의거한 금융거래로 금융거래가 종교적 개념과 이슬람 전통에 의해 결정된다(서정민, 2013.9). 이슬람 금융(Islamic finance)은 16억 인구의 이슬람권과 비이슬람국가를 포함하여 전세계 70개국 이상에서 약 300개 이상의 이슬람 금융기관이 업무를 하고 있다(심의섭외, 2010).

## 2. 전통적 금융과 이슬람 금융의 차이점

일반적으로 전통적 금융은 금융기관 운영방식과 금융상품의 적법여부를 판단하는 기준이 국가법이지만, 이슬람 금융은 적격과 적법의 판단기준이 국가가 제정된 법이 아닌 샤리아라는 점이다.

# 제2장 이슬람 금융의 특징

## 1. 이슬람 금융은 이자가 아닌 이윤으로 거래하는 금융이다

이슬람 금융은 투자자들에게 이자를 주지 않고 투자한 자금으로 수행한 사업에서 나오는 수익을 배당형식으로 지급한다. 이슬람 금융은 반드시 실물거래를 동반하며 자금 제공자인 투자자는 사업의 파트너인 사업자가 사업을 하여 발생한 수익을 배분하는 구조를 갖고 있다.

이슬람 금융은 돈으로 돈을 사고 파는 전통적 금융방식이 아니라, 사람과 사람, 자금과 자금 자금과 노동이 어우러져 발생한 이윤을 분배하는 금융구조이다(김동환, 2013).

이슬람 금융은 투자자에게 이자를 주는 대신 실물자산의 매매 차익에 따른 수익이나 리스계약에 따른 수수료 등과 같은 사업투자를 통해 손익분배 방식으로 지불한다.

따라서 전통적 금융(conventional finance)에서 거래되고 있는 전통적 금융상품인 대출, 예금 등은 원칙적으로 이슬람 금융의 대상이 아니다. 원칙적으로 이슬람 금융의 대상은 실물자산을 동반하는 자산리스, 무역금융, 프로젝트 금융 등이다(한국금융연구원, 2008).

## 2. 이슬람 금융은 원금보장이 없다

이슬람 금융은 투자자가 제공한 자금의 원금 상환과 사전에 확정적으로 수익을 보장해 주지 않는다. 자금 제공자인 투자자는 사업자와 파트너관계이고 사업의 결과에 따라 사전에 정해진 분배율에 따라 수익과 손실을 분배한다. 따라서 사업의 결과 수익이 나지 않고 손실이 발생한 경우 투자자는 원금의 손실을 볼 수도 있다.

## 3. 사업자는 손실책임을 지지 않는다

이슬람 금융에서는 사업수행의 결과 손실이 발생하면 자금 제공자인 투자자가 전적으로 책임을 진다. 사업자는 사업수행에 대한 대가를 받지 못하지만, 사업의 손실에 대한 책임은 지지 않는다.

## 4. 이슬람 금융기관 = 사업파트너

이슬람 금융에서 이슬람 금융기관은 전통적인 금융시스템에서처럼 단순한 대출자가 아닌 사업파트너이다. 따라서 이슬람 금융기관은 이익뿐만 아니라 위험까지 공유하는 사업파트너이기 때문에 사업과 사업자를 다각적으로 검토하여 자금을 제공한다(newsprime, 2013.9.3).

## 5. 이슬람 금융의 장점

이슬람 금융의 가장 큰 장점은 첫째, 이슬람 금융의 특징인 모든 금융거래는 반드시 실물 거래를 수반해야 하고 이익뿐만이 아니라 위험도 공유하기 때문에 전통적인 금융거래에 비해 상대적으로 안정적이다.

둘째, 이슬람 금융기관들은 사업자에게 이자 수수를 위한 대출을 하는 것이 아니고 사업에 자금을 투자하는 것이기 때문에 사업성을 중요시하여 까다로운 담보 설정 등을 요구하지 않기 때문에 사업자의 조달비용을 낮출 수 있다.

셋째, 이슬람 금융은 원칙적으로 이자를 수수하는 비즈니스모델이 아니고 사업자에게 자금을 지원하여 수익을 창출하는 구조이기 때문에 사업에 필요한 자금으로 판단되면 자금을 충분히 지원해준다.

넷째, 이슬람 금융은 형제애를 중요하게 생각하는 이슬람교리에 맞게 사업자가 경제적으로 곤란하여 이슬람은행에 지급해야 할 수익금을 연체할 경우 연체료를 전통적인 금융기관에 비해 적게 부과하고 있다.

다섯째, 이슬람 금융은 이자 대신 실물자산에 투자하기 때문에 일반적으로 5년 이상의 장기투자를 선호하여 사업자들이 자금을 안정적으로 운영할 수 있다(박명관, 2009; KOTRA, 2014).

# 제3장 샤리아위원회

## 1. 샤리아위원회의 개념

이슬람 금융기관(Islamic financial institutions; IFIs)에서 제공하는 금융상품의 종류와 범위는 샤리아위원회(Sharia Commetee, Sharia Advisery Board)의 샤리아 해석에 따라 정해진다. 이슬람 금융에서 제공하는 모든 금융상품과 금융서비스는 샤리아위원회의 승인을 받아야 한다.

이슬람 금융기관이 이슬람 금융상품과 금융서비스를 금융소비자에게 제공하려면 출시하기 전에 금융상품과 서비스가 샤리아에 적합함을 이슬람법학자로 구성된 샤리아위원회(Sharia Commetee, Sharia Advisery Board)에서 인증을 받아야 한다(한국금융연구원, 2008). 이슬람 금융기관은 샤리아위원회로부터 금융상품이 샤리아의 교리에 부합하는 상품인지를 평가받아야 한다(김한수,

김보영, 2013). 이슬람 금융기관은 샤리아위원회를 통해 모든 금융상품과 금융서비스를 점검하고 승인받아야 한다(Approval of Sharia Board) (금융포럼, 2013).

## 2. 샤리아와 부의 창출

샤리아에서는 부의 창출과 관련하여 다음과 같이 가이드라인을 제시하고 있다. 첫째 모든 부의 창출은 무역과 실물자산에 대한 투자를 통해 이루어져야 한다. 둘째, 투자는 반드시 윤리적이어야 하며 공공이익에 부합해야 한다. 셋째, 거래를 수행하는 과정에서 발생한 모든 위험은 구성원이 공유해야 한다(오세열, 2010).

## 3. 샤리아위원회 위원 숫자

이슬람 금융상품을 판매하는 이슬람 금융기관은 반드시 샤리아위원회를 설치해야 한다. 샤리아위원회의 위원 숫자는 국가별로 차이가 있다. 이슬람회계표준기관(AAOIFI)은 샤리아위원회에 이슬람 법학자를 최소 3인 이상을 둘 것을 권고하고 있다.

### *Check Point* AAOIFI

AAOIFI(Accounting and Auditing Organization for Islamic Financial Institutions)는 1991년 바레인에서 설립된 이슬람회계표준기관으로 이슬람 금융기관에 샤리아 해석, 회계, 감사, 지배구조, 윤리 등에 관한 통일된 원칙과 기준을 제공한다.

## 4. 샤리아의 국제기준

샤리아는 시대별, 국가별로 다양하게 해석되는 경우가 많다. 이슬람 금융상품과 관련하여 샤리아 적격여부에 관한 해석은 국가별로 차이가 있으나 동일한 율법에 근거하고 있기 때문에 샤리아 심사원칙은 모든 이슬람 국가에서 동일하다.

그러나 이슬람 금융상품과 관련한 국제적 기준이 정립되어 있지 않아 국가별로 샤리아 적격여부에 관한 해석의 차이가 존재한다. 특히 이슬람교 자체 종파간의 율법 차이로 인해 국가별, 종파별 샤리아 해석에서도 차이가 발생하는데 일반적으로는 중동 무슬림 국가들이 아시아 무슬림 국가보다 엄격한 기준을 적용하고 있다.

## 제4장 이슬람 금융상품의 심사원칙

샤리아 해석은 국가별로 다소 상이하나 하나의 이슬람 율법체계에 근거하고 있어 샤리아 심사원칙은 모든 이슬람 국가에서 동일하다. 샤리아의 적격 여부를 심사하는 원칙은 다음과 같다.

### 1. 이자의 금지 (Prohibition of the payment and receipt of riba [interest])

리바 = 이자 = riba

이슬람에서는 이자를 불로소득으로 간주하고 금지한다(엄익란, 2014). 이슬람 금융에서는 화폐 자체의 가치를 인정하지 않는다. 화폐는 실물 교환을 위한 수단으로만 간주한다. 따라서 금융기관에 예금을 맡기고 이자를 받거나 금융기관이 대출을 해주고 이자를 받는 행위를 리바 알-나시아(Riba al-Nasiah)로 금지하고 있다(김한수, 김보영, 2013).

**| 표 10-1 |** 이자와 관련된 주요 이슬람조직의 종교적 결정(fatwa)

| | |
|---|---|
| 1937년 | 무함마디아 : 이자를 주는 은행은 이슬람법에 어긋한 하람(haram)이지만, 다른 대안이 없는 상태에서 허용되고, 이용될 수 있다 |
| 1938년 | 엔우 : 경제생활에 도움을 주기 때문에 은행이자는 용인될 수 있다(makruh) |
| 1968년 | 무함마디아 : 이자방식을 이용하는 개인 소유 은행은 하람이지만, 국영은행에서 제공하는 이자는 이슬람법상 그 성격이 불확실하기에 어떤 결저을 내릴 수 없다(musytabihat) |
| 1992년 | 엔우 : 이자를 하람으로 보는 견해도 있고 이자가 허용될 수 있다고 보는 견해도 있기에 이자에 대한 이슬람법은 불명확하며(khilafiyah), 이를 해결하기 위해서는 이자 없는 은행에 대한 모색에 요구된다. |
| 2004년 | MUI : 은행이자는 하람이다 |
| 2010년 | 무함마디아 : 은행이자는 하람이다 |

자료 : Hefner(1996, p.296); Khumaini(2010); Muhammadiyah(1972); MUI(2004); NU(1992); Yusuf et al.(2005. 50); 강대창외(2011).

이처럼 샤리아에서는 실물거래가 수반된 상업 거래가 아닌 금전 대여만을 수탁하는 이자거래를 금하고 있다. 이슬람 금융은 이자를 주지도 받지도 않는 이익배분제로 이자를 배당으로 대체한 금융시스템이다.

**Check Point** 이슬람에서 이자를 금지하는 이유

이자에 대한 의존은 돈을 벌기 위한 인간의 노동을 소홀하게 만든다(Yusuf Al-Qardawi, 2011). 이슬람 금융에서는 이자를 불공평하고 착취적이고 비생산적이라고 간주한다. 이슬람 금융에서는 이자는 불로소득이고 공평한 소득분배를 저해하고 경제력을 집중시키기 때문에 금지하고 있다.

## 2. 이익과 위험의 공유(Sharing of business profits and risks)

이슬람 금융 = 이익, 손실 공유 파트너십

이슬람 금융은 하나의 금융 거래를 놓고 이슬람 금융기관과 고객이 사업파트너(business partner)로 참여하여 이익(profit)과 손실(loss)을 공유하는 파트너십에 의해 수익손실공유(profit-loss sharing)를 한다(심의섭, 2010).

이슬람 금융은 이익뿐만 아니라 위험도 함께 공유하는 시스템이다. 이슬람 금융은 투자에 대한 수익, 손실의 공동부담을 토대로 하고 투자자금의 원금상환 보장과 투자 전에 확정수익을 보장하는 것을 금하고 있다. 이처럼 이슬람 금융에서는 이슬람 금융기관과 고객이 상호파트너로 투자에 참여하여 투자 후 발생된 수익과 손실을 계약서에서 미리 합의한 비율에 따라 분배한다. 이슬람 금융은 이슬람 금융기관과 고객이 위험을 공유하는 시스템을 구축하고 있다.

**Check Point** 위험측면에서 이자를 금지하는 이유

이슬람 금융은 대출자, 차입자 모두 이익뿐만 아니라 위험도 공유해야 한다. 그런데 이자를 주고받는 전통적인 금융거래에서 돈을 빌려주는 대출자는 위험을 전혀 부담하지 않고 고정된 이자를 받고 차입자만 모든 위험을 부담한다. 따라서 실물거래가 수반되지 않는 이자거래는 대출자만 유리하기 때문에 이슬람

금융에서는 이자를 금지한다.

### 3. 불확실성의 금지(Prohibition of Gharar [Uncertainty])

이슬람 금융은 금융거래에서 불명확성(Gharar)을 배제하고 금한다. 비즈니스 거래에서 불명확하고 불확실하고 애매모호함은 반드시 거래당사자간에 정보의 비대칭을 가져와 불공정한 거래를 가져오기 때문에 금지하고 있다.

이슬람 금융에서는 현존하는 자산의 교환만을 인정하고 미래에 발생하는 유무형 자산은 불명확성을 이유로 인정하지 않는다. 미래의 현금흐름(future cash flow)과 미래의 상품 흐름이 계약당시에 명확히 규정되지 않고 투기적 목적(speculative purpose)으로 거래되는 파생상품(derivatives)거래와 우발채무 거래 등은 금지된다(심의섭외, 2010). 헤지펀드와 파생금융은 미래의 결과가 불확실하기 때문에 이슬람 금융에서는 원칙적으로 금지하고 있다(중동경제연구소, 2014)

**Check Point** 이슬람 금융에서 파생상품은 거래할 수 없는가

이슬람 금융에서는 원칙적으로 샤리아에 의거하여 파생상품 거래뿐만 아니라 이슬람은행에서 파생상품의 판매도 금지하였으나 2010년 3월, IIFM과 ISDA가 이슬람식 파생상품 규정에 관한 협정을 체결한 이후 샤리아를 유연하게 적용하는 말레이시아 등에서 이슬람은행들을 대상으로 파생상품 판매를 하고 있다(한국경제신문, 2010.6.6).

**Check Point** 이슬람이 금융거래에서 불확실성을 배제하는 이유는 무엇인가

이슬람 금융에서 불확실성을 배재하는 이유는 불확실함으로 인해 거래정보가 적으면 올바른 거래가 성립되기 어렵고, 거래 당사자중에서 어느 한 쪽만 상대적으로 많은 정보를 갖고 있고 다른 쪽은 불확실한 정보를 갖고 있으면 정보의 비대칭으로 인해 거래의 형평성이 깨지고 위험에 노출될 수 있다. 또한 거래조건이 불확실하면 불필요한 분쟁이 발생할 수 있다.

**Check Point** 이슬람 금융과 계약

이슬람은 거래에서 계약을 중요하게 간주하고, 명확한 계약을 통해 거래에서 불명확성을 배제한다. 이슬람은 불확실성을 수반하는 계약을 금하고 있다.

## 4. 투기의 금지(Prohibition of Maysir [Gambling and other games of chance])

이슬람은 투기를 금지하고 있다. 따라서 이슬람 금융에서는 복권, 도박, 카지노 등의 투기목적의 거래를 금지하고 있다.

## 5. 금지된 물품의 사용 및 거래 금지(Prohibition of using or dealing in forbidden commodities)

이슬람 금융에서는 샤리아에서 도덕적, 사회적, 종교적인 이유로 금하고 있는 거래는 실물거래가 동반되더라도 금지하고 있다. 따라서 이슬람 금융에서는 술, 마약, 돼지고기, 포르노 등과 관련된 비즈니스를 할 수 없다. 이슬람에서는 실물거래가 동반되는 상업활동을 통한 이윤획득도 도덕적으로 정당해야만이 인정된다.

**Check Point** 이슬람 경제에서 투기와 도박

이슬람 경제에서 오랜시간 논란이 되고 있는 것은 이자뿐만 아니라 투기에 관한 부분이다. 이자는 이슬람 교리상 하람으로 명확히 금지하고 있지만 주식과 채권에 함유되어 있는 투기성도 이슬람에서 금하고 있는 도박과 유사하다는 것이다(누카야 히데키 2009: 전제성, 2014).

## 6. 자금의 저장을 금지한다

이슬람 금융은 원칙적으로 화폐의 저장을 금지하고 있다. 샤리아에서는 화폐의 고유가치를 인정하지 않고 화폐는 단순히 상업활동에서 교환의 매개로서만 간주하기 때문에 보유한 모든 자금은 실물 경제행위에 투입되어야 한다.

이러한 이슬람의 원칙을 금융거래에서 보완하기 위하여 이슬람 금융기관 등에 예치한 무이자예금을 예금자가 인출할 경우 일정 비율로 세금에 해당하는 수수료를 부과하여 사회에 희사하도록 하고 있다(김한수, 2013).

# 제5장 이슬람 금융상품

## 1. 이슬람 금융상품의 분류

이슬람 금융상품은 일반적으로 은행상품, 자본시장 상품, 보험상품으로 분류할 수 있다.

또한 이슬람 금융상품은 상품거래 방식으로 무라바하, 이스티스나, 이자라가 있고 투자방식으로 무다라바, 무샤라카가 있다. 그리고 이러한 상품거래 방식과 투자방식을 응용한 방식으로 타카풀, 수쿡 등이 있다.

**표 10-2** 이슬람 금융의 주요 은행상품

| 금융상품명 | 금융방식 | 일반 금융사례 |
|---|---|---|
| 무라바하 | 금융기관이 물품 구입자에게 구입자금을 제공하고 동 자금과 수수료를 할부로 회수하는 방식 | 소비자 금융 |
| 이스티스나 | 금융기관이 생산자에게 자금을 제공하고 생산 완료 후 판매 수입에서 동 자금을 회수 | 생산자 금융 |
| 무다라바 | 금융기관이 사업자에게 출자 형식으로 자금을 제공하고 수익 발생 시 원금과 수익의 일부를 회수 | 벤처캐피털 |
| 무샤라카 | 금융기관이 거액 투자자를 모집하여 사업에 투자하고 수입을 출자 비율에 따라 분배 | 투자은행 |
| 이자라 | 금융기관이 물품을 구입하여 수요자에게 이용권을 이전(리스)하고 물품 이용료를 회수 | 리스 |

자료: 고용수 · 김진홍(2007)

**| 표 10-3 |** 동남아 주요국의 금융산업 SWOT 분석

| 강점 (Strengths) | 기회 (Opportunities) |
|---|---|
| ■ ASEAN의 금융시장은 안정적으로 성장하고 있음.<br>- 예를 들어서, 2009년 세계금융위기의 영향에도 불구하고, 대부분의 ASEAN 국가에서 상업은행의 예대율이 낮아 부실 대출 위험이 적음.<br>■ ASEAN의 금융시장은 빠르게 성장하고 있음.<br>- 신흥시장인 보험부문을 고려할 할 때, 2009년 세계 금융위기에도 불구하고 대부분의 ASEAN 국가는 전년대비 두자릿수의 성장률을 기록함. | ■ ASEAN 금융시장의 진입장벽이 낮음.<br>- 싱가포르를 제외한 ASEAN 국가에서 보험업을 포함하여 주식과 채권시장이 아직 생성 단계에 있음.<br>- 특히, 국내 기업은 아직 금융기법을 습득하는 단계에 있기 때문에 우리 기업이 이 분야에서 비교우위를 갖고 있음.<br>■ ASEAN 정부는 금융시장의 투명성과 효율성을 향상시키기 위해서 각종 개혁을 추진하고 있음.<br>■ 금융시장 자체를 이용하지 않는 인구가 많음. |
| **약점 (Weaknesses)** | **위협 (Threats)** |
| ■ 1인당 GDP가 낮기 때문에 금융시장규모가 작음.<br>- 싱가포르와 브루나이를 제외한 ASEAN 국가는 개발도상국임<br>■ 사회가반시설과 금융제도가 열악하기 때문에 금융시장 운용에 차질이 발생할 수 있음.<br>- 불안전한 전력 공급, 기술 인력 부족, 정부관료의 부패, 금융규제 및 감독 체계 미흡등이 대표적인 예임. | ■ 환율 변동이 심하기 때문에 금융시장 전반에 불확실성이 높음<br>■ 정치 환경이 불안정하기 때문에 금융시장 운용에 차질이 발생할 수 있음.<br>- 인도네시아의 성지는 안정화를 찾아가고 있으나, 태국, 미얀마, 필리핀의 정치 환경은 여전히 불안정함.<br>- 자본주의하에서 베트남의 공산정권이 향후 어떻게 변할지 미지수임. |

자료: 김태윤외 (2010)

## 2. 무라바하

무라바하(Murabaha) = 구매자 금융

무라바하(Murabaha)는 전통금융시장의 구매자 금융과 유사한 금융방식으로 이슬람 금융기관이 부동산, 물건 등의 실물자산을 사려는 사람과 계약을 체결하고 매수자를 대신하여 대금을 매도자에게 지급한 후 매수자로부터 원금과 비용을 상환하는 금융방식이다. 무라바하 방식은 일반적으로 단기적인 운전자금용도로 사용되는 금융상품으로 매매하는 실물 자체가 담보로서 기능을 하여 금융위험이 적고 자금회수도 빠르게 할 수 있는 장점이 큰 금융상품이다. 무라바하는 이슬람 금융에서 가장 많이 활용되고 있는 금융상품으로 이슬람 금융거래의 약 70%를 점유하고 있다.

**표 10-4** 바레인의 이슬람 프로젝트 파이낸스 구성

(단위 : 백만 달러)

| 금융기법 | 금액 | 건수 | 분야 | 금액 | 건수 |
|---|---|---|---|---|---|
| 혼합형 | 3,727.0 | 4 | 부동산개발 | 5,824.5 | 12 |
| 이스티스나 | 1,930.0 | 2 | 석유화학 | 1,300.0 | 1 |
| 기타 | 1,018.0 | 2 | 석유·가스 | 685.0 | 1 |
| 이자라 | 835.7 | 4 | 인프라 | 266.2 | 2 |
| 수쿡 | 450.0 | 2 | 발전·담시설 | 124.0 | 1 |
| 무라바하 | 279.5 | 3 | 제조업 | 47.5 | 1 |
| 무샤라카 | 7.0 | 1 | | | |
| 총계 | 8,247.3 | 18 | 총계 | 8,247.3 | 18 |

자료 : 이권형외(2010)

## 3. 이자라

이자라(Ijara) = 리스

이자라는 전통금융시장의 리스판매방식과 유사하다. 이자라는 이슬람 금융기관이 건물이나 기계 설비 등을 구입하여 수요자에게 임대료를 받고 대여해주는 시스템이다. 이슬람 금융기관은 리스기간동안 사용자로부터 사용료를 정기적으로 받는다.

사용자는 임대 만기가 되면 임차한 건물이나 기계 등의 자산을 이슬람 금융기관에 반환하거나 사용 후 잔존가치를 지급하고 투자자가 취득할 수 있다. 이자라는 이슬람 금융에서 무라바하 다음으로 가장 많이 활용되고 있는 이슬람 금융 상품이다.

## 4. 이스티스나

이스티스나(Istisna)는 어떤 제품의 제작을 원하는 매수자를 대신하여 이슬람 금융 기관이 제품 제작을 위한 제작자금을 생산자에게 대부하고 제품의 제작이 완료되면 이슬람 금융기관이 제품을 인수해 매수자에게 판매하는 금융방식이다.

**| 표 10-5 |** 쿠웨이트의 이슬람 프로젝트 파이낸스 구성

(단위 : 백만 달러)

| 금융기법 | 금액 | 건수 | 분야 | 금액 | 건수 |
|---|---|---|---|---|---|
| 혼합형 | 524.3 | 3 | 석유화학 | 547.0 | 2 |
| 이스티스나 | 200.0 | 1 | 부동산개발 | 89.8 | 1 |
| 이자라 | 22.5 | 1 | 석유·가스 | 87.14 | 1 |
| | | | 제조업 | 22.5 | 1 |
| 총 계 | 746.8 | 5 | 총 계 | 746.8 | 5 |

자료: IFIS, 이권형외(2010)

## 5. 무다라바

무다라바(Mudaraba)는 자금이 필요한 사업자가 이슬람 금융기관을 통해 투자자와 계약을 맺어 특정사업에 참여하는 금융상품인데 투자자는 자본만을 제공하고 사업자는 경영만을 담당하는 구조이다. 사업자는 투자자로부터 자금을 받아 사업을 하여 수익이 발생하면 투자자에게 이자를 지급하는 게 아니라, 계약을 맺을 때 사전에 약정한 이익 배분율에 따라 배당금을 지급한다. 또한 사업 결과 수익이 전혀 발생하지 않는 경우에 손실은 전적으로 투자자만 부담하고 사업자는 부담하지 않는다.

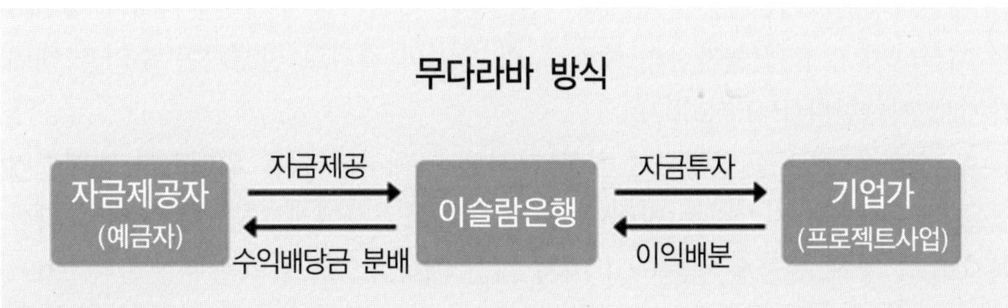


## 6. 무샤라카

무샤라카(Musharaka)는 이슬람 금융기관과 사업자가 특정 프로젝트에 공동 출자와 경영을 한 후 사전 계약에 따라 수익 또는 손실을 지분율에 따라 일정 비율로 배분하는 금융상품이다. 뮤샤라카 상품은 자금을 출자한 모든 당사자들이 사업의 경영에 참여할 권한을 갖고 있다.

**| 표 10-6 |** 카타르의 이슬람 프로젝트 파이낸스 구성

(단위 : 백만 달러)

| 금융기법 | 금액 | 건수 | 분야 | 금액 | 건수 |
|---|---|---|---|---|---|
| 혼합형 | 2,850.0 | 3 | 발전·담수 시설 | 1,852.1 | 3 |
| 이자라 | 1,030.0 | 2 | 부동산 개발 | 1,431.2 | 8 |
| 이스티스나 | 333.3 | 7 | 석유·가스 | 1,030.0 | 2 |
| 무샤라카 | 100.0 | 1 | | | |
| 총 계 | 4,313.3 | 13 | 총 계 | 4,313.3 | 13 |

자료 : IFIS, 이권형외(2010)

### *Check Point* 무다라바와 무샤라카의 차이점

무다라바와 무샤라카의 공통점은 전통적 금융의 투자신탁과 유사한 구조라는 점인데 차이점은 투자자가 경영에 참여할 권리가 있느냐 없느냐에 있다.

## 7. 수쿡

수쿡(Sukuk)은 채권인데 이슬람 율법에 준거하여 발행된 이슬람채권을 말한다(이선호, 2014). 수쿡(Sukuk)은 이슬람권에서 발행하는 채권이다. 수쿡은 일반 채권과 본질적인 기능은 유사하지만, 일반 채권처럼 투자자들에게 확정이자를 시급하지 않고 실물자산의 매매 등의 사업의 결과로 발생하는 수익을 채권자에게 지급한다(IMF, 2007).

즉, 수쿡은 채권을 발행하여 실물 자산을 구매하고 이를 임대하여 임대수익 등을 채권자에게 지급하는 방식이다. 수쿡은 채권자에게 채권 만기 시에 자산 매각 등을 통해 원금을 상환하고 이자 대신 배당금으로 수익을 배분한다. 2001년 이슬람 금융시장에 도입된 수쿡은 무다라바, 무라바하 등 이슬람 금융계약을 토대로 한 채권이다.

<u>**수쿡 구조**</u>

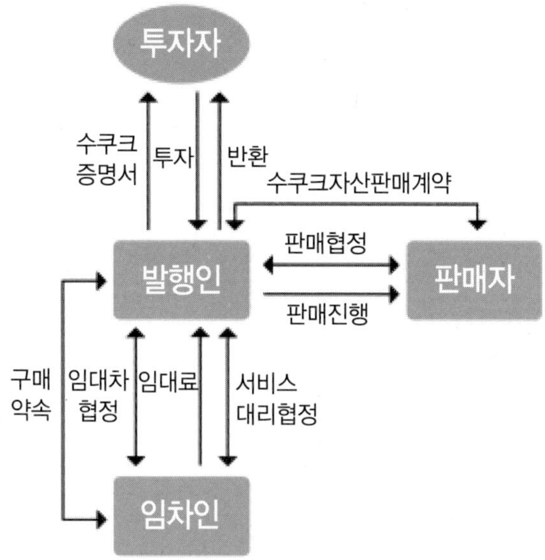


**| 표 10-7 |** 사우디아라비아의 이슬람 프로젝트 파이낸스 구성

(단위 : 백만 달러)

| 금융기법 | 금액 | 건수 | 분야 | 금액 | 건수 |
|---|---|---|---|---|---|
| 무라바하 | 3,842.0 | 9 | 석유화학 | 5,457.3 | 8 |
| 이스티스나 | 3,456.9 | 5 | 정보통신 | 2,500.0 | 1 |
| 혼합형 | 2,473.0 | 6 | 부동산개발 | 2,048.9 | 8 |
| 이자라 | 2,393.8 | 7 | 발전·담수·시설 | 1,530.6 | 5 |
| 수 쿡 | 1,000.0 | 1 | 석유·가스 | 1,120.0 | 2 |
| 기 타 | 631.6 | 2 | 인프라 | 854.0 | 2 |
| | | | 제조업 | 286.6 | 4 |
| 총 계 | 13,797.4 | 30 | 총 계 | 13,797.4 | 30 |

자료: IFIS, 이권형외(2010)

### *Check Point* 수쿡과 일반채권과 차이점

수쿡은 채권자에게 확정이자를 지급하지 않고 채권 발행으로 조달된 자금으로 투자한 사업으로부터 발생하는 수익을 채권자에게 지급한다. 이에 비해 일반채권은 확정이자를 지급한다.

### 1) 수쿡의 종류

이슬람 금융 기관들의 회계기준 협의체인 AAOIFI에 따르면 발행이 가능한 수쿡은 14가지다. 그러나 무라바하 수쿡, 이자라 수쿡, 무샤라카 수쿡이 수쿡 총발행액의 약 90%를 점유하고 있다.

#### (1) 무라바하 수쿡

무라바하를 활용한 수쿡은 채권발행을 통해 조달된 자금으로 실물 자산을 취득하고 마진을 붙여 수요자게 재판매하여 수익을 창출하여 채권자에게 지급하는 방식이다.

**| 그림 10-1 |** 무라바하 수쿡의 기본구조

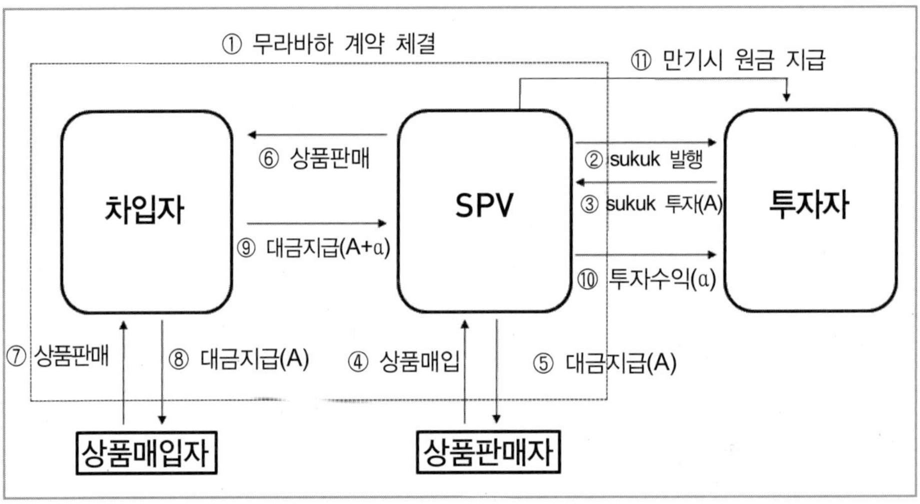


자료: 기획재정부(2009), 강대창외(2011)

#### (2) 이자라 수쿡

이자라를 활용한 수쿡은 채권발행을 통해 조달된 자금으로 특수목적법인(SPC)을 설립하여 실물자산을 취득하여 수요자에게 임대하고 리스료를 받아 채권자에게 지급하는 방식이다.

**그림 10-2** 이자라 수쿡의 기본구조

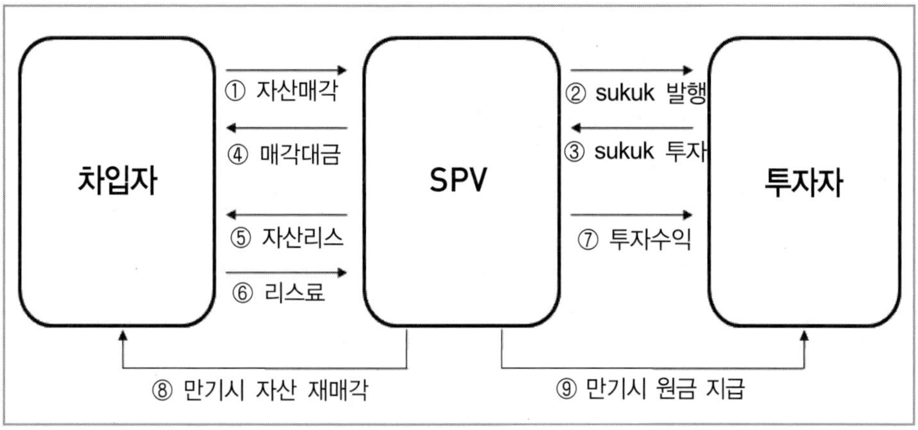


자료 : 기획재정부(2009). 강대창외(2011)

**표 10-8** 싱가포르 정부의 수쿡 발행 현황

| 발행일 | 발행기관(Issuer) | 발행규모 (백만 SGD) | 만기일 | 차주 (Obligor) | 금융 기법 |
|---|---|---|---|---|---|
| '11.11.01 | Singapore Sukuk Pte Ltd | 61.97 | '12.11.01 | MAS | 이자라 |
| '10.11.01 | Singapore Sukuk Pte Ltd | 69.72 | '11.11.01 | MAS | 이자라 |
| '10.05.03 | Singapore Sukuk Pte Ltd | 11.62 | '11.05.03 | MAS | 이자라 |
| '09.11.14 | Majilis Ugama Islam Singapura | 20.91 | '14.11.16 | 정부기관 | 이자라 |
| '09.11.02 | Singapore Sukuk Pte Ltd | 42.61 | '10.11.01 | MAS | 이자라 |
| '09.05.04 | Singapore Sukuk Pte Ltd | 7.28 | '10.05.03 | MAS | 이자라 |

자료: IFIS, 손성현외(2013)

### *Check Point* 수쿡 발행기관 변화

수쿡의 발행기관은 2007년까지 주로 기업 등의 민간부문이 많았는데 2008년 이후 정부와 준정부기관의 발행이 증가되고 있다.

**| 표 10-9 |** GCC 국가별 수쿡 발행 규모 비교

(단위 : 백만 달러, %)

| 국가 | 발생규모 | | 발행건수 | |
|---|---|---|---|---|
| | 금액 | 비중 | 건수 | 비중 |
| 사우디아라비아 | 18,169.3 | 31.2 | 23 | 9.5 |
| UAE | 14,216.0 | 24.4 | 15 | 6.2 |
| 카타르 | 14,110.5 | 24.2 | 5 | 2.1 |
| 바레인 | 11,576.9 | 19.9 | 197 | 81.4 |
| 쿠웨이트 | 250.0 | 0.4 | 2 | 0.8 |
| 합 계 | 58,322.7 | 100.0 | 242 | 100.0 |

자료: IFIS, 이권형외(2010)

### *Check Point* 아시아 수쿡의 확대과정

2012년 전 세계에서 발행된 수쿡의 규모는 1,703억달러에 달한다(정지영, 2013). 특히 중동 및 아시아 지역에서 대규모 부동산 개발과 사회 인프라 구축 등을 위한 장기투자가 증가하면서 수쿡 발행이 급증했는데 아랍에미레이트, 말레이시아, 사우디아라비아 등 3개국에서 집중 발행되었다. 그러나 최근에는 바레인, 쿠웨이트, 파키스탄, 카타르 등 다른 이슬람권 나라에서도 수쿡의 발행이 확대되고 있다(박해식, 2008).

국가별 수쿡 발행 비중 (2010년)

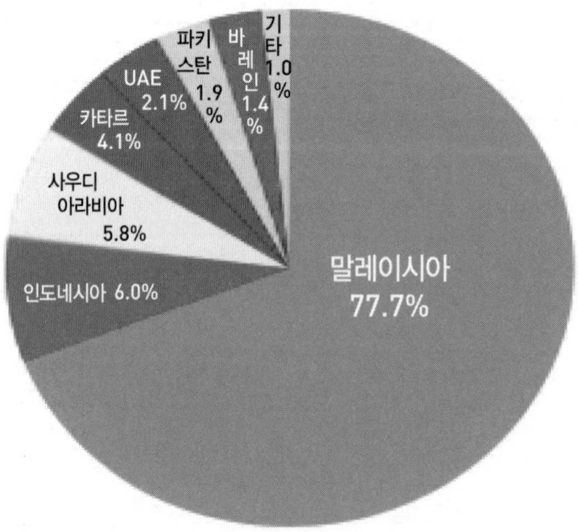


자료: zawya sukuk monitor, S&P

**Check Point 한국기업도 해외에서 수쿡을 발행할 수 있는가**

한국 건설기업이 이슬람권 국가에서 대규모 공사를 하는 경우 이슬람 채권인 수쿡을 발행하여 필요자금을 조달할 수 있다(정영종, 2010).

**표 10-10** 국내 A건설회사의 수쿡 발행조건

| 구 분 | 내 용 |
|---|---|
| 차주 | 국내 A 건설 회사 |
| 중개 금융기관 | 굿모닝 신한증권 + 말레이시아 KIBB증권 |
| 대주 | 바레인에 있는 한 대형 금융기관(오일머니) |
| 실물자산 | 인도네시아 대규모 플랜트 사업 |
| 자금 조달조건 | 신용등급 AAA인 기업이 3년 만기 수쿠크 발행 시 금리4% 내외 |
| 기타 | 말레이시아 증권사가 설치한 공적기구를 통해 투자대상 등에 대한 승인요 / 채권 만기까지 중장비 소유권은 자금제공자 귀속(별도 담보 없음) |

자료: KOTRA(2008. 8)

## 8. 타카풀

타카풀(Takaful)은 이슬람 율법인 샤리아(Sharia)에 기반하여 상호부조와 각출로 운영되는 협동적인 이슬람 보험이다. 타카풀(Takaful)은 이슬람 보험을 의미한다. 이슬람 금융상품 중에서 보험형 상품인 타카풀은 보험계약자들간에 상호부조와 각출방식으로 조성한 자금을 보험회사가 투자운용, 수익 배분 등의 관리를 하고 사고가 발생했을 때 보험금을 지급하고 수수료를 받는 방식이다.

**Check Point 전통적 보험과 타카풀의 차이점**

전통적 보험이 샤리아에서 금하는 투기, 불확실성, 이자의 요소를 갖고 있는데 타카풀은 이슬람 율법을 준수하고 있고 이슬람교에서 무슬림의 의무로 제시하고 있는 상부상조의 관념에서 성립되었다(이선호, 2014).

**Check Point 세계 최초 타카풀**

1979년에 세계 최초의 근대적 타카풀회사가 수단에 설립되었고 1985년 이슬람국제회의기구(OIC) 율법위원회에서 상호협조 원칙과 이슬람율법을 준수한 타카풀을 전통적 금융의 대안으로 인정하였다(김환수, 김보영, 2010).

**Check Point** 이슬람권에서 보험산업이 성장하지 못한 이유

이슬람권에서 보험산업이 발전하지 못했던 이유는 보험사업에서 발생하는 이자거래와 불확실성과 같은 보험의 원리 때문이었다. 특히 소액의 보험료를 납입한 후 고액 보상금을 지급받는 행위는 이슬람에서 금지하고 있는 투기행위로 인식되었기 때문이다.

**표 10-11** 주요국의 보험부문 지표(2009)

(단위 : 백만달러)

| 주 요 국 | 비생명 보험 | | 생명보험 | |
|---|---|---|---|---|
| | 보험료 | 전년대비 증가율 | 보험료 | 전년대비 증가율 |
| 말레이시아 | 3,177 | 14.8 | 6,956 | 3.4 |
| 베트남 | 759 | 18.4 | 558 | 30.3 |
| 싱가포르 | 4,902 | 7.7 | 9,192 | -0.9 |
| 인도네시아 | 2,096 | 29.5 | 5,285 | 26.4 |
| 태국 | 3,125 | -0.3 | 5,891 | -5.0 |
| 필리핀 | 1,017 | 17.1 | 3,166 | 25.4 |

자료: BMI(2010b), 김태윤외(2010)

**Check Point** 이슬람 금융에서 송신보험은 가능한기

보험금 > 보험료 → 투기

이슬람 금융에서 종신보험은 보험가입자가 납입한 보험료보다 훨씬 많은 보험금을 수령하기 때문에 투기행위로 간주되어 금지되고 있다.

**Check Point** 이슬람 보험도 재보험이 있는가

이슬람 보험도 이슬람 재보험(Re-Takaful)이 있다. HSBC 아마나(HSBC Amanah)는 합작형태로 HSBC 아마나 다카풀을 말레이시아에 설립하여 이슬람 재보험사업을 하고 있다(장건, 2011).

## *Check Point* 전 세계 타카풀 회사 수

최근에는 타카풀 회사가 증가하고 있는데 이슬람 국가뿐만 아니라 싱가포르, 영국 등의 비이슬람권 국가에서도 타카풀 회사 설립이 급증하여 전세계 130여 개에국에 타카풀 회사가 설립되어 있다. 또한 2006년 이후에는 글로벌 재보험사들의 리타카풀 시장 진출도 증가하고 있다.

## *Check Point* 타카풀이 성장하는 이유

이슬람권 국가들의 국민들도 현대경제 생활을 하면서 보험의 필요성을 갖고 있었으나 보험상품이 갖고 있는 이자, 투기, 불확실성 등으로 인해 일반적 보험을 가입하는데 제한이 있었으나 상호부조와 각출에 토대를 두어 이슬람 율법에 적합한 보험 상품인 타카풀이 개발되어 무슬림 보험소비자들에게 각광을 받고 있다.

세계 타카풀시장은 2010년 기준으로 91억5000만 달러규모로 2004년 이후 연평균 20% 이상의 성장을 보이고 있다. 전 세계 타카풀 시장의 80% 이상은 중동지역이 차지하고 있다(KOTRA, 2014).

## 9. 이슬람주식

현대경제에서 자본시장의 상품인 주식은 이슬람 율법인 샤리아의 손익의 공동부담 원칙에 부합하는 금융상품으로 보험이나 채권과 같이 이슬람식으로 대체 금융상품의 개발없이 통용될 수 있다. 그러나 투자 대상 기업의 업종은 제한되고 있다. 즉, 기업의 경영활동이 샤리아에서 금지하는 이자거래, 군수물자, 술, 도박, 포르노 등과 관련된 비즈니스를 할 경우 투자가 금지된다. 또한 기업의 재무건전성이 극도로 취약한 기업에 대한 투자도 제한된다. 특정기업이 주식투자 적격기업인지, 아닌지의 여부는 샤리아위원회에서 심사한다.

**| 표 10-12 |** 동남아 주요국의 증권시장 규모

(단위 : 백만달러, %)

| 구 분 | | 필리핀 | 인도네시아 | 말레이시아 | 싱가포르 | 태국 |
|---|---|---|---|---|---|---|
| 시가총액 | 1990 | 5,930 | 8,080 | 48,600 | 34,300 | 23,900 |
| | 1995 | 58,930 | 66,585 | 222,729 | 48,004 | 141,507 |
| | 2000 | 25,957 | 26,834 | 116,935 | 152,827 | 29,489 |
| | 2007 | 103,224 | 211,693 | 325,663 | 353,489 | 196,046 |
| | 2009 | 80,132 | 178,191 | 255,952 | 310,766 | 138,189 |
| GDP대비 시가총액 | 1990 | 13.4 | 7.1 | 110.4 | 93.1 | 28.0 |
| | 1995 | 79.5 | 32.9 | 250.7 | 175.6 | 84.2 |
| | 2000 | 34.2 | 16.3 | 12.7 | 164.8 | 24.0 |
| | 2007 | 71.7 | 49.0 | 174.4 | 211.7 | 79.3 |
| | 2009 | 49.8 | 33.0 | 132.7 | 170.5 | 52.3 |

자료: ADB, Key Indicators for Asia and the pacific(2010), 정계룡(2010)

**| 표 10-13 |** 인도네시아 샤리아 주식 선정 기준

*종교적 기준

1. 도박과 관련된 사업을 행하지 않는 기업
2. 재화와 서비스의 실재적 거래(이동) 없이 이루어지는 활동을 하지 않는 기업
3. 이자와 관련된 금융서비스를 하지 않는 기업
4. 불확실성, 투기의 성격을 가진 거래를 하지 않는 기업
5. 도덕적으로 문제가 있는 재화와 서비스, MUI 산하 샤리아위원회에 의해 금지된 재화와 서비스, 종교적으로 금지된 재화와 서비스를 생산, 분배, 교환, 제공하는 사업에 관계하지 않는 기업
6. 부패요소를 포함한 거래에 관계하지 않는 기업

*재무 기준

1. 총자산 대비 부채비율이 82%를 넘지 않는 기업
2. 총수익 대비 이자 및 기타 비이슬람적 수익이 10%를 넘지 않을 것

자료: Indonesia Stock Exchange, 강대창외(2011)

## 10. 이슬람펀드

이슬람펀드는 투자자로부터 투자자금을 모집하여 이슬람 율법에 부합하는 자산에 투자한 후 투자 수익을 펀드출자자에게 지급하는 금융상품이다 이슬람 펀드는 펀드매니저가 펀딩자금을 샤리아에 적합한 방식으로 운영하고, 펀드 운영 수익과 손실을 사전에 약정된 비율에 따라 배분하는 방식이다. 이슬람 펀드

는 일반적인 투자펀드와 유사하지만, 가장 큰 차이점은 펀드가 샤리아를 준수하고 있는지 샤리아위원회의 감사를 받아야 한다는 점이다.

이슬람 펀드의 펀드 유형은 주식형 펀드가 약 30%로 비중이 가장 크고 채권형 펀드도 수쿡의 시장의 성장으로 증가하고 있다. 75개국 이상에서 300개 이상의 샤리아 준수 펀드가 운영되고 있다(KOTRA, 2014).

**| 표 10-14 |** 이슬람 투자펀드의 투자지역별 분포

| 투자지역 | 펀드숫자(개) | 비중(%) | 펀드금액(백만달러) | 비중(%) |
|---|---|---|---|---|
| 아시아 태평양 | 184 | 36.52 | 5,012 | 14.78 |
| 중동 및 아프리카 | 155 | 30.75 | 21,966 | 64.79 |
| 글로벌 마켓 | 117 | 23.21 | 4,979 | 14.68 |
| 북미 | 32 | 6.35 | 1,547 | 4.56 |
| 유럽 | 11 | 2.18 | 143 | 0.42 |
| 이머징마켓 | 5 | 0.99 | 260 | 0.77 |
| 합 계 | 504 | 100.00 | 33,907 | 100.00 |

자료: Eurekahedge, AmInvestment Management, KOTRA(2008.8)

**| 표 10-15 |** 국가별 이슬람 투자펀드 운용현황

| 국 가 | 펀드숫자(개) | 비중(%) | 펀드금액<br>(백만 달러) | 비중(%) |
|---|---|---|---|---|
| 사우디아라비아 | 133 | 26.38 | 20,360 | 60.04 |
| 말레이시아 | 126 | 25.00 | 4,141 | 12.21 |
| 쿠웨이트 | 76 | 15.08 | 3,437 | 10.34 |
| UAE | 39 | 7.74 | 2,002 | 5.90 |
| 인도네시아 | 25 | 4.96 | 253 | 0.75 |
| 싱가포르 | 21 | 4.17 | 559 | 1.65 |
| 바레인 | 14 | 2.78 | 368 | 1.09 |
| 파키스탄 | 13 | 2.58 | 240 | 0.71 |
| 기 타 | 57 | 11.31 | 2,547 | 7.51 |
| 합 계 | 504 | 100.00 | 33,907 | 100.00 |

자료: Eurekahedge, AmInvestment Managent(2012)

**표 10-16** 싱가포르의 주요 이슬람 부동산 펀드 현황

(단위 : 백만 달러)

| 펀드명 | 설립연도 | 설정금액 | 주요투자처 |
|---|---|---|---|
| Al Islamic Far Eastern Real Estate Fund | 2004 | US$ 450m | 일본, 한국 등의 부동산 |
| ABC Capita Land Resudence Japan Fund | 2005 | US$ 564m | 일본 부동산(주택) |
| Capita Land | - | US$ 350m | 바레인 도시 개발 |
| Mapletree Industrial Trust | 2008 | US$1,300m | 싱가포르 산업 부동산 |
| Asia Pacific Real Estate Fund | 2008 | US$ 300m | 아시아·태평양 국가 부동산 |
| Securus Data Property Fund | 2010 | US$ 100m | 아시아·태평양, 유럽, 중동 등의 데이터 센터 |

자료: MAS, (2011), 손성현외(2013)

# 제6장 이슬람 금융의 어제, 오늘, 내일

## 1. 이슬람 금융의 역사

이슬람 금융은 언제부터 생겼나?

이슬람 금융은 샤리아에 부합하는 체계를 갖춘 금융시스템으로 2000년 이후 연평균 20% 이상의 성장세를 보이고 있다. 이슬람 금융은 2000년 이후 세계적 관심을 모으기 시작했지만, 국제금융시장에 2000년대 갑자기 등장한 것이 아니다. 중동의 무역이 번성했던 중세시대에도 현재와 같은 이슬람 금융상품은 존재하지 않았다.

이자를 금지하는 이슬람 금융의 원형은 1950년대와 1960년대에 이집트, 파키스탄 등에 등장했다. 오일머니의 효과로 1974년에 두바이 이슬람은행(Dubai islamic Bank)을 시작으로 중동에 이슬람 금융기관들이 증가하였다(엄익란, 2014).

이슬람 금융은 1970년대 이후 오일머니가 축적된 이후 오일머니를 활용하기 위해 등장하게 되었다. 이슬람 금융에 대한 연구는 1980년대 후반부터 본격적으로 시작되었다. 이처럼 이슬람 금융은 종교적 차원이 아니고 오일머니라는 중동경제의 특수성에서 시작되었다.

그러나 말레이시아나 UAE 등 몇몇 이슬람 국가를 제외하고 중동의 90%는 이슬람 금융이 아닌 일반금융(conventional banking)을 사용하고 있다. 따라서 그동안 이들 이슬람국가들과 국제비즈니스를 할 때 이슬람 금융을 고려하지 않아도 되었다(양동철, 2013). 또한 이슬람 금융은 이슬람의 메카인 중동이 아닌 말레이시아, 영국, 홍콩 등이 주도하고 있다(서정민, 2013.9).

**표 10-17** 이슬람 금융의 발전과정

| | 주요 참가자 | 금융상품 | 지 역 |
|---|---|---|---|
| 1970년대 | 상업은행 | 무다라바 예금중심<br>상업은행 금융상품 | 중동, 아시아 |
| 1980년대 | 타카풀 기업,<br>이슬람 투자회사 | 타카풀 | 중동, 아시아 |
| 1990년대 | 브로커, 딜러 | 뮤추얼 펀드, 투자신탁,<br>스쿠크, 주식 | 중동, 아시아 |
| 2000년대 | 이슬람 투자은행,<br>자산운용회사, 전자상거래 | 자산운용관리,<br>스트럭쳐 파이낸스 | 유럽, 미국, 글로벌 마켓 |

자료: 중동경제연구소(2014)

## 2. 세계 최초 이슬람은행

이슬람권에 설립된 최초의 금융기관은 1890년대 수에즈 운하를 건설할 때 이집트 카이로에 설립한 바클레이즈 은행이다. 바클레이즈 은행은 이자거래를 하여 이슬람 율법 학자들에게 비판을 받고 1963년에 미트감르 저축은행(Mit Ghamr Local Savings Bank)이 설립되었는데 이 은행이 세계 최초의 이슬람은행이다(김한수외, 2012).

미트감르 저축은행은 소형 지방은행 규모였지만 1970년대 고유가로 막대한 부를 축적하게 된 산유국들의 금융수요가 확대되면서 금융중개기관으로 발전하게 되었다. 미트감르저축은행은 샤리아에서 금하고 있는 이자거래를 하지 않는 이익배분제로 은행을 운영하였다. 미트감르저축은행은 무역과 산업에 직접 투자하거나 합작 투자하여 은행 예금자들과 이익을 공유했다. 1975년에는 사우디 아라비아에 이슬람은행인 이슬람 개발은행(*IDB: Islamic Development Bank*)이 설립되었다(이선호, 2014).

**| 표 10-18 |** 동남아 주요국의 상업은행 자산구성 지표(2009)

| 동남아 주요국 | 1인당GDP (달러) | 총자산 (십억 달러) | 예대율 (%) |
|---|---|---|---|
| 말레이시아 | 8,009 | 398.3 | 75.6 |
| 베 트 남 | 1,08 | 130.6 | 120.9 |
| 싱 가 포 르 | 39,198 | 505.0 | 71.9 |
| 인도네시아 | 2,905 | 259.8 | 72.9 |
| 태 국 | 4,350 | 310.5 | 95.3 |
| 필 리 핀 | 1,856 | 117.9 | 66.5 |

자료: BMI(2010a), 김태윤외(2010)

**| 표 10-19 |** 동남아 주요국의 은행산업 비교(2009)

| 국가별 | 총자산 (억 달러) | 총자산/GDP (%) | 총예금 (억 달러) | 1인당 GDP (달러) | 1인당 예금액 (달러) |
|---|---|---|---|---|---|
| 필 리 핀 | 1,376 | 85.6 | 887 | 1,746 | 460 |
| 싱 가 포 르 | 5,050 | 285.1 | 2,796 | 37,293 | 41,067 |
| 말레이시아 | 3,973 | 207.5 | 3,001 | 6,897 | 8,018 |
| 태 국 | 3,105 | 117.7 | 2,101 | 3,940 | 3,094 |

자료: BSP; BMI; IFS, 정계룡외(2010)

## *Check Point* 세계 최고의 이슬람은행

전 세계적으로 이슬람 금융이 확산되면서 전 세계 많은 나라에 이슬람은행이 있는데 세계 최고의 이슬람은행은 사우디아라비아의 The National Commercial Bank이다.

**| 표 10-20 |** GCC지역의 10대 이슬람은행(2012)

(단위 : 백만달러)

| 순위 | 은행 | 국가 | 자산 | 수익 | 예금 |
|---|---|---|---|---|---|
| 1 | The National Commercial Bank | 사우디아라비아 | 85,440 | 950 | 66,734 |
| 2 | Al-Rajhi Bank | 사우디아라비아 | 63,520 | 1,094 | 52,380 |
| 3 | Kuwait Finance House | 쿠웨이트 | 48,295 | 258 | 31,946 |
| 4 | Dubai Islamic Bank | UAE | 24,663 | 125 | 18,728 |
| 5 | Abu Dhabi Islamic Bank | UAE | 20,238 | 146 | 15,508 |
| 6 | Qater Islamic Bank | 카타르 | 17,346 | 202 | 6,274 |
| 7 | Al-Baraka Banking Group | 바레인 | 17,154 | 54 | 3,560 |
| 8 | Masraf al-Rayan | 카타르 | 16,623 | 199 | 14,024 |
| 9 | Alinma Bank | 사우디아라비아 | 11,784 | 88 | 6,923 |
| 10 | Bank al-Jazira | 사우디아라비아 | 10,372 | 47 | 8,657 |
| 합 계 | | | 315,435 | 3,163 | 224,734 |

자료: MEED(2012), 이권형외(2012)

## 3. 이슬람은행의 종류와 규모

이슬람은행은 일반적으로 전업 이슬람은행과 겸업 이슬람은행으로 분류할 수 있다. 이슬람 전업은행은 주로 이슬람국가에 기반을 둔 은행이 많다. 전업은행들은 이란, 사우디아라비아, 카타르 등의 이슬람 국가에서 주로 활동하고 해외진출은 미미하다. 이에 비해 말레이시아의 이슬람 전업 은행들은 해외진출에 적극적이다.

이슬람 겸업은행은 글로벌 은행 또는 말레이시아처럼 정부가 이슬람 금융을 집중 육성하는 국가들의 은행들이 많다(매일경제, 2013.4.9). 이슬람은행이 보유하고 있는 전 세계 이슬람 금융 자산 중 약 60%는 상위 20개 이슬람은행들이 점유하고 있다(프라임경제, 2013.3.29). 이슬람 금융 기관 수는 2001년 267개였으며 2009년 180개 이슬람은행을 포함해 436개로 증가하였다(김동환, 2013).

**Check Point** 이슬람 국가엔 이슬람 금융만 있는가

이슬람권의 금융소비자들은 모두 이슬람 금융만 이용할까? 정답은 NO이다 대부분의 이슬람권 국가에는 이슬람은행뿐만 아니라 일반은행도 함께 있다. 즉, 이슬람 국가들의 은행시스템은 일반은행과 이슬람은행이 함께 운영되고 있는 이중은행제도이다.

전 세계적으로 이슬람 금융이 증가하고 있지만 대부분의 이슬람권 국가들은 이슬람은행의 단일 시스템으로 운영되지 않고 전통적인 은행과 병행하여 운영되고 있다. 가장 큰 이유는 전세계적으로 이슬람 금융이 확산되기 이전에 이미 서구식 금융기관이 정착되어 있기 때문이다.

## 4. 오일머니와 이슬람 금융

이슬람 금융의 본격적인 발전은 1970년대 중동지역의 석유수입 급증에 따라 금융수요가 증대되었기 때문이다. 1970년대에 국제유가 급등으로 대규모 오일머니가 이슬람 금융에 유입되면서 이슬람 금융은 급성장하게 되고 중동 산유국에 많은 이슬람은행도 설립되었다. 대표적인 이슬람은행은 1975년 사우디아라비아의 제다에 중동산유국들이 공동출자하여 설립한 이슬람개발은행(ISDB)이

다(홍성민, 2010). 그러나 이 시기에 설립된 이슬람은행들은 샤리아의 엄격한 적용으로 다양한 이슬람 금융상품을 만들지 못했다.

국제금융시장에서 1980년대까지 중동 산유국들의 고유가에 따른 오일머니는 유럽 금융시장에 유입되어 중요성이 증대되었다. 최근들어서는 중동 산유국들의 오일머니 증가에 따른 자금운영과 조달창구로서 이슬람 금융이 각광받고 있다(이선호, 2014).

**| 표 10-21 |** 대륙별 원유, 천연가스 매장량 및 수급량

| 구 분 | | 중동 | 유럽·유라시아 | 아프리카 | 중남미 | 북미 | 아시아 태평양 |
|---|---|---|---|---|---|---|---|
| 원유 | 매장량 (억 배럴) | 7,553 | 1,437 | 1,175 | 1,112 | 693 | 408 |
| | 생산량 (천 배럴/일) | 25,176 | 17,835 | 10,318 | 6,633 | 13,732 | 7,907 |
| | 소비량 (천 배럴/일) | 6,203 | 20,100 | 2,955 | 5,493 | 25,024 | 25,444 |
| 천연가스 | 매장량 (조$m^3$) | 73.21 | 59.41 | 14.58 | 7.73 | 7.98 | 14.46 |
| | 생산량 (10억$m^3$/연) | 355.8 | 1,1075.7 | 190.4 | 150.8 | 775.8 | 391.5 |
| | 소비량 (10억$m^3$/연) | 299.4 | 1155,7 | 83.5 | 134.5 | 801.0 | 447.8 |

자료: BP, Statistical Review of World Energy, 2008, 홍성민(2010)

## 5. 1980년대 이후 이슬람 금융

선반적으로 이슬람 금융을 선도하고 있는 중동 국가와 말레이시아에서 1970년대에 이슬람은행이 실험적으로 설립되었으며, 1990년대에는 많은 이슬람 국가에 이슬람 금융기관이 설립되었다(이충열외 2011; 전제성, 2004).

1980년대 이후 중동에 집중되어 있던 이슬람은행이 동남아권 이슬람국가로 확대되면서 이슬람은행에서 제공하는 이슬람 금융 상품의 범위가 확대되었다(김한수, 김보영, 2010).

1980년대에는 동남아시아 이슬람 국가를 중심으로 샤리아를 유연하게 해석하여 이슬람 보험인 타카풀 등의 다양한 이슬람 금융상품을 금융시장에 내놓았다. 1990년대와 2000년대는 1980년대를 이어 부동산 펀드, 수쿡, 주식, 투자신탁 등 다양한 이슬람 금융상품들이 개발되었다. 특히 2000년대 이후에는 말레이시아를 중심으로 수쿡의 성장으로 이슬람 금융 자본시장이 대폭 확대되고 있다(newsprime, 2013.9.3).

## 6. 이슬람 금융의 성장원인

이슬람 금융이 지속적으로 성장할 수 있는 기초적인 토대는 무엇보다도 중동 산유국을 중심으로 하는 이슬람경제권 국가들의 경제여건이 양호하고 특히 국제유가 상승으로 GCC(Gulf Cooperation Council) 국가들에 풍부한 오일머니가 축적되어 있기 때문이다(정지영, 2013).

**표 10-22** 중동주요국의 플랜트 투자

| 국 가 | 분 야 | 예상투자규모(억 달러) |
|---|---|---|
| 사우디아라비아 | 담수발전, 철도, 석유화학 | 240 |
| UAE | 건설, 발전 및 전력수송 | 244 |
| 오만 | 건설, 석유 및 가스플랜드 | 85 |
| 이란 | 건설 및 통신, 발전 및 석유가스 플랜트 | 150 |

자료: 심의섭(2010)

**표 10-23** 걸프 협력회의(GCC) 지역에 상장된 이슬람은행(2007)

| | 자산 (미화 1천 달러) | 설립 연도 | 국가 |
|---|---|---|---|
| 알 라즈히은행 (Al Rajhi Bank) | 28,055,665 | 1987 | 사우디아라비아 |
| 쿠웨이트 금융회사 (Kuwait Finance House) | 21,840,226 | 1977 | 쿠웨이트 |
| 알 바라카 은행 그룹 (Al Baraka Banking Group) | 20,227,658 | 2002 | 바레인 |
| 두바이 이슬람은행 (Dubai Islamic Bank) | 17,750,396 | 1975 | 아랍에미리트 |
| 아부다비 이슬람은행 (Abu Dhabi Islamic Bank) | 9,997,364 | 1997 | 아랍에미리트 |
| 샤밀은행 (Shamil Bank) | 4,491,406 | 1982 | 바레인 |
| 알 자지라은행 (Bank Al Jazira) | 4,190,100 | 1975 | 사우디아라비아 |
| 카타르 이슬람은행 (Qatar Islamic Bank) | 4,020,030 | 1982 | 카타르 |
| 알 빌라드은행 (Bank Al Bilad) | 3,099,276 | 2004 | 사우디아라비아 |
| 에미리트 이슬람은행 (Emirates Islamic Bank) | 2,885,331 | 1976 | 아랍에미리트 |
| 카타르 국제 이슬람은행 (Qatar Interantional Islamic Bank) | 2,307,125 | 1990 | 카타르 |
| 샤르자 이슬람은행 (Sharjah Islamic Bank) | 2,105,113 | 1975 | 아랍에미리트 |
| 보브얀은행 (Boubyan Bank) | 1,791,104 | 2004 | 쿠웨이트 |
| 마스라프 알 라얀 (Masraf Al Rayan) | 1,188,004 | 2006 | 카타르 |
| 바레인 이슬람은행 (Bahrain Islamic Bank) | 1,157,761 | 1979 | 바레인 |
| 총 이슬람은행 자산 | 125,106,558 | | |
| 총 상장은행 자산 | 538,791,503 | | |
| 총 비중(%) | 23.2% | | |

자료: SHUAA Capital. Brian Kettell(2010)

이러한 가운데 이슬람권 국가들에서 이슬람 금융기관의 설립이 증가되고 있고 무슬림들이 전통적 금융에서 이슬람 금융으로 자산을 이전하는 현상이 증가하고 있다. 기존에는 이슬람 경제권에 이슬람 금융이 발달되지 않아 샤리아에 적합하지 않는 전통적 금융을 이용하던 무슬림들이 자신의 자산을 이슬람 금융으로 옮기고 있다(매일경제, 2013.4.9).

## 7. 이슬람 금융상품의 다양화 과정

이슬람은행은 초창기 주택과 자동차 대출 상품 등의 극히 제한적인 금융서비스만 제공하다가 1980년대에서 1990년대 초반에 유연한 샤리아 해석으로 상품을 다양화시켰고 2000년 이후에는 수쿡의 급성장으로 매년 10~20%이상의 성장을 지속하고 있다(김한수, 김보영, 2010). 특히 지난 10년간 수쿡시장이 집중적으로 성장했다(정지영, 2013).

**그림 10-3** 이슬람 프로젝트 파이낸스의 업종별 비중

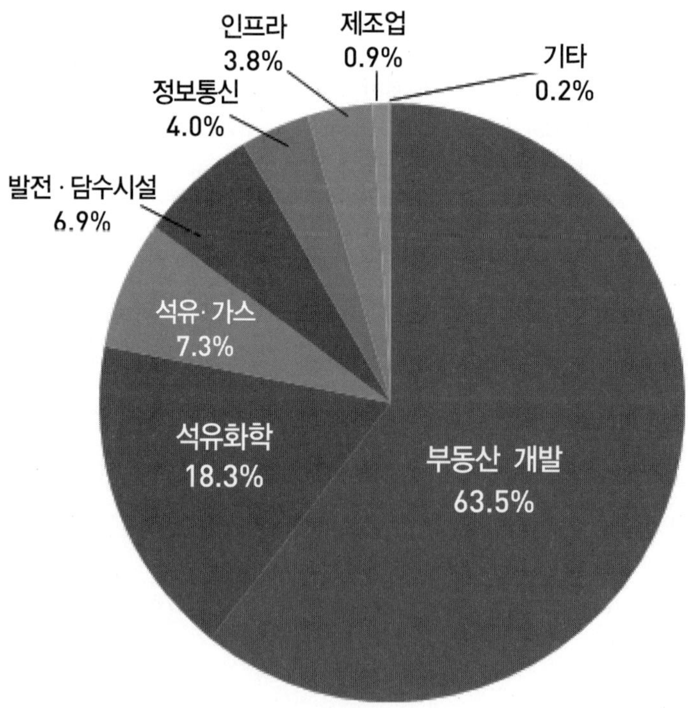


자료 : IFIS, 이권형외(2010)

## 8. 글로벌 금융위기와 이슬람 금융

### 이슬람 금융 = 대안적 금융

미국 서브프라임 모기지 사태로 촉발된 글로벌 금융위기로 전통적인 국제금융시장과 각국 금융시장이 경색되었으나 이슬람 금융자산은 15~20%의 높은 성장률을 보였다(조환익, 2010).

미국에서 시작된 금융위기의 확산으로 선진국을 중심으로 전통적인 금융기법에 대한 윤리적 반성이 일어나는 가운데 이슬람 금융이 대안으로 부각되었다(newsprime, 2013.9.3).

이슬람 금융은 투기적 거래를 금지함으로써 지나친 신용창출에 의한 기형적인 자산가격 상승으로 발생하는 부작용을 막는 대안적 금융으로 인식되고 있다. 이슬람 금융은 실물거래가 없는 화폐의 증식을 인정하지 않고 수익성보다는 사회적, 도덕적 역할도 중요하게 생각한다.

무엇보다 글로벌 금융위기에도 불구하고 이슬람 금융이 매년 15~20%의 견실한 성장세를 보여 주목을 받고 있다. 특히 이자거래를 하지 않음에도 불구하고 이슬람 금융기관들의 수익률이 전통적인 금융기관보다 낮지 않으면서도 안정적이라는 점이 관심을 불러일으키고 있다(김동환, 2013).

이슬람 금융이 2008년 글로벌 경제위기의 영향을 상대적으로 적게 받은 이유는 이슬람 금융은 실체가 있는 실물거래를 토대로 하고 있기 때문이다(김동환, 2013).

### *Check Point* 9.11 사태가 이슬람 금융에 미친 영향

2001년 9.11 사태로 미국 행정부는 테러 자금 감시를 강화하였는데 이로 인해 미국 금융시장에 투자된 이슬람자금이 대체시장인 유럽과 아시아 등의 이슬람 금융시장으로 유입되었다(한국금융연구원, 2006).

## 9. 전세계 이슬람 금융 자산

2008년부터 2011년까지 4년 동안 이슬람 금융 자산은 연평균 약 20% 성장하여 다른 은행산업보다 성장률이 두배 이상 높았다(언스트앤드영, 2013).

전세계 이슬람 금융 자산(Shariah-compliant assets)은 2001년 2,620억달러,

2008년 7500억달 러, 2011년 1조 3000억 달러, 2013년 1조8000억 달러로 지속적으로 증대되고 있고 있으나 전 세계 금융시장에서 차지하는 비중은 1%정도로 성장 잠재력이 크다(김한수, 2013). 특히 국제금융의 불확실성이 커질수록 이슬람 금융에 대한 수요가 증대할 것으로 전망된다.

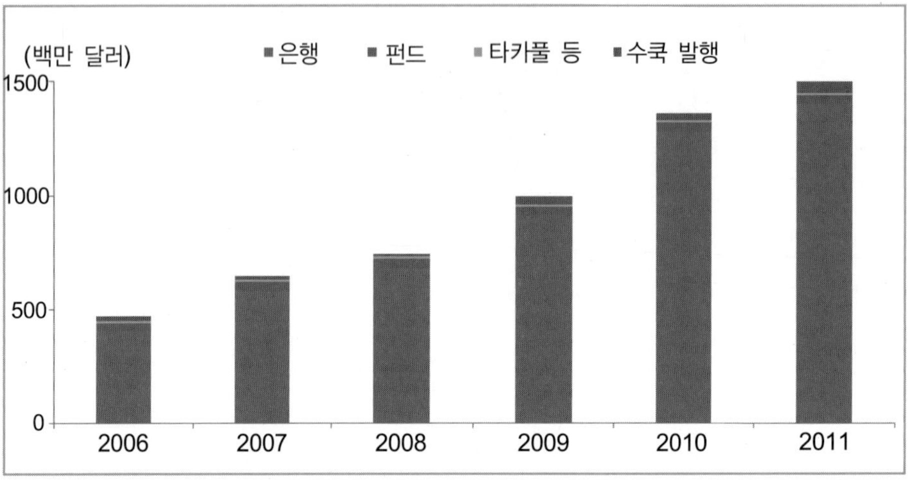


자료: UKIFS(2012)

**| 표 10-24 |** 이슬람 금융자산의 성장률

| 추정기관 | 추정성장률 |
|---|---|
| IRTI&IFSB | 10-15% |
| 부디스 | 10-15% |
| IMF | 15% |
| 이슬람 금융회의 | 20% |

주: IRTI는 이슬람연구교육원(Islamic Research and Training Institute)
자료: 정영규(2010)

## 10. 각국별 이슬람 금융자산

전 세계 이슬람 금융자산은 중동 산유국과 말레이시아에 집중되어 있다. 각 국가별 이슬람 금융자산 규모는 다음과 같다. 2011년 기준으로 사우디아라비아(2,070억달러: 15.6%)가 세계에서 가장 많은 이슬람 금융 자산을 보유하고 있고 그 다음이 말레이시아(1,060억 달러: 10.5%)와 UAE(750억 달러: 10.2%) 등이다(프라임경제, 2013.3.29).

무슬림 인구분포 및 국가별 이슬람 금융자산 보유비중

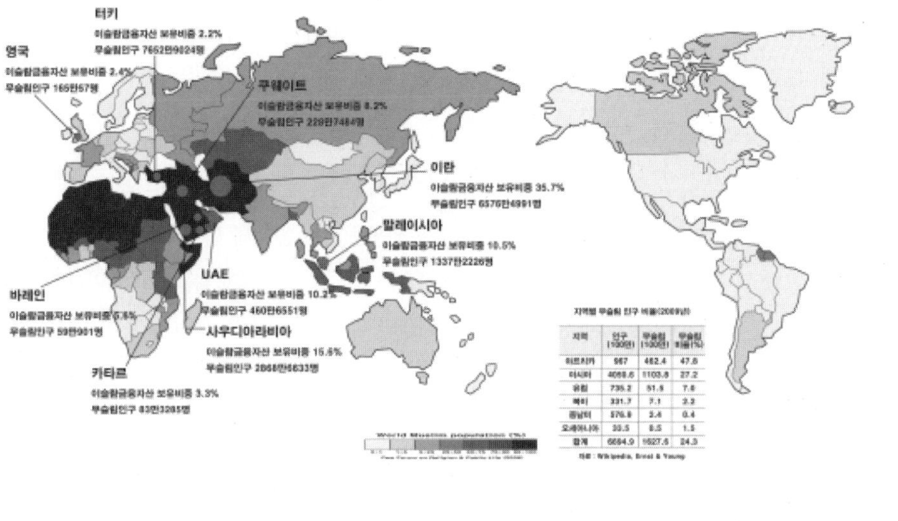


자료: KOTRA(2014)

## 11. 비이슬람권 국가의 이슬람 금융도입 조건

비이슬람국가에서 이슬람 금융이 성공적으로 정착되고 발전하려면 첫째, 자국내에 안정적인 무슬림 인구가 있어 이슬람 금융 도입의 필요성이 있고 이슬람과 이슬람 금융에 대한 전문인력의 확보가 용이해야 한다. 이러한 조건을 갖추고 있는 나라는 영국, 프랑스, 싱가포르 등이다.

둘째, 국제금융센터로서의 경쟁력을 향상시키거나 금융허브가 되기 위하여 이슬람 금융을 새로운 사업기회로 활용하려는 국가전략이 있어야 한다. 이러한 국가들은 영국, 싱가포르, 일본, 룩셈부르크 등이다.

셋째, 중동이나 동남아시아 등 이슬람권 국가와 지속적인 경제교류가 있어 이슬람 금융의 도입이 필요한 경우이다. 이러한 국가들은 한국 등이다(양동철, 2013).

## 12. 선진국들의 이슬람 금융 도입전략

2000년대 이후 세계 각국에서는 이슬람 금융을 도입하기 위해 노력하고 있다(이선호, 2014). 이슬람국가가 아닌 런던, 싱가포르 등의 금융허브 국가들이 이슬람 금융을 유치하기 위해 이슬람 전문인력을 적극적으로 유치하고 있다.

선진국의 이슬람 금융서비스는 자국에 거주하고 있는 무슬림들에게 금융서비스를 제공할 뿐만 아니라 최근 들어 이슬람 금융의 윤리적인 면이 부각되면서 이슬람 금융의 이용이 증대하여 비무슬림들에게도 많이 제공되고 있다.

**| 표 10-25 |** 영국의 이슬람 금융에 대한 금융감독 체계 구축과 조세 정비 과정

| 분야 | 연도 | 내용 |
|---|---|---|
| 모기지 | 2003 | 이자라 방식의 모기지를 활용하는 개인에 대해 인지세 이중과세 방지 조항 마련 |
| | 2005 | 인지세 이중과세 방지 조항을 감축동업 방식의 모기지를 활용하는 개인으로 확대 |
| | 2006 | 인지세 이중과세 방지 조항을 이자라와 감축동업 방식의 모기지 방식을 활용하는 기업으로 확대 |
| 대출 상품 | 2005 | 무라바하 방식을 대출로 처리 |
| | 2006 | 감축동업 방식의 자산 구매 금융 방식을 규정 |
| 예금 | 2005 | 무다라바를 예금 방식으로 규정 |
| | 2006 | 와칼라도 예금 방식으로 규정하고 투자 수익에 대한 세금 감면 |
| 수쿡 | 2007 | 수쿡을 대체 금융투자 채권로서 채무 수단으로 처리하여 수쿡의 투자 수익에 대해 이자 소득과 동등하게 조세 처리 |
| | 2008 | 수쿡과 관련된 실물 거래에 대한 인지세(SDLT)와 인지세 원천세의 중과세 방지 조항 신설 |
| | 2009 | 수쿡과 관련된 실물 거래에 대한 인지세와 인지세 원천세의 이중과세 방지 조항에 대한 규정 명확화 |
| | 2010 | 자산근거부 수쿡을 집합투자체계에서 제외하여 자산근거부 수쿡과 채권의 감독 중립성 확보 |

자료: HM Treasury(2008), 손성현외(2013)

## *Check Point* 이슬람권 이슬람 금융격차

이슬람권의 금융산업은 동일한 이슬람문화권이지만 개별 국가들의 경제발전과 금융산업 발전 정도에 따라 국민들의 금융 인지도와 활용도는 큰 차이를 보인다(양동철, 2013).

## *Check Point* 글로벌 은행의 이슬람 금융진출

HSBC는 말레이시아에서는 HSBC 아마나라고 하는 이슬람은행을 운영하고

있고 사우디아라비아에서는 사우디영국은행(SABB) 지분 40%를 보유하면서 이슬람 금융에 진출하고 있다(매일경제, 2013.4.9).

이슬람권 금융서비스 사업을 위해 설립된 HSBC Amanah

### *Check Point* 이슬람 금융의 선두주자, 말레이시아와 아랍에메리트

세계 이슬람 금융은 말레이시아와 UAE(아랍에미리트)가 선도하고 있다. 세계 수쿡시장은 말레이시아가 약 54%를 UAE가 15%로 가장 많이 발행하고 있다(KOTRA, 2014). 말레이시아는 목재, 주석 등의 풍부한 천연자원을 경쟁력으로 UAE는 풍부한 오일머니를 통해 이슬람 금융시장의 선두자로 자리매김하고 있다.

**표 10-26** 글로벌 이슬람 금융의 부문별 국가 순위(2009)

| 순위 | 수쿡 | 증권 | 이슬람 펀드 | 다카풀 | 은행 |
|---|---|---|---|---|---|
| 1 | 말레이시아 | 말레이시아 | 말레이시아 | 이란 | 이란 |
| 2 | 아랍에미리트 | 인도네시아 | 사우디아라비아 | 말레이시아 | 사우디아라비아 |
| 3 | 사우디아라비아 | 아랍에미리트 | 쿠웨이트 | 아랍에미리트 | 말레이시아 |
| 4 | 인도네시아 | 사우디아라비아 | 케이만군도 | 사우디아라비아 | 아랍에미리트 |
| 5 | 바레인 | 쿠웨이트 | 바레인 | 바레인 | 쿠웨이트 |

자료: Pricewaterhousecoopers. 정계룡외(2010)

**| 표 10-27 |** UAE의 이슬람 프로젝트 파이낸스 구성

(단위 : 백만 달러)

| 금융기법 | 금액 | 건수 |
|---|---|---|
| 혼합형 | 22,930.0 | 27 |
| 이스티스나 | 6,576.0 | 8 |
| 이자라 | 3,844.9 | 9 |
| 무라바하 | 1,200.0 | 1 |
| 수쿡 | 25.0 | 1 |
| 무스타하 | 2.2 | 1 |
| 총 계 | 34,803.1 | 47 |

| 분야 | 금액 | 건수 |
|---|---|---|
| 부동산개발 | 30,136.4 | 32 |
| 석유·가스 | 1,676.7 | 6 |
| 인프라 | 1,247.0 | 5 |
| 석유화학 | 952.0 | 1 |
| 발전·담수 시설 | 791.0 | 3 |
| 총 계 | 34,803.1 | 47 |

자료: IFIS, 이권형외(2010)

## *Check Point* 자원개발과 이슬람 금융

이슬람 금융을 주로 이용하는 중동 국가와 동남아시아 국가들의 공통점중에 하나는 이들 국가들이 공통적으로 자원이 풍부하여 자원개발을 위한 대규모 자원조달 프로젝트가 필요한 국가들이라는 점이다. 이러한 대규모 자원조달 프로젝트에 이슬람 금융이 다양한 형태로 활용되고 있다(양동철, 2013).

## *Check Point* 이슬람 금융의 중소기업, 서민정책

일반적으로 전통적 금융시장은 주로 대기업과 대규모 비즈니스 계획에 자금을 편중하여 공급하고 있는 양상을 보이는데 이슬람 국가에서는 중소기업의 자금 수요에 대응하기 위해 이슬람은행을 산업정책 수단으로 활용하고 있다. 또한 중동국가들은 산업화와 이에 따른 도시화 확산으로 발생한 빈부 격차와 도농간의 발전격차를 이슬람의 원리를 강조하는 이슬람 금융을 통해 완화할 수 있는 정책을 추진하고 있다(심의섭외, 2010).

## *Check Point* 이슬람은행의 다양한 제휴방식

이슬람은행들은 이슬람 금융의 선진화를 위해 서구은행들과 합작투자(joint venture), 경영협정, 기술협력, 거래은행(correspondent bank)의 형태 등으로 협

력을 구축하고 있다(박해식, 2008).

## 13. 이슬람 금융 성장미래

이슬람 금융은 전 세계 금융시장에서 차지하는 비중이 1%정도에 머물고 있지만 전세계 무슬림 인구 중 약 12%만이 현재 이슬람 금융을 이용하고 있는 것으로 추정되고 있어 향후 발전 가능성이 크다.

무슬림의 인구증가율은 세계 평균 인구증가율인 1.1% 보다 높은 1.8%로 잠재 무슬림 금융소비자들의 증가를 기대할 수 있어 이슬람 금융시장이 지속적으로 성장할 것으로 전망된다. 또한 중동국가들의 오일머니와 국부펀드 자산의 지속적인 증가가 이루어지고 있어 이슬람 금융의 성장 가능성은 크다(newsprime, 2013.9.3). 글로벌 금융환경의 불확실성과 위험이 증가할수록 이슬람 금융으로의 관심은 더욱 증대될 것으로 보인다(김동환, 2013).

## 14. 이슬람 금융 문제와 개선방안

이슬람 금융의 가장 큰 문제는 이슬람 금융에 대한 국제적으로 통일적인 기준이 없다는 점이다. 이슬람 금융을 운영하는 국가마다 샤리아의 적용이 상이하고, 지배구조나 규정 등에서 차이가 있어 이슬람 금융시장이 한층 더 큰 글로벌 시장으로 발전하는데 한계가 있다(양동철, 2013). 따라서 이슬람 금융이 더욱 발전하려면 샤리아 적용, 회계규정, 지배구조 등에서 국제적인 통일된 기준이 마련되어야 한다.

# 제11부

# 이슬람 시장과 할랄산업

# 제1장 이슬람 시장의 이해

## 1. 이슬람 시장의 특징

이슬람권은 지리적으로 광범위하게 전 세계적으로 분산되어 있지만 이슬람교를 중심으로 동질성이 높은 거대시장이다. 특히 소비형태에서 유사한 부분이 많다. 무슬림은 알라께서 창조하신 모든 것을 누릴 권리가 있다는 이슬람교의 종교원리로 인해 의식주와 관련된 기본욕구 충족에 매우 적극적이다.

## 2. 소비의 이슬람화

최근 이슬람 경제에서 생산뿐만 아니라, 소비부분에서도 이슬람 방식이 다양하게 확산됨에 따라 무슬림의 일상적 삶에서 이슬람화가 더욱 심화되고 있다(이선호, 2014).

### *Check Point* 아랍 3대 음식

아랍의 이슬람 음식은 크게 빵, 양고기, 요구르트 세요소로 구성된다. 빵은 주로 진흙을 바른 아궁이에서 구운다. 숯불에 요리하는 고기를 케밥(kebab)이라고 부른다. 요구르트는 양젖과 낙타젖으로 만든다(이희수, 2003).

## 3. 무슬림의 소비 윤리규정

이슬람에는 무슬림이 소비할 때 할랄(Halal), 하람(Haram), 마크루(Makruh)라는 개념이 있는데, 할랄은 이슬람 율법에 따라 허용되는 것, 하람은 이슬람 율법에 따라 금지된 것, 마크루는 이슬람 율법에 따라 금지하는 것은 아니지만 권장되지 않는 것이다. 이러한 할랄, 하람, 마크루는 의·식·주뿐만 아니라 무슬림의 모든 삶에 관계된다.

## 4. 이슬람경제와 할랄과 하람

이슬람에서는 인간에게 해로운 것은 하람이고, 이로운 것은 할랄이다. 할랄과 하람의 결정은 알라의 고유 권한이다. 하디스에 의하면 알라가 꾸란에서 허용한 것이 할랄이고 금지한 것이 하람이다. 알라가 침묵한 것은 허용된다(윤용수외, 2009). 할랄과 하람의 중간은 의문스럽다는 의미로 슈바흐(Syubhah)가 있다(장건외, 2014).

이슬람 경제에서 생산과 유통에 관련된 가장 큰 특징의 중의 하나가 이슬람 율법에 따라 허용된 할랄과 이슬람 율법에 의해 금지된 하람의 엄격한 구분이다(이선호, 2014).

**표 11-1** 음식의 허용 및 금지에 대한 알라의 권한을 나타내는 코란 본문

| 코 란 | 본 문 |
|---|---|
| 제10장 59절 | 일러 가로되 하나님께서 너희를 위해 창조한 일용할 양식을 생각하여 보았느뇨. 너희는 그 중의 일부를 금기하고 일부는 허락하였더라. 일러 가로되 하나님께서 그렇게 하도록 허락하셨느뇨. 아니면 하나님에 대하여 거짓하느뇨. |
| 제2장 172절 | 믿음을 가진 자들이여 하나님이 너희에게 부여한 양식 중 좋은 것을 먹되 하나님께 감사하고 그 분만을 경배하라. |

자료: 이서영(2012)

# 제2장 할랄

## 1. 할랄의 정의

할랄(Halal) = 이슬람 율법으로 허용된(lawful)

할랄(halal)은 아랍어로 허락된 것이라는 의미로 이슬람 율법에 따라 이슬람 교도인 무슬림이 먹고 쓸 수 있는 것으로 허용된 모든 것을 말한다. 무슬림들은 하람이 아닌 모든 식품을 다 먹을 수 있다.

일반적으로 채소, 과일, 곡류와 같은 모든 종류의 식물성 음식과 모든 종류의 해산물과 어패류, 양, 소, 염소, 낙타 등과 같은 초식동물 등은 할랄이다(이희수, 2010). 가공식품의 경우에도 알코올 성분과 돼지고기 성분이 포함되지 않는 제품은 할랄제품이다(이선호, 2014). 초식동물은 할랄이지만 이슬람 율법에 따라 도축된 육류만이 할랄제품이다. 즉, 할랄인 초식동물도 이슬람 율법에 따라 도축되지 않은 경우에는 하람이 된다.

## 2. 할랄의 범위

할랄 = 생활방식 = 소비원리 = 소비의 모든 패턴

할랄과정은 생산, 가격책정, 유통, 광고, 소비 등 모든 과정이 샤리아에 부합해야 한다. 가격측면에서도 소비자를 기만하거나 속여서는 안된다(엄익란, 2014).

일반적으로 할랄은 이슬람 율법에 따라 허용되는 음식을 의미하지만 광의의 개념으로는 허용할 수 있는 모든 것을 의미한다. 할랄제품의 절반은 식품이지만 할랄은 식음료에서 의약품, 화장품에까지 영향을 미치고 있다 또한 무슬림에게 할랄은 이슬람 소비원리로 작용하고 인간의 행동, 말, 옷 등의 모든 일상 생활방식에 영향을 미친다.

**| 표 11-2 |** 코란에 나타난 할랄의 예

| 코 란 | 본 문 |
|---|---|
| 제5징 2절 | (선략) ...너희가 순례복을 벗을 때에는 사냥이 허용되니라... (하략) |
| 제5장 4절 | 허락된 것이 무엇이냐 그대에게 묻거든 좋은 것들이라 말하라 또한 하나님의 가르침에 따라 육식 동물이 너희를 위해 사냥하여온 것도 허락된 것이거늘 이는 하나님이 너희에게 가르친 것이라... (하략) |
| 제5장 5절 | 오늘날 너희에게 좋은 것들이 허락되었으니 성서를 받은 자들의 음식이 허락되었고 또한 너희의 음식도 그들에게 허락되었으며... (하략) |
| 제5장 96절 | 그러나 바다의 사냥과 그 음식은 허락되었나니 이는 너희와 여행자들을 위한 것이며... (하략) |
| 제6장 145절 | 일러 가로되 내가 말씀으로 계시를 받은 것 가운데서 죽은 고기와 피와 돼지고기와 하나님의 이름으로 도살되지 아니한 고기를 제외하고는 먹고자 하는 자가 먹지 못하도록 금지된 것을 발견치 아니했노라. 그러나 필요하며 또는 알지 못하여 금지된 것을 먹었을 경우에는 죄악이 아니거늘 실로 하나님은 관용과 은혜로 충만하심이라 |
| 제6장 118-119절 | 그러므로 너희가 하나님의 말씀을 믿는다면 고기를 먹되 그 분의 이름으로 도살된 것을 먹으라. 너희는 하나님의 이름으로 도살된 것을 먹지 않는 이유가 무엇이뇨. 그분께서는 금지된 것과 불가항력의 경우를 너희에게 자세히 설명하였노라... (하략) |
| 제6장 143절 | 가축 가운데에는 짐을 실을 가축이 있고 고기로 사용할 가축이 있노라 하나님께서 너희를 위해 양식으로 주셨으되 사탄의 발걸음을 따르지 마라 했노라 그는 실로 너희에의 적이니라. |

자료: 이서영(2012)

## Check Point makruh

마크루(makruh)는 과도한 흡연처럼 금지하는 것은 아니지만, 하지 않도록 권고받는 행위이다(양승윤, 2014). 마크루 음식은 금지하는 것은 아니지만 피하는 것이 좋은 음식이다. 예를 들어 랍스터, 게, 새우를 제외한 대부분의 갑각류는 마크루 음식이다. 마크루는 하람보다는 완화된 금기로서 이를 어겼다 해도 하람처럼 처벌을 받지는 않는다(윤용수외, 2009).

## Check Point dhabyhah

다비하(dhabyhah)는 이슬람 율법에 따른 도축방법이다. 이슬람식의 도축 방법은 다음과 같다. 가축의 머리를 메카를 향해 눕히고 기도를 한 다음 동물의 고통을 최소화하는 방법으로 도축하면 동물이 천국에 간다고 믿기 때문에 고통을 없애기 위해 날카로운 칼로 단칼에 목을 치고 모든 피를 다 뺀다(정한진, 2008). 이슬람에서는 동물의 피는 더러운 것으로 간주하여 동맥에서 완전히 뺀다(Heidi Munan, 2005). 이슬람에서 동물은 신의 창조물이고 영혼을 갖고 있기 때문에 인간은 식량을 얻기 위해서나 동물로부터 인간을 보호하기 위해서만 동물을 죽일 수 있고 신의 허락없이 불필요하게 동물을 죽일 수 없다. 이슬람식 도축의 목적은 동물의 생명을 앗아갈 때 최단시간에 최소한의 고통만 주기 위해서이다. 할랄 도축의 요건 중에 하나는 알라의 이름으로 기도하는 것이다. 이러한 도축요건을 "알라의 이름으로"라는 뜻의 비스밀라(Bismillah)라고 한다. 이슬람 율법에 따라 도축을 할 때 알라를 언급하는 이유는 동물도 인간과 마찬가지로 알라의 피조물이기 때문에 알라께 신성한 허락을 받는다는 의미이다(Yusuf Al-Qardawi, 2011).

## Check Point Bismillah와 이슬람 식사예절

비스밀라(Bismillah)는 도축뿐만 아니라 무슬림의 축복의 인사, 식사 전의 인사 등으로 사용된다(이서영, 2012). 식사가 끝나면 알함두릴라(alhamdulilah: 알라를 찬양하며)라고 한다.

무슬림들은 최고 연장자에게 음식을 우선적으로 제공하고 연장자보다 음식을 먼저 먹는 행위는 무례한 행동으로 간주된다. 무슬림들은 과식을 피해야 한다. 하디스에서 위의 1/3은 음식을 위해, 1/3은 마실 것을 위해, 1/3은 호흡을 위해 나누어야 한다고 말하고 있다.

무슬림들은 뜨거운 음식을 먹을 때 훌훌 불어선 안되고 음식이 식을 때까지 기다려야 한다. 또한 접시 위로 악수해서는 안되고 음식에 머리를 가까이 해서도 안된다(윤용수외, 2009).

# 제3장 하람

## 1. 하람 = 금지된 것 = 허용되지 않는 것

하람(haram)은 이슬람 율법으로 금지된 모든 것을 말한다. 하람으로 규정된 식품은 다음과 같다. 돼지고기와 돼지의 부위로 만든 가공식품을 포함한 모든 음식, 육식동물의 고기, 당나귀, 노새, 말, 날카로운 송곳니와 발톱을 가진 동물, 개와 고양이와 같은 애완동물, 독수리 같은 맹금류, 동물의 피와 그 피, 배설물로 만든 식품, 알라의 이름으로 이슬람 율법에 의해 도축하지 않은 고기, 자연사한 죽은 동물의 고기, 썩은 고기, 메뚜기를 제외한 모든 곤충 등이다(정한진, 2008: 이희수, 2010).

이외에도 술과 마약류처럼 인간의 정신을 혼미하고 흐리게 하는 중독성분을 가진 것도 하람이다. "취하게 하는 모든 것은 다 술(khamr)이고 술은 하람이다. 취하게 하는 것은 그 것의 양이 적든 많든 모두 하람이다. 한 통의 술이 취하게 한다면 그것의 한 모금도 하람이다"(Yusuf Al-Qardawi, 2011).

### *Check Point* 죽은 짐승의 고기가 하람인 이유

죽은 짐승의 고기가 하람인 이유는 다음과 같다. 첫째, 동물이 자연사 한 경우 독성이 있는 식물을 먹고 죽었을 수 있기 때문에 이러한 동물의 고기를 인간이 먹게 되면 건강을 해칠 수 있기 때문이다. 둘째, 죽은 동물의 시체는 야생동물의 양식이기 때문이다. 셋째, 죽은 동물의 고기를 인간이 먹는 것을 금지함으로써 동물의 주인은 동물이 병들어 죽지 않도록 동물을 잘 보살핀다. 넷째, 알라는 인간이 아무런 의도없이 먹는 것을 원하지 않는다. 짐승을 사냥하는 것, 도살하는 것과 같이 노력과 행위에 따른 의도가 있어야 한다. 뿔에 받혀 죽은 동물의 고기가 하람인 이유는 동물 주인이 동물을 주의깊게 보살피지 않았기 때문이다.

죽은 동물에 대한 하람은 그 고기를 먹는 것에 한정된다. 따라서 죽은 동물의 가죽, 뼈 등은 유용하게 활용할 수 있다. 또한 바다에서 잡아 올릴 때 죽은 생선과 고래는 모두 하람에서 제외된다. 그 이유는 그 곳의 물은 깨끗하므로 그곳에서 잡아 올릴 때 죽은 것들도 모두 할랄이다(Yusuf Al-Qardawi, 2011).

**| 표 11-3 |** 이슬람교에서 주로 금지하는 식품과 금지 이유

| 주로 금지하는 식품 | 금지 이유 |
|---|---|
| 돼지 | 병원성 기생충을 인간에게 옮기는 매개생물임 |
| 피 | 동물의 피에는 유해세균, 신진대사물, 효소 등이 포함되어 있음 |
| 올바른 도살 방법 (할랄 도축법)에 의하지 않고 죽은 동물의 고기 | 죽은 동물의 고기를 기피하는 데에서 유래하며, 죽은 동물은 부패과정에서 인간에게 유해한 화학물질을 형성함 |
| 카말(주류) | 알콜류는 신경계에 해를 입히고 인간의 판단력에 영향을 주어 사회문제를 일으키며 가정을 파괴하고 때로는 사람을 죽음에까지 이르게 할 수 있음 |

자료: 財団法人食品産業センター(2010), 이서영(2012)

**Check Point** 무슬림이 돼지고기를 먹지 않는 이유

무슬림들에게 돼지고기를 금지하는 이유는 다음과 같이 여러 가지로 설명되고 있다. 첫째는 돼지고기속의 선충들이 인간의 몸에 해롭다. 둘째, 돼지의 습성이 나쁘다. 셋째, 돼지고기는 사막 기후에서 쉽게 부패한다 등이다. 그러나 이슬람 신학자들은 꾸란에서 하나님께서 금했기 때문에 무슬림들이 돼지고기를 먹지 않는 것이며 그 이유는 하나님만이 알고 계시다고 말한다(이희수, 2010).

## 2. 하람의 생활방식

하람은 먹는 것뿐만 아니라 인간의 행위도 포함된다. 자신의 이득을 위해 타인에게 해를 끼치는 행위도 하람이고 복권과 투기, 도박 행위등도 하람이다(하룬 시디퀴, 2011).

**Check Point** 가발은 하람이다

가발은 인간의 머리카락으로 만들었든, 인조 머리카락이든 가발착용은 기만이고 속임수이므로 하람이다(Yusuf Al-Qardawi, 2011).

**Check Point** 하람의 책임

하람의 책임은 하람을 행한 사람뿐만 아니라 이를 지지하고 동조하거나 협

조한 사람에게도 주어진다. 예를 들어 하람인 술을 마시면 술을 마신 음주자뿐만 아니라 술을 제공한자, 술값을 지불한 사람도 하람의 대상이 된다(윤용수, 2009). 이슬람에서는 죄는 더렵혀진 행위이고, 벌은 정화로 간주되었다(宮崎正勝, 2006).

### Check Point 하람에서 유래하는 부산물도 하람이다

하람인 돼지뿐만 아니라 돼지의 기름, 피부, 내장, 피 뼈 등도 모두 하람이다. 돼지기름으로 제조된 유화제품, 돼지 피부가 원료인 젤라틴, 콜라겐, 돼지 내장을 사용한 소세지, 베이컨 등의 가공식품도 모두 하람이다(장건외, 2014).

**표 11-4** 코란에 나타난 하람의 예

| 코 란 | 본 문 |
|---|---|
| 제2장 173절 | 죽은 고기와 피와 돼지고기를 먹지 말라. 또한 하나님의 이름으로 도살되지 아니한 고기도 먹지 말라. 그러나 고의가 아니고 어쩔 수 없이 먹을 경우는 죄악이 아니라 했거늘 하나님은 진실로 관용과 자비로 충만하심이라. |
| 제5장 1절<br>제5장 96절 | (전략) ...순례 상태로 성역에 있을 때 사냥은 금기라.<br>육지의 사냥은 너희에게 금하니 이때는 너희가 순례 중일 때이라. |
| 제5장 3절 | 너희에게 허락되지 아니한 것이 있으니 죽은 고기와 피와 돼지 고기와 하나님의 이름으로 잡은 고기가 아닌 것<br>목 졸라 죽인 것과 때려서 잡은 것과 떨어져서 죽은 것과 서로 싸워서 죽은 것과 다른 야생이 일부를 먹어 버린 나머지와 우상에 제물로 바쳤던 것과 화살에 점성을 걸고 잡은 것이니거늘 이것들은 불결한 것이라... (이하 생략) |
| 제6장 121절 | 하나님의 이름으로 도살되지 아니한 고기는 먹지 말라.<br>그것은 죄악이니라. |

자료: 이서영(2012)

## 3. 하람의 예외

하람음식도 무슬림들이 하람음식이라도 먹지 않으면 생명에 지장을 주는 위급한 상황과 절박한 필요에 의해 먹는 것은 허용된다.

# 제4장 할랄인증

## 1. 할랄은 각국에서 인증을 받아야 한다

무슬림이 대규모로 거주하고 있는 중동, 중앙아시아, 북아프리카, 동남아시아 등에서는 수출제품의 할랄인증이 중요한데 할랄은 전 세계적으로 공통되는 표준기준이 없어 수출하려는 각 국가에서 할랄인증을 받아야 한다.

**그림 11-1** 세계 할랄인증 마크

자료: KATI(2014)

## 2. 국제할랄인증기관

국제적으로 인정받고 있는 할랄인증기관은 말레이시아(JAKIM), 인도네시아 MUI(인도네시아 이슬람 종교지도자단체), 미국의 IFANCA(미국 이슬람 식품영양협의회), 싱가포르의 MUIS(싱가포르 이슬람 종교위원회) 등이 있다(mdtoday).

**| 표 11-5 |** 주요국의 할랄인증 기관

| 국 가 | 할랄인증 기관 | 관련 사이트 |
|---|---|---|
| 인 니 | The Assessment Institute For Foods, Drugs and Cosmetics Indonesian Council of Ulama (LP. POM-MUI)<br>- Indonesian Ulemas Council(인도네시아 이슬람학자 평의회) 소속 식품의약연구소 | 이메일: Halalmui@indo.net.id |
| 이 란 | Islamic Chamber Research & Information Center (ICRIC) | 홈페이지: www.halalworld.org<br>이메일: info@halalworld.org |
| 말 련 | Halal Industry Development Corp.(HDC)<br>- Dept. of Audit and Certification에서 담당 | 홈페이지: www.hdcglobal.com<br>이메일: ramlah@hdcglobal.com |
| 이집트 | General Organization For Vetrinary Service<br>- Dept. of Butchery에서 담당 | 홈페이지: www.govs.gov.eg |

자료: KOTRA(2008)

### *Check Point* 정부가 할랄인증업무를 직접하는 국가

전 세계적으로 200개 이상의 할랄인증 단체가 있는데 정부가 할랄인증 업무를 직접 관장하는 국가는 말레이시아, 싱가포르, 브루나이다. 이슬람 회의기구는 57개 이슬람 회원국에 모두 통용될 수 있는 표준 할랄인증제도를 추진하고 있다(엄익란, 2014).

## 3. 할랄인증의 범위

제품이 할랄인증을 받으려면 제품 제작에 사용된 모든 원료가 할랄인증을 받아야 한다. 제작에 사용된 원재료가 수입품일 경우에도 할랄인증을 받아야 한다. 제조장비의 소독제도 할랄인증을 받아야 한다. 만약 제조장비의 소독제가 이슬람에서 금지하고 있는 알코올 성분인 경우 할랄인증을 받을 수 없다(한국농수산식품유통공사, 2014).

### *Check Point* 할랄인증은 수입통관의 필수요건인가

이슬람국가에 제품을 수출하여 수입통관하는 경우 제품에 대한 할랄인증여부는 필수요건이 아니다. 이슬람이 국교인 나라에도 비무슬림이 살고 있으므로 할랄인증이 없어도 통관은 가능하다.

## Check Point 할랄인증만 받으면 판매가 증대되는가

수출제품이 할랄인증을 받았다고 해서 현지 소비자들이 특정제품의 할랄인증을 모두 다 알고 있지는 않다. 따라서 제품에 부착할 할랄인증마크와 할랄인증을 받았다는 제품홍보를 체계적으로 해야 한다.

# 제5장 할랄산업의 이해

## 1. 무슬림 인구와 할랄산업

할랄산업이 전 세계적으로 급부상한 본질적인 이유는 이슬람 인구가 증가되면서 할랄제품에 대한 수요가 증대되었기 때문인데 무슬림이 인구는 2025년에 세계 인구의 30%가 될 것으로 전망되어 할랄산업의 성장이 지속될 것으로 전망된다.

**표 11-6** 아랍세계 출산율

| 국 가 | 2000년 | 2009년 |
|---|---|---|
| 소말리아 | 6.51 | 6.36 |
| 예멘 | 6.49 | 5.31 |
| 코모로 | 5.32 | 4.99 |
| 이라크 | 5.25 | 4.77 |
| 모리타니 | 5.22 | 4.60 |
| 팔레스타인 | 5.38 | 4.53 |
| 수단 | 5.34 | 4.48 |
| 지부티 | 4.80 | 3.83 |
| 요르단 | 3.93 | 3.80 |
| 시리아 | 3.63 | 3.00 |
| 사우디아라비아 | 3.99 | 2.89 |
| 이집트 | 3.32 | 2.78 |
| 리비아 | 3.08 | 2.63 |
| 바레인 | 2.72 | 2.57 |
| 오만 | 3.64 | 2.38 |
| 카타르 | 3.15 | 2.32 |
| 모로코 | 2.70 | 2.31 |
| 알제리 | 2.62 | 2.31 |
| 쿠웨이트 | 2.63 | 2.30 |
| 튀니지 | 2.08 | 2.05 |
| 레바논 | 2.39 | 1.82 |
| UAE | 2.65 | 1.79 |
| **아랍 세계** | **3.85** | **3.29** |
| 인도 | 3.12 | 2.66 |
| 미국 | 2.06 | 2.05 |
| 중국 | 1.74 | 1.61 |

자료: http://data.worldbank.org/indicator

## 2. 무슬림 소득과 할랄산업

세계 무슬림 인구는 약 16억 명으로 세계 인구의 약 23%를 점유하고 있는데 무슬림의 1인당 GDP 성장률은 연 평균 6.8%로 전 세계평균 5.0%보다 높아 할랄제품에 대한 수요가 증대되고 있다. 이슬람권에 구매력을 갖춘 이슬람 인구가 증가하면서 전 세계 할랄산업이 연 20% 성장을 지속하고 있다(이코노미스트, 동아일보, 2013.6.3).

**| 표 11-7 |** 아랍 각 국가의 인구수와 계층별 구성비

| 국 가 | 인구수 | 상류층 | 중산층 | 저소득층 |
|---|---|---|---|---|
| **걸프 지역** | | | | |
| 사우디아라비아 | 2,820만 | 13% | 65% | 22% |
| 카타르 | 180만 | 8% | 70% | 22% |
| 아랍에미리트 | 540만 | 11% | 60% | 29% |
| 바레인 | 110만 | 7% | 60% | 33% |
| 쿠웨이트 | 370만 | 22% | 57% | 21% |
| 오만 | 310만 | 6% | 63% | 31% |
| 예멘 | 2,510만 | 4% | 60% | 36% |
| **레반트 지역** | | | | |
| 시리아 | 2,080만 | 3% | 57% | 40% |
| 요르단 | 630만 | 20% | 41% | 39% |
| 레바논 | 400만 | 10% | 60% | 30% |
| **북아메리카** | | | | |
| 알제리 | 3,600만 | 17% | 55% | 28% |
| 이집트 | 8,040만 | 13% | 34% | 53% |
| 리비아 | 650만 | 15% | 35% | 50% |
| 모로코 | 3,220만 | 13% | 32% | 55% |
| 수단 | 3,270만 | 8% | 46% | 46% |
| 튀니지 | 1,070만 | 22% | 52% | 26% |

자료: Harvard Business Review(2013), 엄익란(2014)

**| 표 11-8 |** 아랍국가들의 1인당 GDP

| 국 가 | 2010년 1인당 GDP (단위 : US$) | 2010년 인구 (명) |
|---|---|---|
| 카타르 | 72,397 | 1,758,793 |
| 쿠웨이트 | 48,441 | 2,736,732 |
| 미국 | 47,004 | 309,050,816 |
| UAE | 40,209 | 7,511,690 |
| 오만 | 20,792 | 2,782,435 |
| 바레인 | 17,955 | 1,261,835 |
| 사우디아라비아 | 16,335 | 27,448,086 |
| 리비아 | 11,225 | 6,355,112 |
| 레바논 | 9,281 | 4,227,597 |
| **아랍 세계 총계** | **5,563** | **357,867,177** |
| 알제리 | 4,448 | 35,468,208 |
| **중국** | **4,392** | **1,338,299,512** |
| 요르단 | 4,374 | 6,047,000 |
| 튀니지 | 4,197 | 10,549,100 |
| 시리아 | 2,902 | 20,446,609 |
| 모로코 | 2,852 | 31,951,412 |
| 이집트 | 2,693 | 81,121,077 |
| 이라크 | 2,532 | 32,030,823 |
| 팔레스타인 | 1,599 | 4,152,102 |
| 수단 | 1,501 | 43,551,941 |
| **인도** | **1,394** | **1,170,938,000** |
| 예멘 | 1,302 | 24,052,514 |
| 지부티 | 1,270 | 888,716 |
| 모리타니 | 1,049 | 3,459,773 |
| 코모로 | 781 | 734,750 |
| 소말리아 | 254 | 9,330872 |

출처: IMF, 비제이마하잔(2010)

## 3. 전세계 할랄시장

전세계 할랄식품시장 규모는 2010년 기준으로 6,515억 달러로 세계 전체 식품시장의 16%를 점유하고 있고 여기에 의약품과 화장품 등 할랄 전 분야가 포함되면 전세계 할랄산업 규모는 2조 달러 이상이다(한국농수산식품유통공사, 2014).

**| 표 11-9 |** 할랄상품 수출액 현황(상위 20위, 2011)

(단위 : 100만 RM)

| 순위 | 국 가 | 수출액 | 순위 | 국 가 | 수출액 |
|---|---|---|---|---|---|
| 1 | 중국 | 4128.07 | 11 | 필리핀 | 1092.45 |
| 2 | 미국 | 3303.04 | 12 | 타이완 | 677.07 |
| 3 | 싱가포르 | 2939.42 | 13 | 베트남 | 662.90 |
| 4 | 네덜란드 | 2277.87 | 14 | 이집트 | 625.54 |
| 5 | 일본 | 2190.97 | 15 | 아랍에미리트 | 542.36 |
| 6 | 인도네시아 | 1810.52 | 16 | 홍콩 | 529.73 |
| 7 | 태국 | 1707.32 | 17 | 터키 | 522.64 |
| 8 | 인도 | 1427.74 | 18 | 남아프리카 | 442.07 |
| 9 | 한국 | 1247.65 | 19 | 러시아 | 434.59 |
| 10 | 호주 | 1187.04 | 20 | 이란 | 407.15 |

자료: 할랄산업개발공사(www.hdcglobal.com), 이선호(2014).

**Check Point** 할랄제품은 중동, 동남아에만 시장이 있는가

할랄제품은 무슬림의 거주가 많은 중동, 동남아 이슬람국가, 중앙아시아 이슬람국가뿐만 아니라 최근 무슬림 유입인구가 증가하고 있는 유럽 및 미주 등에서도 안전한 식품으로 인식되면서 각광받고 있다(KOTRA, 2014).

## 4. 할랄식품 이미지

할랄식품은 깨끗하고 안전하여 건강에 유익한 식품이라는 인식이 무슬림뿐만 아니라 비무슬림에게도 인식되고 있어 일반식품보다 할랄마크가 있는 제품이 더 고가이더라도 구매를 하는 소비자가 증가하고 있다.

할랄식품은 전 세계적으로 무슬림뿐만 아니라 비무슬림에게도 인기가 높다. 가장 큰 이유는 할랄식품은 이슬람 율법에 따라 도축하고 가공식품의 성분, 위생 등을 표준관리 절차에 따라 엄격하게 검사하기 때문에 안전한 식품으로 인정받고 있기 때문이다.

**| 표 11-10 |** 세계 할랄시장 규모

(단위 : 십억 달러)

| 지역 | 2009 | 2010 | 2011 |
|---|---|---|---|
| 세계 | 634.5 | 651.5 | 661 |
| 아프리카 | 150.3 | 153.4 | 155.9 |
| 아시아 | 400.1 | 416.1 | 418.1 |
| - GCC Countries | 43.8 | 44.7 | 45.6 |
| - 인도네시아 | 77.6 | 78.5 | 79.4 |
| - 중국 | 20.8 | 21.2 | 21.6 |
| - 인도네시아 | 23.6 | 24 | 24.4 |
| - 말레이시아 | 8.2 | 8.4 | 8.6 |
| 유럽 | 66.6 | 67 | 69.3 |
| - 프랑스 | 17.4 | 17.6 | 17.8 |
| - 러시아 | 21.7 | 21.9 | 22.1 |
| - 영국 | 4.1 | 4.2 | 4.3 |
| 호주 | 1.5 | 1.6 | 1.65 |
| 북미 | 16.1 | 16.2 | 16.5 |
| - 미국 | 12.9 | 13.1 | 14.5 |
| - 캐나다 | 1.8 | 1.9 | 2 |

자료: World HALAL Forum(2014)

# 제6장 할랄산업의 다각화전략

## 1. 할랄산업의 영역확대

할랄 = 종교 + 비즈니스

최근 들어 전 세계적으로 할랄은 성장 가능성이 높은 비즈니스 분야가 되고 있다. 전 세계적으로 각광받고 있는 할랄산업은 초창기에는 식품에만 국한되어 발전되었지만, 최근에는 다양한 분야에서 할랄에 대한 수요가 증가하여 할랄의 적용 분야가 식품에서 화장품, 의약품, 물류업, 관광업 등으로 급속히 확대되고 있다.

**| 표 11-11 |** 할랄시장의 다양한 분야

| | |
|---|---|
| 화장품 | 중동, 유럽, 동남아시아 등지에서 동물성 성분이 들어가지 않은 내추럴 오가닉 제품으로 여겨져 큰 호응을 얻고 있음 |
| 관 광 | 비행기에서부터 투숙 호텔에 이르기까지 무슬림의 편의를 최대한 고려한 관광상품이 시행중 |
| 물 류 | 할랄제품은 비할랄제품과 섞이거나 같은 곳에 보관, 운송, 제조되어서는 안되며, 제조공정 중 비할랄제품에 사용된 장비는 사용할 수 없기 때문에 최근 할랄제품만 독점적으로 유통하는 물류산업이 말레이시아 등을 중심으로 성장하고 있음 |
| 금 융 | 이슬람 금융은 샤리아를 준수하는데, 샤리아에서는 금전대여에 따른 이자 수취 금지, 이익 및 손실을 공유하는 파트너십 등의 원칙을 이행한 금융거래만 통용됨 |

자료: 한국농수산식품유통공사(2014)

**| 그림 11-2 |** 2011년 할랄 상품별 수출 비중(%)

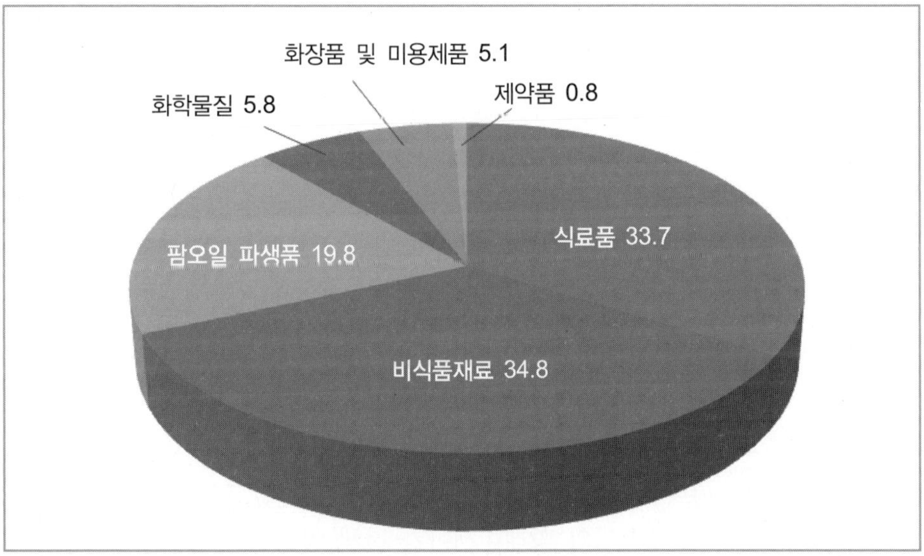


자료: 할랄산업개발공사(www.hdcglobal.com), 이선호(2014)

## 2. 할랄 화장품

콜라겐 등 동물성 성분과 알코올이 함유되지 않은 할랄 화장품이 무슬림 여성들로부터 선풍적인 인기를 얻고 있다. 전 세계 할랄 화장품시장은 초기 단계인데도 시장규모가 5억6천만 달러 이상이다(KOTRA, 2014).

할랄 화장품은 중동, 동남아 등에서 무슬림 여성들에게 동물성 성분이 들어가지 않은 내추럴 오가닉 제품으로 간주되어 큰 호응을 얻고 있다. 중동 코스메

틱협회에 의하면 2011년 두바이의 여성 1인당 화장품 소비는 매달 334달러로 세계 최고 수준으로 성장 가능성이 높다(동아일보, 2013. 6.3). 아랍지역의 할랄 화장품 시장은 2008년 15억 7,000만 달러에 달했고, 매년 12% 정도 급성장하고 있다(Temporal, 2011: 엄익란, 2014).

## 3. 할랄 여행상품

2012년 기준으로 전 세계 무슬림의 관광 지출비는 1,370억 달러로 전 세계 관광지출비 1조 950억 달러의 12.5%를 차지하고 있다(ABANA, 2013.12.4). 특히 걸프지역 국가의 관광지출비는 전 세계 무슬림 관광지출비의 약 30%이다(엄익란, 2014).

무슬림 관광객들의 지출이 2020년에는 약 200억 달러까지 증가할 것으로 전망되고 있다(AFP, mk, 2012.8.5). 사우디아라비아, 카타르 등 걸프 국가는 전체 무슬림 인구 중 3%에 불과하지만 무슬림의 해외여행 지출 중 3분의 1을 차지하고 있다. 이처럼 무슬림의 해외여행은 대부분 중동 산유국들의 무슬림들이 대상이었다(mk, 2012.8.5). 그린데 최근 들어 무슬림이 많은 말레이시아와 인도네시아에서 2013년 해외여행을 간 사람은 각각 약 13만 명, 10만 명으로 급증하고 있다(yna, 2014.3.7). 2012년 한국을 방문한 무슬림 관광객 중에서 동남아시아 국가인 인도네시아와 말레이시아가 전체 이슬람 관광객의 56%를 차지하였다(장건외, 2014).

또한 전통적으로 무슬림 여행객들은 이슬람권 지역으로의 해외여행을 선호하였으나 최근 들어서는 비이슬람권으로 해외여행지가 확대되고 있다. 이처럼 무슬림의 해외여행이 증가되면서 다양한 할랄 여행상품이 개발되고 있다. 국제공항에 무슬림 기도실과 무슬림 여성들만을 위한 전용 스파를 마련하고, 비행기에서부터 항공사 부속호텔에 도착까지 무슬림을 위한 관광상품을 개발하였다.

스위스의 게이트그룹은 무슬림을 위한 할랄 기내식을 제공하기 위해 런던 히드로공항에 대규모 설비를 구축했다. 유럽권 국가들은 이슬람권 여행자들을 위해 남녀간 수영장을 분리하고 무알코올 음료를 제공하는 여행상품을 개발하였다(동아일보, 2013.6.3).

일본정부는 연간 100만 명의 무슬림의 관광객을 유치할 목표를 세웠다. 일본에서도 무슬림 단체여행객을 위해 할랄음식을 제공하는 호텔들이 증가하고 있고 일본정부는 할랄음식을 제공하는 식당과 무슬림들이 여행도중 기도할 수 있는 모스크의 위치를 알려주는 가이드북을 마련하였다. 호주와 뉴질랜드는 무슬림 관광객 유치를 위해 무슬림전용 특별 관광상품을 개발하였고 호주관광청은 무슬림 관광가이드북을 마련하였다(mk, 2012.8.5).

**표 11-12** 한국을 방문한 국가별 무슬림 관광객 동향

(단위 : 명)

| 동남아시아 | | 국가별 무슬림 비율 | 2008 | 2009 | 2010 | 2011 | 2012 |
|---|---|---|---|---|---|---|---|
| 1 | 말레이시아 | 61.4% | 51,425 | 49,184 | 69,796 | 95,957 | 109,342 |
| 2 | 미얀마(비OIC) | 3.8% | 1,924 | 2,130 | 2,201 | 2,666 | 2,581 |
| 3 | 브루나이 | 51.9% | 480 | 480 | 658 | 744 | 1,074 |
| 4 | 싱가포르(비OIC) | 14.9% | 14,298 | 14,397 | 16,815 | 18,560 | 22,957 |
| 5 | 인도네시아 | 88.1% | 71,362 | 71,350 | 83,906 | 109,662 | 131,487 |
| 6 | 캄보디아(비OIC) | 1.6% | 110 | 97 | 115 | 199 | 297 |

자료: 장건(2014)

**표 11-13** 한국을 방문한 권역별 무슬림 관광객 동향

(단위 : 명, %)

| 지역 | 2008 | 2009 | 2010 | 2011 | 2012 |
|---|---|---|---|---|---|
| 동남아시아 | 163,661 | 163,214 | 203,703 | 262,379 | 307,109(67.1) |
| 중앙아시아 | 30,363 | 23,351 | 31,541 | 39,662 | 52,954(11.6) |
| 남아시아 | 28,135 | 26,665 | 31,274 | 33,747 | 33,195(7.2) |
| 비 아랍 중동 | 20,428 | 20,165 | 24,453 | 26,559 | 25,568(5.6) |
| 아랍국가 | 19,657 | 21,198 | 25,788 | 30,843 | 36,345(7.9) |
| 기타 OIC 국가 | 2,370 | 2,297 | 2,284 | 2,716 | 2,824(0.6) |
| 총계 | 264,614 | 256,890 | 319,043 | 395,906 | 457,995(100.0) |

자료: 장건(2014)

 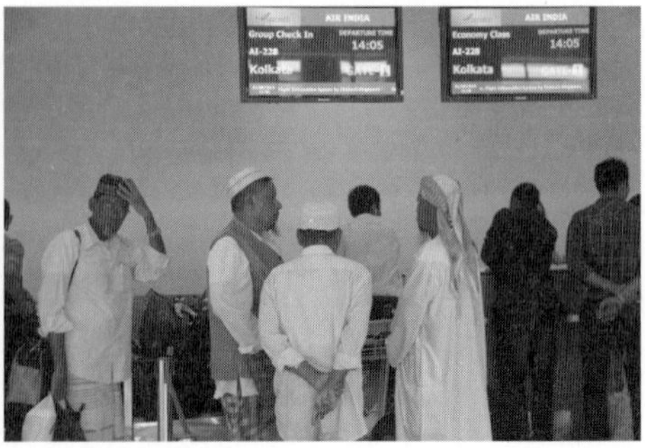

## 4. 할랄 물류

이슬람율법으로 금하고 있는 돼지고기, 알코올 등과 할랄제품이 물류과정에서 접촉된 경우 하람으로 된다. 따라서 할랄제품은 운송, 보관, 판매과정 등에서 하람제품과 접촉되지 않게 특별히 관리해야 한다.

이처럼 할랄제품은 비할랄제품과 섞이거나 동일한 장소에서 운송, 보관, 생산되어서는 안된다. 최근 할랄제품의 증대로 할랄제품만 특화하여 관리하는 물류산업이 발전되고 있다. 네덜란드는 할랄물류를 집중적으로 지원하기 위해 로테르담 항구에 할랄제품 전용게이트를 설치하였다(동아일보, 2013.6.3). 말레이시아는 크랑에 할랄항구를 개장하였고, 프랑스도 말레이시아와 협력하여 마르세유 항구에 할랄유통센터를 개발하고 있다(엄익란, 2014).

## 5. 다국적기업의 할랄산업

다국적 기업들은 급성장하고 있는 세계 할랄시장에서 주도권을 차지하기 위해 이슬람국가뿐만 아니라 유럽내 무슬림 소비자까지 고려하여 광범위하게 할랄인증을 받고 있다. 유럽에서 할랄제품은 에스닉 푸드(ethnic food)로 각광받고 있고 할랄시장은 매년 12%씩 성장하고 있다(이동훈, 2010).

### 1) 맥도날드와 KFC, 메카콜라의 할랄산업

맥도날드는 말레이시아에서 판매하는 모든 매장을 할랄기준에 맞게 운영하고 있다. KFC는 유럽 무슬림들의 편의를 위해 영국에 할랄버거 매장을 100여개 운영하고 있다.

할랄인증을 받은 재료에서 추출한 타우린 성분을 활용한 메카콜라는 전 세계 무슬림들로부터 각광받으면서 출시된지 3년 만에 중동, 동남아 이슬람권과 유럽 무슬림을 중심으로 10억리터가 판매되었다(meca-cola).

## 2) 네슬레의 할랄산업

네슬레는 1980년대부터 할랄시장을 신성장분야로 생각하고, 조직 내에 할랄 전담부서를 설치하여 할랄제품의 기획, 개발, 생산, 마케팅, 유통 등을 체계적으로 운영하고 있다. 네슬레는 1992년부터 지속적으로 할랄제품을 개발하여 전 세계 85개 네슬레 공장과 154개 제품이 할랄인증을 받았다.

**| 그림 11-3 |** 네슬레의 할랄인증제품

네슬레는 AOA Zone(아시아, 오세아니아, 아프리카권) 인구의 30%를 무슬림으로 간주하고 이 지역에 대한 할랄제품 개발에 착수하였다. 특히 네슬레는 말레이시아, 인도네시아, 터키를 무슬림 3대 핵심시장으로 선정하고, 말레이시아를 네슬레 할랄식품의 연구 및 생산 허브로 구축하였다(KOTRA, 2014).

네슬레는 중동과 아시아에 대한 할랄산업 진출뿐만 아니라 유럽의 무슬림 할랄시장을 선점하기 까르푸 등의 유럽내 대형유통업체에 할랄식품 코너를 마련하였다(이동훈, 2010).

### 3) 일본기업들의 할랄산업

일본 식품업체들은 세계적으로 할랄제품에 대한 수요증가를 고려하여 이슬람 율법에 적합한 제조기준을 적용한 제품을 해외에서 생산하고 해외시장에서 할랄인증을 받아 세계 할랄시장에 진출하고 있다.

미쓰이그룹의 계열사인 일본제분은 태국 현지공장에서 할랄식품 인증을 획득한 밀가루 제품을 두바이, 말레이시아, 인도네시아 등의 이슬람권에 수출하고 있다. 인도네시아에 진출한 야쿠르트는 1998년에 할랄식품 인증을 획득하여 판매점을 확대하고 있다. 조미료 생산업체인 아지모토는 8개 이슬람국가에서 할랄식품 인증을 취득하여 전체 해외수출의 30%정도가 할랄제품에서 이루어지고 있다(아시아경제, 2010.12.21).

#### *Check Point* 다국적기업의 할랄산업 실패사례

세계적으로 각광을 받고 있는 보톡스 제품은 이슬람권에서도 인기가 많다. 그런데 할랄인증을 받지 않은 보톡스제품에 돼지관련 성분이 포함되었다는 소식이 전해지면서 할랄제품이 아니라는 인식이 확산되어 수요가 감소하였다.

싱가포르계 제과점 체인인 Breadtalk는 인도네시아에 진출하여 LPPOM-MUI로부터 할랄인증을 받아놓고도 인증마크를 매장에 게시하지 않아 한동안 무슬림들로부터 외면을 받았다(kati, 2013).

## 6. 한국기업의 할랄산업

CJ 제일제당은 말레이시아 이슬람발전부(JAKIM)로부터 할랄인증을 획득하였는데 CJ제일제당은 햇반, 조미김, 김치 등 총 30여개 품목에 관해 할랄인증을 획득했다. 대상 청정원은 인도네시아 할랄 위원회를 통해 MUI 할랄인증을 받았다.

풀무원은 말레이시아 이슬람발전부(JAKIM)로부터 할랄인증을 받았는데 라면은 면과 스프의 제조과정이 다르고, 스프에 들어가는 원재료가 매우 다양해 할랄인증과정을 통과하기가 매우 어렵다. 농심은 신라면이 할랄인증을 받은 후 수출이 54% 증가하였다. 농심은 2011년에 부산공장에 할랄전용 생산라인을 구축하고 할랄 신라면을 출시해 이슬람권 9개국에 수출하고 있다. 크라운제과는 싱가포르의 할랄인증을 받았다. 파리바게뜨는 한국이슬람교중앙회(KMF)로부터 할랄인증을 받았다.

동아원은 국내 제분업체로는 최초로 말레이시아 이슬람발전부(JAKIM)으로부터 할랄인증을 받았다(newspim, 2013.8.5). 오리온은 돼지고기 성분인 젤라틴을 빼고 해조류인 우뭇가사리를 넣은 초코파이로 할랄인증을 받았다 (KOTRA, 2014).

**| 표 11-14 |** 최근의 한국 주요 식품기업의 할랄인증 현황

| 기업명 | 인증기관 | 인증실시 | 인증품목 | 특징 |
|---|---|---|---|---|
| 풀무원 | ■ 말레이시아의 정부 기관인 이슬람개발부 (JAKIM) | 2013.7.31 | ■ 생라면 브랜드 '자연 은 맛있다' 중 '맵지않고 깔끔한 맛', '얼큰하고 깔끔한 맛' 등 2개 제품 | ■ 국내 라면업체 최초로 말레이시아 정부인증(JAKIM)으로부터 할랄인증을 획득 |
| 한성 푸드 | ■ 말레이시아의 정부 기관인 이슬람개발부 (JAKIM) | 2013.7.16 | ■ 유자차, 대추차, 생강차, 알로에차 등 초 4개 품목 | |
| 동아원 | ■ 말레이시아 정부 기관인 이슬람개발부 (JAKIM) | 2013.8.2 | ■ 제분 중 1등급 제품 총 87개 품목 | ■ 국내 제분업계 최초로 말레이시아 정부인증기관(JAKIM)으로부터 할랄인증을 획득<br>■ 단일 플랜트로는 국내 최다 인증 |
| 남양 유업 | ■ 말레이시아의 정부 기관인 이슬람개발부 (JAKIM) | 2011.11.15 | ■ 수출용 멸균초코우유 | ■ 국내 유가공업체 중 최초로 말레이시아 정부인증기관(JAKIM)으로부터 할라 인증을 획득 |

| 기업명 | 인증기관 | 인증실시 | 인증품목 | 특징 |
|---|---|---|---|---|
| | ▪한국이슬람교중앙회(KMF) | 2013.1 | ▪난치성 소아간질 환아용 특수식인 케토니아 | |
| CJ 제일제당 | ▪말레이시아의 정부 기관인 이슬람개발부(JAKIM) | 2013.3.18 | ▪햇반과 조미김, 김치 등 총 30개 품목 | |
| 크라운 제과 | ▪싱가포르 이슬람 종교위원회(Muis) | 2013.5.20 | ▪C콘, 죠리퐁, 못말리는 신깡, 카라멜콘 땅콩 등 크라운제과의 대표적인 스낵제품 | ▪국내 제과업계 최초로 싱가포르 이슬람 종교위원회(Muis) 할랄인증 |
| 파리 바게뜨 | ▪한국이슬람교중앙회(KMF) | 2012.12.31 | ▪빵 | |
| 농심 | ▪한국이슬람교중앙회(KMF) | 2010.4 | ▪신라면 | |
| 네네 치킨 | ▪한국이슬람교중앙회(KMF) | 2013.4.23 | ▪소스 및 파우더류 등 총 11개 품목 | |
| 롯데 제과 | ▪한국이슬람교중앙회(KMF) | 2011.11 | ▪꼬깔콘, 빼빼로 | |
| 오리온 | ▪한국이슬람교중앙회(KMF) | 2011.11 | ▪초코파이 | |
| 대상 | ▪인도네시아 이슬람 종교지도자단체(MUI) | 2011.11 | ▪마요네즈, 김 | |

자료: KOTRA(2014)

# 제12부

# 말레이시아의 이슬람

# 제1장 말레이시아의 이해

## 1. 말레이시아 개요

말레이시아는 1개 연방주, 13개 주와 3개의 연방직할시인 쿠알라룸푸르, 라부안, 푸트라자야로 구성되어 있다. 말레이시아의 총인구는 약 3,000만 명인데 70%가 도시에 거주하고 있다(이선호, 2014).

**표 12-1** 말레이시아 인구 추이

| | 1980년 | 1991년 | 2000년 | 2010년 |
|---|---|---|---|---|
| 인구 (100만명) | 13.7 | 18.4 | 23.3 | 28.3 |
| 연평균 인구 증가율 (%) | - | 2.86 | 2.66 | 1.95 |
| 도시 인구 집중률 (%) | 34.2 | 50.7 | 62.0 | 71.0 |

자료: 말레이시아통계청, 이선호(2014)

## 2. 말레이시아의 지리적 문화적 특징

말레이시아의 국토는 말레이반도 남부와 보르네오 섬 북부 일부로 분할되어 말레이반도에 11개 주가 있고 보르네오 섬 북부에 2개 주로 분리되어 있다. 말레이반도의 11개주를 서 말레이시아라고 하고 보르네오 섬의 2개주를 동말레이시아라고 부른나.

말레이시아는 말레이인이 약 60%를 차지하여 주류종족을 이루고 있지만, 중국인이 약 25%, 인도인 약 7%를 이루고 있는 다민족국가이다. 말레이시아의 국교는 이슬람교이지만 종교의 자유가 보장되어 불교, 힌두교, 기독교 등의 다양한 종교가 공존하는 다종교국가이다,

## 3. 말레이시아의 경제여건

말레이시아는 1인당 국민소득이 1만달러 정도로 동남아에서 싱가포르, 브루나이 다음으로 잘 사는 나라이다. 말레이시아는 국민소득 2만달러를 목표로 경제발전전략을 추진하고 있다. 말레이시아는 정치적으로 안정되어 있고, 자원이 풍부한 가운데 사회인프라도 잘 갖추어져 있어 외국인 투자가 증가되고 있다. 말레이시아는 천연고무, 주석, 야자유, 원목 등의 천연자원이 풍부하여 말레이

시아의 총수출에서 1차 산품의 수출이 약 70%를 점유하고 있다.

**| 표 12-2 |** 말레이시아 국내총생산(GDP)의 산업별 구성(1960~99)

| | 1960 | 1970 | 1980 | 1985 | 1990 | 1995 | 1999 |
|---|---|---|---|---|---|---|---|
| 농 업 | 40 | 31 | 23 | 21 | 20 | 13 | 12 |
| 광 업 | 6 | 6 | 10 | 11 | 10 | 7 | 7 |
| 제조업 | 9 | 13 | 20 | 20 | 26 | 33 | 35 |
| 기 타 | 45 | 50 | 47 | 48 | 44 | 47 | 44 |
| 계 | 100 | 100 | 100 | 100 | 100 | 100 | 100 |

자료: Malaysia, Ministry of finance, Economic Report(2003)

**| 표 12-3 |** 말레이시아 제조업 수출품 구성비율의 변화(1970~99)

| | 1970 | 1980 | 1985 | 1990 | 1995 | 1999 |
|---|---|---|---|---|---|---|
| 식품류 | 18 | 8 | 5 | 4 | 2 | 2 |
| 의 류 | 7 | 13 | 11 | 8 | 5 | 3 |
| 목재가공품 | 14 | 8 | 3 | 3 | 4 | 4 |
| 고무가공품 | 3 | 1 | 1 | 3 | 2 | 2 |
| 석유화학제품 | 32 | 6 | 12 | 7 | 7 | 6 |
| 제 철 | 4 | 3 | 2 | 4 | 3 | 3 |
| 전자제품 | 3 | 46 | 50 | 56 | 66 | 71 |
| 기계 및 운송장비 | 11 | 7 | 8 | 5 | 4* | 2* |
| 기 타 | 8 | 8 | 8 | 10 | 7 | 7 |
| 계 | 100 | 100 | 100 | 100 | 100 | 100 |

자료: Jomo(1993); Malaysia, Finance of Ministry, Economic Report(2000)

**| 표 12-4 |** 말레이시아 수출총액 중 제조업 수출의 비율(1970~99)

| | 1970 | 1980 | 1985 | 1990 | 1995 | 1999 |
|---|---|---|---|---|---|---|
| 수 출 총액 (백만M$) | 5,200 | 28,013 | 37,576 | 79,646 | 179,491 | 318,946* |
| 제조업 총액 (백만M$) | 612 | 6,101 | 12,111 | 47,143 | 147,507 | 272,653 |
| 제조업 비율 (%) | 12 | 22 | 32 | 60 | 82 | 85 |

자료: Jomo(1993); Malaysia, Finance of Ministry, Economic Report(2000), 오명석(2003)

**| 그림 12-1 |** 말레이시아 정부의 주요산업 개발정책 변화

| | 외환위기 이전 산업정책 | 외환위기 이후 산업정책 | 금융위기 이후 산업정책 |
|---|---|---|---|
| 농업 | 제2차 국가농업정책 (1992-1997) : 생산성, 효율성, 경쟁력 제고, 농촌산업화 및 상업화 추진, 농산물수입대체정책, 영서농장간 협력 | 제3차 국가농업정책 (1998-2010) : 농업의 지속가능성 증대, 기타 산업과의 연계 통해 농업기반 서브섹터 형성, 기업들의 참여 장려 | 농업의 고소득 경제모델 창출, 신기술 도입, 대규모 농업 프로젝트 진행, 생산자-소비자 간 유통단계 감축 |
| 제조업 | 제1차 산업종합계획 (1986-1995) : 석유화학, 고무, 팜오일 등 자원기반산업 강조, 지식기반, 첨단기술, 자본집약 및 고부가가치의 산업육성 | 제2차 산업종합계획 (IMP2; 1996-2005) : 전통적 제조업의 진화, 클러스터 기반 산업발전, R&D, 제품디자인, 유통 등 고부가가치 산업활동 강조, 신자동차정책 발표(2006) | 2020년 선진국 도약 위해 고부가가치의 제조업 추구, 석유가스, 팜오일 관련제품 및 전지전자제품 생산, 통신 및 교통 인프라 건설 |
| 서비스업 | 이슬람은행법(1983) 저작권 개정 법률(1987) 서비스업에 대한 중요성 강조 단 제조업중심 산업정책 지속 | 통신멀티미디어법(1998) 금융부문종합계획 (FSMP: 2001-2010) 의료기관 광고행위 허용(2004) 제9차 말레이시아관광개발계획 (2006-2010) | 비정부 서비스 역할 기대, 부동산, 교통, 에너지, 통신, 유통, 호텔 및 관광, 금융 및 건강서비스 유망, 금융부문 개방 |

자료: 김태윤외(2010)

## 4. 말레이시아, 정치 = 말레이인, 경제 = 화교

말레이시아는 말레이계와 중국계의 역할이 구분되어 있다. 정치는 말레이인이 장악하고 있고 경제는 중국인이 장악하고 있다(김성건, 2007).

**| 표 12-5 |** 말레이시아 상장기업 주식 소유의 변화(1970, 1990, 1995)

(단위 : %)

| | 1970 | 1990 | 1995 |
|---|---|---|---|
| 부미뿌뜨라 | 2.4 | 19.3 | 20.6 |
| 비부미뿌뜨라 | 28.3 | 46.8 | 43.4 |
| 화인 | (27.2) | (45.5) | (40.9) |
| 인도인 | (1.1) | (1.0) | (1.5) |
| 기타 | (—) | (0.3) | (1.0) |
| Nominee Companies | 6.0 | 8.5 | 8.3 |
| 외국인 | 63.4 | 25.4 | 27.7 |

자료: Gomez & Jomo(1999), 오명섭(2003)

**| 표 12-6 |** 말레이시아의 총선 결과(1959~99)

| 선거연도 | 여 당* | | | 야 당 | | | 총 의석수 |
|---|---|---|---|---|---|---|---|
| | 의석수 | 의석비율 | 득표율 | 의석수 | 의석비율 | 득표율 | |
| 1959 | 74 | 71.2 | 51.7 | 30 | 28.9 | 48.3 | 164 |
| 1964 | 89 | 85.6 | 58.5 | 15 | 14.4 | 41.5 | 104 |
| 1969 | 95 | 66.0 | 49.3 | 49 | 34.0 | 50.7 | 144 |
| 1974 | 135 | 87.7 | 60.7 | 19 | 12.3 | 39.3 | 154 |
| 1978 | 130 | 84.4 | 57.2 | 24 | 15.6 | 42.8 | 154 |
| 1982 | 132 | 85.7 | 60.5 | 22 | 14.3 | 39.5 | 154 |
| 1986 | 148 | 83.6 | 55.8 | 29 | 16.4 | 41.5 | 177 |
| 1990 | 127 | 70.6 | 53.4 | 53 | 19.5 | 46.6 | 180 |
| 1995 | 162 | 84.4 | 65.2 | 30 | 15.6 | 34.8 | 192 |
| 1999 | 148 | 76.7 | 56.5 | 45 | 23.3 | 43.5 | 193 |

자료: Funston(2000), 오명석(2003)

## 5. 말레이시아는 종교의 자유가 있는가

말레이시아의 국교는 이슬람교이지만 말레이시아 총인구의 약 60%만 이슬람을 믿는 무슬림이고, 말레이시아는 불교도 약 20%, 기독교도 약 9%, 힌두교도 약 6% 등 다양한 종교가 공존하고 있다(이선호, 2014).

그러나 말레이시아 헌법에 말레이인은 이슬람 종교를 표방하고, 말레이어를 사용하며 말레이 관습을 준수하는 자라고 명시하고 있다(김종윤, 1994). 따라서 말레이시아에서 종교의 자유는 있지만, 말레이인은 무슬림이다.

### *Check Point* coastal Malays

해안(海岸)의 말레이인들(coastal Malays)은 말레이반도와 인도네시아 군도에 흩어져 거주하였던 토착 말레이인들로 싱가포르, 인도네시아, 말레이시아, 브루나이에 거주하고 있어 4개국의 연결고리 역할을 하고 있다.

### *Check Point* bahasa Melayu

믈라유어(bahasa Melayu)는 싱가포르, 인도네시아, 말레이시아, 브루나이의 4개국에 거주하고 있는 토착 말레이인들인 해안(海岸)의 말레이인들(coastal

Malays)이 사용하는 공통어로 4개국의 지속적인 교류에 큰 역할을 하였다(김성건, 2007).

**Check Point** 말라야 연방에서 말레이시아 연방으로

말레이 반도는 1957년 말레이인 중심의 9개 술탄 왕국과 영국이 직접 통치했던 페낭(Penang)과 말라카(Malaka)를 포함하여 말라야연방(the Federation of Malaya)이 출범하였다. 말라야얀방은 영국식 입헌민주제도를 도입하였다. 그러나 국왕은 9개의 독립적인 술탄 중에서 5년 임기제의 국왕을 선임하는 방식을 채택하였다.

말라야연방은 1963년에 기존의 말라야 연방에 사바·사라와크·싱가포르를 포함하여 말레이시아연방으로 확대되었다가 1965년 싱가포르가 말레이시아연방으로부터 축출되었다.

**Check Point** 말레이시아와 인도네시아 지역의 분할

현재 말레이시아와 인도네시아의 국토경계는 제국주의 시대에 말라카(Malaka)해협을 경계로 말레이(Malay)반도를 장악하였던 영국과 수마트라(Sumatra)지역을 장악하였던 네덜란드가 임의적으로 만든 것이다. 이러한 서구 열강들의 동남아 지역에서의 임의적인 국경채정은 동남아 국가들이 서구열강들로부터 독립한 이후에도 주변국간의 국경분쟁과 한 국가 내에서 종족 간에, 종교 간에 심각한 분쟁을 가져오는 결과를 초래하였다.

# 제2장 말레이시아의 이슬람화

## 1. 말레이시아와 이슬람

11세기경에 말라카왕국(1405-1511)에 이슬람이 유입된 이래 지속적으로 말레이시아는 동남아시아 이슬람의 중추적인 역할을 수행하고 있다. 말레이시아는 현재 이슬람 회의기구의 의장국이다.

## 2. 말라카의 이슬람화

수마트라에 등장했던 스리 위자야(Sri Wijaya)왕국은 불교왕국이었고, 수마트라지역은 불교뿐만 아니라 힌두교도 정착되었던 지역이었지만 점진적으로 이슬람화되었다. 말라카 왕국의 법률(Undang-undang Malaka)에는 상당부분 샤리아의 조항이 포함되어 있었다. 또한 말라카 왕국의 통치방식은 꾸란의 가르침과 반드시 일치해야 했다.

## 3. 이슬람은 말레이와 비말레이를 구분하는 기준

말레이인에게 이슬람은 신앙일뿐만 아니라 자기 정체성(Self-Identity)의 토대가 되고 있다. 이슬람은 말레이시아에서 말레이(Malay)와 비말레이(Non-Malay)를 구분하는 기준으로 작용하고 있다(Hussin Mutalib, 1993).

## 4. 영국의 식민통치와 이슬람

말레이 반도를 식민통치한 영국은 말레이 토착세력과 직접적인 이해관계가 적은 페낭(Penang), 웰리스(Welleseley), 싱가포르(Singapore) 등의 지역을 네트워크로 연결하여 해협주(海峽州)(the Strait Settlements)를 구축하고, 해협주는 영국이 직접 통치하였다. 영국이 직접통치하는 해협식민지에서도 영국의 법률적 인식과 부합하는 이슬람법 샤리아는 존중되었다.

이에 비해 말라카 왕국 이후 말레이반도에서 유지되어온 9개 이슬람 술탄왕국은 술탄이 직접 통치할 수 있는 주권을 부여하였다. 그러나 이들 9개 술탄도 완전한 주권이 보장되는 것은 아니고 영국에서 파견된 고등판무관(High Commissioner)들의 간섭을 받았다.

### *Check Point* madrasah와 pondok

말레이시아의 마드라사(madrasah)와 뽄독(pondok)은 한국에서 과거에 마을에 있었던 서당(書堂)과 같은 기능을 하였다. 마드라사와 뽄독은 마을의 교육뿐만 아니라, 이슬람의 종교적인 역할도 하였다.

### *Check Point* 제국주의 시대 영국의 이슬람교육에 대한 견해

영국 식민통치하의 말레이시아에서는 전통적인 이슬람 교육이 영국식민당국의 비호아래 발전되었다.

**Check Point** ulama

말레이시아에서 울라마(ulama)는 이슬람 종교지도자로 말레이시아 농촌지역에서 말레이인을 대상으로 종교교육을 담당하였다(양승윤, 2007).

## 5. 말레이시아 무슬림의 인종구성

말레이시아는 동남아의 대표적인 이슬람국가인데 말레이시아 무슬림의 인종구성은 말레이계 무슬림들뿐만 아니라 아랍, 인도, 파키스탄계 무슬림과 중국계 무슬림도 상당수 존재하고 있다.

## 6. 말레이시아에서 이슬람은 누가 관장하는가

말레이시아는 9개주의 술탄이 국가기관인 종교청(Jabatan Hal Ihwal Ugama)의 지원을 받아 각주의 이슬람과 관련된 일을 관장한다(김성건, 2007).

**Check Point** Hari Raya

말레이시아에서는 한 달 동안의 라마단 금식이 끝나는 날 온 가족이 집에 모여 음식을 먹으며 축제를 벌인다. 이러한 축제를 하리라야(Hari Raya)라고 하는데 하리라야는 말레이인에게 가장 큰 명절이다(김종윤, 1994. 67). 하리라야 기간에는 가족뿐만 아니라 친구도 초대하고 평상시 잘 알고 지내지 않았던 사람들의 방문도 환영한다(Heidi Munan, 2005).

**Check Point** 슬라마탄

자바인과 말레이인은 친척과 동네사람들을 집에 초대하여 함께 식사를 나누며 이슬람 의례를 행하는 슬라마탄(selamatan)을 자주 행한다(오명석, 2007).

# 제3장 말레이시아의 이슬람 금융

## 1. 말레이시아는 이슬람 금융의 허브

1960년대부터 말레이시아 정부 주도로 이슬람 금융을 육성하여 온 말레이시아는 이슬람의 메카이고 이슬람 금융이 시작된 중동지역보다 이슬람 금융기법과 거래가 더 활성화되어 있다. 말레이시아는 2000년대 중반 이후 수쿡시장의 비약적인 성장으로 전 세계 이슬람 자본시장의 메카로 부상하고 있다.

전 세계적으로 이슬금융 서비스를 제공하고 있는 국가들은 약 70여 개국에 달하고 있지만, 2000년 이후에는 특히 말레이시아를 중심으로 이슬람 자본시장이 세계적으로 확대되고 있다.

**| 그림 12-2 |** 말레이시아 금융산업 구조

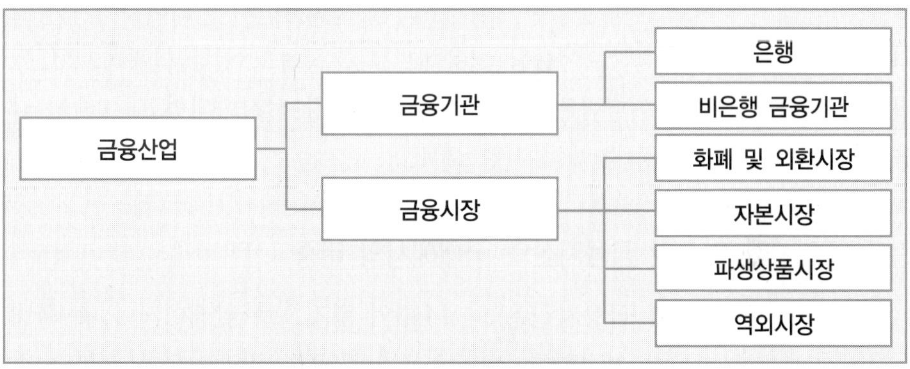


지료: Securities Commission Malaysia, 정계룡외(2010)

**| 표 12-7 |** 말레이시아의 이슬람은행 및 관련 금융기관 현황

(단위 : 개)

| | 2006 | 2007 | 2008 |
|---|---|---|---|
| 이슬람은행 | 10 | 11 | 13 |
| 상업은행 | 7 | 7 | 6 |
| 투자은행 | 4 | 6 | 7 |
| 디스카운트하우스 | 2 | - | - |
| 국제이슬람은행 | - | 1 | 1 |
| 합 계 | 23 | 25 | 27 |

자료: KOTRA(2010), 심의섭(2010)

**Check Point** 말레이시아 이슬람 금융과 중동 이슬람 금융의 차이점

일반적으로 중동 국가들은 금융비즈니스 거래에서 샤리아를 엄격하게 적용하려는 경향을 보였으나 말레이시아는 샤리아를 유연하게 해석하여 다양한 이슬람 금융상품을 개발하였다.

## 2. 말레이시아 이슬람 금융의 장점

말레이시아에서 이슬람 금융이 성공할 수 있었던 이유는 중앙은행이 제도적 토대를 마련해 주었고, 영연방 국가로서 세계 최고의 국제금융시장인 영국, 싱가포르와 연결되어 있어 국제금융시장으로 발돋움할 네트워크가 구축되어 있었기 때문이다.

또한 말레이시아 무슬림들의 개방적 성향과 말레이시아 정부의 강력한 세계적인 이슬람 금융허브 구축전략이 시너지효과를 발휘하면서 말레이시아가 종교와 자본의 가교역할을 하는 이슬람 금융허브로 부상하고 있다(박광석, 2013). 말레이시아는 전 세계 이슬람권에서 금융산업이 가장 선진화되었고, 이슬람 금융상품의 이용도도 가장 높다(정지영, 2013).

## 3. 말레이시아 이슬람 금융자산의 국내에서의 비중

말레이시아의 이슬람 금융자산은 약 1430억 링깃으로 말레이시아 총 국내금융자산의 10%정도를 차지하고 있다(전우현, 2008). 말레이시아 정부는 말레이시아 총 금융자산에서 이슬람 금융의 비중을 20% 이상으로 상향시킬 계획이다.

말레이시아 전체 금융산업에서 이슬람 금융이 차지하는 비중은 2009년 말 기준으로 은행업은 자산 기준으로 16%, 보험업은 순자산 기준으로 8%, 자산운용업은 설정펀드수 기준으로 21%, 채권시장은 잔액기준으로 57%, 주식시장은 상장주식수 기준으로 88% 등을 차지하고 있다(정영종, 2010). 이처럼 말레이시아 자본시장에서는 이슬람 금융이 전통적 금융보다 더 활성화되어 있다.

**| 표 12-8 |** 말레이시아 경제활동 자산

| | | 자 산 (10억 RM) | | | | |
|---|---|---|---|---|---|---|
| | | 2008년 | 2009년 | 2010년 | 2011년 | 2012년 |
| 중앙은행 | 금액 | 344.5 | 363.0 | 390.2 | 473.0 | 476.3 |
| | 비중(%) | 20.5 | 20.3 | 20.1 | 21.0 | 20.0 |
| 상업은행 | 금액 | 1093.4 | 1139.7 | 1227.6 | 1387 | 1474.2 |
| | 비중(%) | 65.0 | 63.7 | 63.3 | 61.5 | 61.8 |
| 투자은행 | 금액 | 58.7 | 61.5 | 63.4 | 68.0 | 62.3 |
| | 비중(%) | 3.5 | 3.4 | 3.3 | 3.0 | 2.6 |
| 이슬람은행 | 금액 | 185.9 | 224.9 | 258.7 | 326.8 | 373.3 |
| | 비중(%) | 11.0 | 12.6 | 13.3 | 14.5 | 15.6 |
| 합 계 | 금액 | 1682.5 | 1789.2 | 1940.0 | 2254.8 | 2386.2 |
| | 비중(%) | 100 | 100 | 100 | 100 | 100 |

자료: 말레이시아 중앙은행, 이선호(2014)

## *Check Point* 이슬람 금융센터를 통한 이슬람 금융허브전략

말레이시아는 2006년에 이슬람은행, 보험 등을 포괄하여 운영하는 이슬람 금융센터(Malaysia International Islamic Financial Center, MIFC)를 구축하여 세계적인 이슬람 금융허브로 도약하고 있다.

**| 표 12-9 |** 말레이시아 이슬람 금융 허브전략

| |
|---|
| 이슬람 금융회사와 상품에 대한 세금우대 |
| 이슬람 금융회사 10년간 소득세 완전 면제<br>이슬람 금융상품 인지세 폐지 |
| 상대적으로 완화된 규제 적용 |
| 토종 이슬람 금융회사 외국인 지분참여 49%까지 허용 외국계 이슬람 금융회사 지분 제한 없이 매매 가능 |
| 이슬람 금융 전문인력 육성 지원 |
| 이슬람 금융국제교육센터(INCEIF)설립<br>외국인 이슬람 금융 전문가 이민 우대 정책 |

자료: 매일경제(2007.7.12), 심의섭(2010)

**| 표 12-10 |** 말레이시아 금융제도 개혁 추진과정

| 1960년대 | 1970년대 | 1980년대 | 1990년대 | 2000년대 |
|---|---|---|---|---|
| 화폐관리 및 저축증대를 위한 은행제도 정비 | 금리자유화 및 자본시장에 대한 정책개시 | 은행경영 및 증권업의 근대화, 증권시장 정비 및 주식시장 효율화 | 국내외 자본시장 분리와 국내시장 기반정비 | 외국계 합작법인 자유화 추진 |

자료: KOTRA(2014)

## 4. 말레이시아 이슬람 금융의 세계 순위

말레이시아의 이슬람 금융산업은 총자산규모가 2005년에 1,118억 링깃에서 2009년에는 2,337억 링깃으로 두배 이상 급증하였다. 이러한 말레이시아의 비약적인 이슬람 금융산업 발전으로 인해 말레이시아는 전세계 수쿡시장, 이슬람 주식시장, 이슬람 펀드관리에서 세계 1위를 차지하고 있고 타카풀에서는 2위, 이슬람은행에서는 3위를 차지했다(PWC, Gateway to Asia, 2010).

**| 표 12-11 |** 말레이시아 이슬람 금융에 대한 단계별 발전과정

<table>
<tr><th>단계</th><th>제1단계<br>(1883-1992)</th><th>제2단계<br>(1993-2000)</th><th colspan="2">제3단계<br>(2001-2010)</th></tr>
<tr><td>목표</td><td>이슬람 금융 도입</td><td>금융제도 확립과<br>시장 활성화</td><td colspan="2">전략적 위상 정립과<br>국제적 통합</td></tr>
<tr><td rowspan="2">내용</td><td rowspan="2">◈ 이슬람은행, 타카풀과 샤리아에 부합하는 정부기금조성을 위한 법령 제정<br>◈ 첫 이슬람 금융전담은행과 첫 타카풀 회사 설립</td><td rowspan="2">◈ 이슬람 금융 창구영업 허가를 위한 법 개정<br>◈ 이슬람 금융 상품과 서비스 확장을 위한 샤리아국가 자문위원회 설립<br>◈ 이슬람은행 간 화폐시장 개설</td><td rowspan="2">◈ 종합목표 : 효율적, 혁신적 그리고 포괄적 이슬람 금융 창출<br>◈ 4가지 전략적 접근<br>- 규제 기본골격 개발<br>- 법령 및 샤리아 강화<br>- 상품 및 시장 개발<br>- 지식 및 전문성 제고</td><td>◈ FSMP 발표<br>◈ IFSB 설립<br>◈ 국내 이슬람금융부문 자유화<br>- 외국계 참여허용<br>- 이슬람은행 자회사 설립 허용<br>◈ 국제 이슬람금융부문과의 통합</td></tr>
<tr><td>MIFS 설립</td></tr>
</table>

자료: BNM(2009), FSMP(2001)

**표 12-12** 말레이시아 이슬람은행 상품의 종류와 개념

| 상 품 명 | 상품의 개념 |
|---|---|
| • Wadiah YAD Dhamanah | 보장성 저축 |
| • Mudharabah | 손익 공유 |
| • Musyarakah | 공동출자 |
| • Murabahah | 원가 가산 |
| • Bai' Bithaman Ajil | 연불 판매 |
| • Bai' al-Dayn | 채무 교환 |
| • Bai' al-Inah | 판매 후 재구매 |
| • Ijarah Thumma al-Bai' | 리스 후 구입 |
| • Ijarah | 리스 |
| • Qard | 무이자대출(선의의 대출) |
| • Bai' Salam | 선물거래 |
| • Bai' Istijrar | 공급계약 |
| • kafalah | 제3자 계약 보증 |
| • Rahnu | 보증 차입 |
| • Wakalah | 대리행위 |
| • Hiwalah | 송금 |
| • Sarf | 외환거래 |
| • Ujr | 서비스 수수료 |
| • Hibah | 감사의 선물 |

자료: MIFC, 강대창외(2011)

## 5. 말레이시아 이슬람 금융 발전과정

말레이시아는 1960년대부터 성지순례를 계획하고 있는 무슬림을 대상으로 하는 저축예금 유치를 시작하면서 이슬람 금융의 토대를 마련하였다. 말레이시아의 이슬람 금융은 50년 전에 설립된 순례자 자금위원회(*The National Pilgrims Fund Board*)에서 시작되었다. 순례자 자금위원회는 말레이시아 무슬림들이 사우디아라비아 메카로 성지순례를 할 때 소요되는 저축을 예금하기 위해 설립되었다. 순례자 자금위원회는 설립 이후 무슬림들의 저축을 증대시키는데 큰 기여를 하였고 샤리아에 적법한 사업에 투자할 수 있는 권한을 위임받아 말레이시아에서 최대 기관투자자 중 하나로 성장했다.

말레이시아 중앙은행은 전통적인 은행영업방식과 상이한 이슬람 방식인 무이자 은행 계획(*IBS: Interest-free Banking Scheme*)을 실행하였고, 1994년 이슬람 은행간 시장도 도입하였다. 금융거래에서 샤리아 적격성 여부를 평가해주는 샤리아 자문위원회도 1996년에 중앙은행에 설치하였고, 1997년에는 증권위원회에도 설치하였다(이선호, 2014).

## Check Point 성지순례 비용

메카를 순례하는 외국인은 순례기간 동안 평균 2만 1,622리얄(한화 620만원)을 사용한다. 그런데 순례자의 60%의 월소득이 1,000리얄(한화 30만)에서 4,900리얄(한화 140만원)사이이였다(zawya, 2012.10.29: 엄익란, 2014). 따라서 많은 무슬림들은 성지순례를 위해 오래기간 저축을 한다.

**| 표 12-13 |** 외환위기 이후 말레이시아 경제 주요 지표(1996~2002) (단위: 백만 링깃)

| | 1996 | 1997 | 1998 | 1999 | 2000 | 2001 | 2002 |
|---|---|---|---|---|---|---|---|
| 국내총생산(종액)* | 183,671 | 196,714 | 182,237 | 193,422 | 209,959 | 210,640 | 219,309 |
| 국내총생산(성장률) | 8.2 | 7.3 | -7.4 | 6.1 | 8.5 | 0.3 | 4.1 |
| 수출 | 197,026 | 220.890 | 286,563 | 321,560 | 373,270 | 334,284 | 354,475 |
| 수입 | 197,280 | 220.936 | 228,124 | 248,497 | 311,459 | 280,229 | 303,508 |
| 경상수지 | -8,283 | 12,521 | 46,977 | 75,348 | 68,474 | 61,488 | 62,948 |
| 환율** | 2.53 | 3.89 | 3.8 | 3,8 | 3,8 | 3,8 | 3,8 |
| 외채 | 97,851 | 170,757 | 169,956 | 162,133 | 161,091 | 174,358 | 186.601 |
| KLSE 종합지수 | 1,238 | 594 | 586 | 812 | 680 | 696 | 646 |
| portfolio 투자 | 136,008 | 184,516 | 58,280 | 42,802 | 63,196 | 39,687 | 59,133 |

자료: Bank Negara Malaysia, Monthly Statistical Bulletin, 오명석(2003)

**| 표 12-14 |** 말레이시아 외환위기 이후 주요 금융산업 감독체계 정비 계획

| | 주요 내용 |
|---|---|
| 자본시장 종합계획 (CMP: Capital Market Master Plan) | 경제성장을 지원하고 지역 경쟁과 세계화에 대응할 수 있도록 자본시장을 개발하는 방향을 제시하는 포괄적인 계획으로서, ① 말레이시아 기업이 선호하는 자금조달센터로서의 역할 지향, ② 투자자에게 효과적인 투자관리 산업과 보다 유리한 환경 조성, ③ 시장기구의 경쟁력과 효율성 강화, ④ 강력하고 경쟁력 있는 중개서비스 환경 개발, ⑤ 보다 강력하고 촉진적인 규제제도 수립, ⑥ 말레이시아를 국제 이슬람 자본시장 중심지로 확립이라는 여섯 가지 주요 목표를 제시하고 있음. |
| 금융부문 종합계획 (FSMP: Financial Sector Master Plan) | 2001~10년 동안 경제성장을 적극 지원·촉진할 수 있도록 경쟁력있는 효율적·역동적 금융시스템을 구축하고, 국내 금융기관의 내실을 다지는 것을 목표로 하고 있음. 주요 내용은 시장 기반 및 수요 중심의 금융 확대, 외국자본 유입 및 외국 및 외국 금융기관 유치를 통한 경쟁력 제고, 금융시장을 통한 금융거래 확대, 이슬람 금융상품 등 금융 혁신을 통한 새로운 상품 및 채널 확대, 탈규제화, 자유화 등임. |

자료: 정계룡외(2010)

**표 12-15** 말레이시아 이슬람 금융에 대한 단계별 발전과정

<table>
<tr><th>단계</th><th>제1단계<br>(1883~1992)</th><th>제2단계<br>(1993~2000)</th><th colspan="2">제3단계<br>(2001~10)</th></tr>
<tr><td>목표</td><td>이슬람 금융<br>도입 단계</td><td>금융제도 확립과<br>시장 활성화 단계</td><td colspan="2">전략적 위상 정립과<br>국제적 통합 단계</td></tr>
<tr><td rowspan="2">내용</td><td rowspan="2">- 이슬람은행, 타카풀 그리고 샤리아에 부합하는 정부기금 조성을 위한 법령 제정<br><br>- 첫 이슬람 금융 전담 은행과 첫 타카풀회사 설립</td><td rowspan="2">- 이슬람 금융창구 영업 허가를 위한 법 개정<br><br>- 이슬람 금융상품과 서비스 확장을 위한 샤리아국가자문위원회 설립<br><br>- 이슬람은행간 화폐 시장 개설</td><td rowspan="2">- 종합목표: 효율적, 혁신적, 그리고 포괄적 이슬람 금융 창출<br><br>- 4가지 전략적 접근<br>• 규제 기본골격 개발<br>• 법령 및 샤리아 강화<br>• 상품 및 시장 개발<br>• 지식 및 전문성 제고</td><td>- FMSP 발표<br>- IFSB 설립<br>- 국내 이슬람 금융 부문 자유화<br>• 외국계 참여 허용<br>• 이슬람은행 자회사 설립 허용<br><br>- 국제 이슬람 금융 부문과의 통합</td></tr>
<tr><td>MIFS 설립</td></tr>
</table>

자료: BNM(2009), 강대창외(2011)

**표 12-16** 말레이시아 이슬람 금융 발전과정

<table>
<tr><th colspan="2">연 도</th><th>내 용</th></tr>
<tr><td rowspan="3">1기</td><td>1981년</td><td>국가조정위원회 설립</td></tr>
<tr><td>1983년</td><td>이슬람은행법(IBA) 제정<br>이슬람말레이시아은행(BIMB) 설립</td></tr>
<tr><td>1989년</td><td>은행 및 금융기관법(BAFIA) 제정</td></tr>
<tr><td rowspan="5">2기</td><td>1993년</td><td>무이자 은행 시스템도입<br>일반 은행의 이슬람은행사업 진출</td></tr>
<tr><td>1994년</td><td>이슬람은행의 은행 간 시장 창설</td></tr>
<tr><td>1996년</td><td>증권위원회 내 샤리아 자문위원회 설립</td></tr>
<tr><td>1997년</td><td>말레이시아 중앙은행 내 샤리아 자문위원회설립</td></tr>
<tr><td>1999년</td><td>복수은행의 이슬람은행 부문을 합병(무아말랏은행 설립)<br>중앙은행의 금융부문 마스터플랜 발표</td></tr>
</table>

| 연 도 | | 내 용 |
|---|---|---|
| 3기 | 2001년 | 재무성과 증권위원회가 자본시장 마스터플랜 발표 |
| | 2002년 | 외국자본 이슬람은행 3개 영업면허 공포에 대한 중앙은행 발표 |
| | 2004년 | 쿠웨이트, 사우디아라비아, 카타르 이슬람은행 영업면허 획득 |
| | 2005년 | 외국은행의 국내은행 이슬람 금융자회사로의 출자비율 상한 49퍼센트로 확대 |
| | 2006년 | 말레이시아 중앙은행 국제이슬람 금융센터(MIFC)구상 발표<br>이슬람은행 및 이슬람 보험업자에 대한 외화 거래 승인<br>국내외 기업에 국내시장에서 외환 단위의 채권발행 인가 |

자료: 미아자키 데츠야(2008), 이선호(2014).

## 6. 말레이시아의 이슬람은행

말레이시아 이슬람은행은 1983년 IBA*(IBA : Islamic Banking Act 1983)*가 제정되고 최초의 이슬람은행인 이슬람 말레이시아은행 BIMB(Bank Islam Malaysia Bhd)이 설립되면서부터 시작되었다.

말레이시아의 이슬람은행법*(IBA : Islamic Banking Act 1983)*에서는 이슬람은행의 영업이 이슬람에 위반되어서는 안되고 이슬람은행은 은행영업과 관련된 부분은 샤리아위원회의 자문을 받아야 한다.

말레이시아 정부는 순례자 자금위원회에서 제한적으로 하고 있던 샤리아에 부합하는 투자와 이슬람 금융서비스의 확대를 위한 정책 수립을 위해 1981년에 국가조정위원회*(National Steering Commitee)*를 설립하고 이슬람은행 설립에 관한 종교적, 법적사안을 종합적으로 검토하였다. 이를 토대로 1983년에 말레이시아 최초의 이슬람은행인 이슬람 말레이시아은행*(BIMB : Bank Islam Malaysia Berhad)*이 설립되었다.

말레이시아에는 2012년 기준으로 16개의 이슬람은행이 있다. 16개 이슬람은행 중에서 10개 은행은 말레이시아 국내자본 은행이고 나머지 6개 이슬람은행은 해외자본 은행이다. 이슬람은행이 말레이시아 은행에서 차지하는 비중은 2012년 기준으로 약 15% 정도이다(이선호, 2014).

**| 표 12-17 |** 말레이시아의 이슬람 전담 은행 및 이슬람 창구 은행 현황

| 유형별 | 2005 | 2006 | 2007 | 2008 | 2009~10 | 2011 |
|---|---|---|---|---|---|---|
| 이슬람은행 | 6 | 10 | 11 | 13 | 17 | 17 |
| 상업은행 | 11 | 7 | 7 | 6 | 3 | 2 |
| 투자은행 | 4 | 4 | 6 | 7 | 7 | 7 |
| 개발금융기관 | 8 | | - | - | 6 | 6 |
| 국제이슬람은행 | - | - | 1 | 1 | 4 | 5 |
| 합 계 | 29 | 23 | 25 | 27 | 37 | 37 |

자료: 말레이시아 국제 이슬람금융센터(MIFC), 강대창외(2011)

**| 표 12-18 |** 말레이시아 5대 이슬람은행 현황

(단위 : 백만 달러)

| 구분 | 은행명 | 세계순위 | 총자산 |
|---|---|---|---|
| 1 | Bank Rakyat | 14 | 13,081 |
| 2 | Maybank Islamic Berhad | 18 | 10,667 |
| 3 | Bank Islam Malaysia Berhad | 23 | 7,460 |
| 4 | CIMB Islamic Bank Berhad | 31 | 5,848 |
| 5 | Public Bank Islamic Berhad | 35 | 5,207 |

자료: The Banker(2009), 정계룡외(2010)

## 7. 말레이시아 이슬람은행의 국제화

말레이시아는 2001년에 말레이시아를 이슬람 금융의 허브로 육성한다는 자본시장 마스터플랜을 마련하고, 2006년에는 말레이시아에 국제이슬람 금융센터를 설립하여 이슬람은행과 이슬람 보험업자의 외화거래를 승인하였다. 이러한 말레이시아의 이슬람 금융에 대한 선도적인 정책과 실행 등이 국제적으로도 인정되어 말레이시아는 이슬람 국제 감독기관인 이슬람 금융서비스위원회*(IFSB : Islamic Financial Services Board)*의 의장국이 되었다(이선호, 2014).

### *Check Point* 이슬람 금융에 대한 외국인 투자 인센티브

말레이시아 정부는 이슬람 금융산업에 대한 외국인 투자유치를 위해 이슬람 금융과 타카풀에 대한 샤리아를 준수하는 외국 금융기관에 대해서는 이슬람

은행사업, 보험사업, 외국환 업무를 허가하고 2007년부터 10년간 세금을 면해주고 있다. 또한 샤리아를 준수하는 펀드를 운영할 때에도 2007년부터 10년간 운용 수수료에 대한 소득세를 면해주고 있다.

2003년에는 외자계 금융기관에게도 말레이시아에서 이슬람은행의 면허를 부여하였다. 이러한 말레이시아 정부의 외국인 투자자에 대한 다양한 인센티브 정책으로 중동의 외국인은행 등이 이슬람은행 면허를 말레이시아에서 취득하였는데 세계 최대의 이슬람은행인 쿠웨이트의 Kuwait Finance House는 2004년 말레이시아에서 외국은행으로서는 첫번째로 이슬람은행을 설립하였다.

2004년에는 쿠웨이트 파이낸스 하우스(Kuwait Finance House, KFH), 알 라즈히 뱅킹 인베스먼트 하우스(AI-Rajhi Banking & Investment House), 카타르 이슬라믹 뱅크(Qatar Islamic Bank) 등 3사가 70% 출자하는 컨소시엄 형태로 말레이시아에서 이슬람은행 면허를 취득하였다.

2005년에는 외국은행의 말레이시아에서 이슬람은행에 대한 자본참여를 확대하기 위해 말레이시아에서 외국은행이 이슬람은행에 출자하는 비율의 상한을 기존의 30%에서 49%로 상향하였고, 이러한 정책변화로 두바이 투자 그룹(Dubai Investment Group)이 말레이시아에서 뱅크 이슬람(BIMB)에 40%를 출자할 수 있었다(장건, 2011).

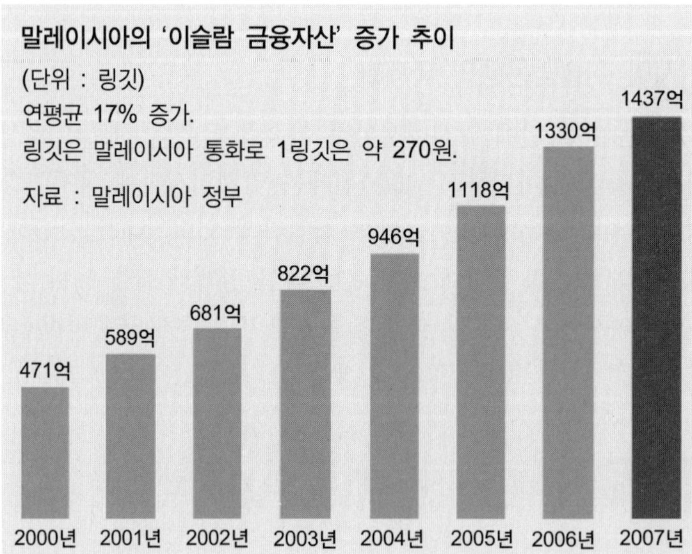


자료 : KOTRA(2014)

**| 표 12-19 |** 말레이시아에 진출한 외국계 은행

| 은 행 | 국 가 | 지점수 |
|---|---|---|
| Bankok bank(M) Berhad | 태 국 | 1 |
| Bank of America(M) Berhad | 미 국 | 1 |
| Citibank(M) Berhad | 미 국 | 7 |
| JP Morgan Chase & Co, Bank(M) Berhad | 미 국 | 1 |
| Bank of China(M) Berhad | 중 국 | 1 |
| Bank of Tokyo-Mitsubishi UFJ(M) Berhad | 일 본 | 1 |
| Deutsche Bank(M) Berhad | 독 일 | 2 |
| HSBC Bank Malaysia Berhad | 홍 콩 | 14 |
| United Oversears Bank(M) Berhad | 싱가포르 | 41 |
| Oversea-Chinese Banking Corporation(M) Berhad | 싱가포르 | 30 |
| Standard Chartered Bank(M) Berhad | 영 국 | 37 |
| The Bank of Nove Scotia(M) Berhad | 캐 나 다 | 6 |
| The Royal Bank of Scotland(M) Berhad | 스코틀랜드 | 4 |

자료: BMI, Malaysia Commercial Banking Rport. 김기태외(2009)

## *Check Point* 말레이시아가 이슬람 금융을 도입한 이유

말레이시아 정부는 1980년대 초에 말레이계 국민들의 이슬람 종교의식을 함양하고 말레이계 국민들의 경제적 지위를 향상시키기 위해 이슬람 금융을 적극적으로 도입하기 시작하였다.

**| 표 12-20 |** 말레이시아의 이슬람 금융자산

(단위 : 억 링깃)

| | 금 액 |
|---|---|
| 2003 | 822 |
| 2004 | 946 |
| 2005 | 1,118 |
| 2006 | 1,330 |
| 2007 | 1,437 |

자료: 헤럴드경제(2008.3.14), 심의섭(2010)

## Check Point 말레이시아에서 일반은행이 이슬람은행업무를 할 수 있는가

말레이시아에서는 1993년에 이슬람 금융창구 영업의 제한이 해제되어 일반은행도 이슬람은행 사업에 진출할 수 있다(장건, 2011).

말레이시아에서 일반은행이 이슬람은행의 업무를 하려면 반드시 IBA에의해 재무부 장관의 허가를 받아 영업면허를 취득해야 한다. 또한 샤리아위원회를 설립하고 자문을 받아야 한다(Askari·Iqbal·Mirakhor 2009; 이선호, 2014).

## Check Point 말레이시아는 이슬람은행만 있는가

말레이시아는 전통적 은행과 이슬람은행이 공존하며 상호 보완적으로 발전하는 듀얼뱅킹 체제(dual banking system)이다. 말레이시아의 이슬람은행은 2006년 기준으로 이슬람 전업은행이 국내은행 8개와 외자계 은행 2개를 포함하여 10개다. 또한 이슬람 금융을 창구에서 영업하는 일반은행도 국내은행 4개와 외자계 은행 4개를 포함하여 8개 은행이 있다(장건, 2011).

**| 표 12-21 |** 말레이시아 이슬람은행 현황

| | | 2008년 | 2009년 | 2010년 | 2011년 | 2012년 |
|---|---|---|---|---|---|---|
| 은 행 수 | 전업은행 | 17 | 17 | 17 | 16 | 16 |
| | 창구은행 | 13 | 16 | 16 | 15 | 15 |
| 은행자산 | 금액(10억RM) | 251 | 303 | 351 | 435 | 495 |
| | 비중(%) | 17.4 | 19.6 | 20.7 | 22.4 | 23.8 |
| 네트워크 수 | | 2,039 | 2,087 | 2,102 | 2,147 | 2,171 |
| 고용자 수(명) | | 6,702 | 7,829 | 8,511 | 9,214 | 9,602 |

자료: 말레이시아 중앙은행(Financial Stability and Payment System Report(2012), 말레이시아 국제이슬람 금융 센터(MIFC), 이선호(2014)

## Check Point 말레이시아의 주요 이슬람은행

메이뱅크(Maybank)는 말레이시아에서 가장 대규모 은행으로 아시아 태평양 지역에서 가장 규모가 큰 이슬람은행이고 말레이시아 겸업은행 중 1위다. CIMB는 말레이시아에서 두 번째로 큰 은행으로 동남아에서 가장 대규모 투자은행이

다. 홍레옹은행, PHB, 퍼블릭뱅크 등 말레이시아 은행들도 대부분 별도로 이슬람은행을 운영하고 있다(매일경제, 2013.4.9).

## 8. 말레이시아의 수쿡

말레이시아 정부는 1983년에 정부투자법*(Government Investment Act 1983)*을 제정하여 이슬람 채권인 수쿡발행을 허가하였다. 그 이후 말레이시아는 수쿡의 국제화를 도모하기 위해 수쿡 발행비용에 대한 세대 우대조치와 규제완화 등을 하여 말레이시아는 전 세계 수쿡 발행시장의 62.7%를 차지하며 세계 최대의 수쿡 발행시장이 되었다(이선호, 2014).

**표 12-22** 말레이시아 수쿡의 종류(발행 형태별)

| 종 류 | 수익창출구조 | 유 형 |
|---|---|---|
| 이스티스나<br>(Istisna) | 제품의 제조 지시를 근거로 발주자를 대신해 은행이 사업자에게 생산자금을 선지급하는 형태의 거래임. | 생산자금융 |
| 바이비타만 아질<br>(Bai'bithman ajil) | 계약에 의해 목적물의 매매대금을 2회 이상 분할하여 월부 결제하는 것을 조건으로 체결된 거래 | 연불 매매 |
| 무라바하<br>(Murabahah) | 금융기관이 고객 대신 가전제품 등을 구입한 뒤 고객에게 원가에 수수료를 더하여 할부 판매 | 소비자금융 |
| 이자라<br>(Ijarah) | 금융기관이 건물이나 설비를 구입해 임대료를 받고 빌려 줌. | 리스계약 |
| 무다라바<br>(Mudharabah) | 금융기관이 사업자의 프로젝트에 출자하고 배당금을 수취함. | 프로젝트<br>파이낸싱 |
| 무샤라카<br>(Musyatakah) | 금융기관과 사업자가 공동으로 프로젝트에 출자 후 수익을 배분함. | 합작투자 |

자료: MIFC, 강대창외(2011)

### 1) 말레이시아 수쿡발행 주체

말레이시아 수쿡은 발행 잔고의 약 60%를 거주자가 발행하고 있고, 비거주자가 40% 발행하고 있다. 말레이시아 수쿡시장의 가장 큰 특징 중의 하나는 말레이시아 정부주도로 추진되고 있다는 점이다.

말레이시아에서 수쿡의 주요 발행주체는 정부계 기업이며, 발행된 수쿡의 주요 매입처는 고용자 연금기금(Employees Provident Fund, EPF)과 다붕 하지(Tabung Haji) 등의 이슬람 순례기금 등과 같은 국내기관 투자자들이다(장건, 2011).

**| 표 12-23 |** 말레이시아 이슬람 채권 발행 현황(2009)

(단위 : 백만 달러)

| 발 행 자 | 국 가 | 금 액 |
|---|---|---|
| 말레이시아 정부 | 말레이시아 | 8,380 |
| 말레이시아중앙은행 수쿠크 | 말레이시아 | 5,386 |
| 말레이시아중앙은행 | 말레이시아 | 4,940 |
| 인도네시아중앙은행 | 인도네시아 | 4,349 |
| Petronas 글로벌 수쿠크 | 말레이시아 | 3,000 |
| 두바이 재무부 수쿠크 | 아랍에미리트 | 1,931 |
| 사우디전력공사(Saudi Electricity) | 사우디아라비아 | 1,867 |
| 테렝가누주 투자청(Terengganu Investment Authority) | 말레이시아 | 1,420 |
| 말레이시아 국부펀드(Khazanah Nasional Berhad) | 말레이시아 | 1,416 |

자료: Thomson Reuters, 정계룡외(2010)

## *Check Point* 말레이시아 수쿡의 국제화

말레이시아 2001년 자본시장 마스터플랜을 발표하면서 말레이시아를 이슬람 금융의 허브로 발전시킨다는 목표 하에 말레이시아 수쿡의 국제화를 도모하였다. 2003년 수쿡 발행비용에 대해 5년간 세제우대 조치가 내려졌고, 2004년에는 수쿡발행에 대한 규제를 완화하여 다양한 수쿡의 발행이 가능하도록 하였다(이선호, 2014).

## *Check Point* 말레이시아는 수쿡 발행 세계 1위

말레이시아는 2002년 처음으로 수쿡을 발행했는데 2012년 10년 만에 세계 최대 수쿡 발행국이 됐다. 말레이시아에서는 2000년대 이후 국내외 기업들이 말레이시아에서 수쿡 발행을 통한 자금 조달이 확대되고 있다. 2005년에는 국제기구인 세계은행(World Bank)도 링깃 수쿡을 말레이시아에서 발행하였다. 이처럼 말레이시아는 이슬람 채권인 수쿡의 종류를 다양하게 확대하여 전 세계 이슬람 채권인 수쿡 발행의 약 60%를 점유하고 있다.

**표 12-24** 말레이시아 수쿡(채권) 발행 현황

| 순위 | 발행기관 | 발행종류 | 발행금액 | 비율 | 운용사(Fund Manager) |
|---|---|---|---|---|---|
| 1 | Binariang GSM | 수쿡 무샤라카 | 4,509 | 17.5 | CIMB, RHB, ABN Amro Bank, AmInvestment Bank, OCBC (말레이시아) |
| 3 | Malaysia | 이슬람 수쿡 | 1,628 | 6.3 | Malaysia Government bond |
| 5 | Projek Lebuhraya Utara Selaten | 수쿡 무샤라카 | 1,162 | 4.5 | CIMB |
| 11 | Khazanah Nasional | 교환가능 수쿡 | 728 | 2.8 | CIMB, Deutsche Bank, UBS |
| 12 | Syarikat Prasarana Negara | 수쿡 이자라 | 616 | 2.4 | CIMB, AmInvestment |
| 13 | Cagamas | 수쿡 무라바하 | 547 | 2.1 | HSBC, CIME, Aseambankers |
| 18 | Lingkaran Trans Kota Holidings | 수쿡 무샤라카 | 457 | 1.8 | Aseambankers |
| 합 계 | | | 25,726 | 100 | |

자료: Dealogic(www.dealogic.com), KOTRA(2008. 8)

### Check Point 링깃으로 발행되는 수쿡은 국내기관만 가능한가

일반적으로 말레이시아에서 링깃으로 발행하는 수쿡의 발행주체는 내국기관이지만 최근 들어 외국기관과 국제기구도 링깃으로 수쿡을 발행하고 있다. 네덜란드 기업인 네슬레도 말레이시아에 설립한 현지법인인 네슬레 말레이시아를 통해 7억 링깃의 수쿡을 발행하였다. 또한 국제기관인 국제금융공사도 5억 링깃의 수쿡을 발행하였고, 세계은행도 7.6억 링깃의 수쿡을 발행하여 자금을 조달하였다(정영종, 2010; KOTRA, 2014).

### Check Point 중동 투자자들이 말레이시아 주식시장에 투자하는 이유

말레이시아는 샤리아 준수 주식을 개발하여 중동 투자자들의 대규모 투자가 증가하고 있다.

## 9. 말레이시아의 타카풀

말레이시아에서는 1984년에 이슬람 보험법*(Takaful Act 1984)*이 제정되었고, 말레이시아 최초의 이슬람보험회사인 STMB*(Syarikat Takaful Malaysia Sendirian Berhad)*이 설립되었다. 말레이시아에서 이슬람 보험인 타카풀은 무슬림의 의무인 상부상조의 개념에서 출발하여 이슬람 율법을 준수하고 샤리아위원회를 설치하여 협동조합의 형태로 운영되고 있다. 일반 보험에서 생명보험에 해당하는 보험상품은 가족 타카풀이고, 손해보험에 해당하는 보험상품이 일반 타카풀이다. 타카풀은 말레이시아 총보험자산 중에서 약 8.2%를 차지하고 있다(이선호, 2014).

말레이시아의 타카풀(Takaful)시장은 전반적으로 아직 초기단계로 볼 수 있지만, 보험시장의 성장잠재력은 매우 크다. 국내기업뿐만 아니라 외국계 기업도 말레이시아의 타카풀시장에 진출하고 있다.

**| 표 12-25 |** 말레이시아 생명보험사 및 겸영회사(2007)

(단위 : 억 링키트)

| 생명보험회사 | | | 생손보 겸영회사 | | |
|---|---|---|---|---|---|
| 회사명 | 수 입<br>보험료 | 비중 | 회사명 | 수 입<br>보험료 | 비중 |
| Great Eastern Life Assurance | 40.3 | 23.2 | AIA | 22.1 | 12.7 |
| Mayban Life Assurance | 18.5 | 10.6 | Prudential Assurance Malaysia | 20.6 | 11.9 |
| CIMB Aviva Assurance | 7.3 | 4.2 | ING Insurance | 16.9 | 9.7 |
| Manulife Insurance | 4.5 | 2.6 | Malaysian Assurance Allianced | 13.6 | 7.8 |
| TM Asia Life Malaysia | 4.1 | 2.3 | Hong Leong | 7.0 | 4.0 |
| Un.Asia Life Assurance | 3.2 | 1.8 | ALlianzLife Insurance Malaysia | 4.5 | 2.6 |
| AXA AFFIN Life Insurance | 0.5 | 0.3 | MCIS ZURICH Insurance | 4.0 | 2.3 |
| | | | AnAssurance | 3.7 | 2.1 |
| | | | Etiqa Insurance | 3.0 | 1.8 |

자료: Bank Negar Malaysia, Annual Insurance Statistics(2008), 김기태외(2009)

**| 표 12-26 |** 말레이시아 비은행금융기관 자산

| | | 자산 (10억 RM) | | | | |
|---|---|---|---|---|---|---|
| | | 2008 | 2009 | 2010 | 2011 | 2012 |
| 연기금 펀드 및 보험 | 금액 | 509.3 | 548.3 | 641.9 | 682.4 | 759.5 |
| | 비중(%) | 77.9 | 76.8 | 77.6 | 76.8 | 77.5 |
| 종업원 연기금 펀드 | 금액 | 349.7 | 375.7 | 404.7 | 442.7 | 479.1 |
| | 비중(%) | 68.7 | 68.5 | 63.0 | 64.9 | 63.1 |
| 기타 연기금 펀드 | 금액 | 17.3 | 11.5 | 56.3 | 44.4 | 65.9 |
| | 비중(%) | 3.4 | 2.1 | 8.8 | 6.5 | 8.7 |
| 생명보험 | 금액 | 118.3 | 136.4 | 153.9 | 166.3 | 183.6 |
| | 비중(%) | 23.2 | 24.9 | 24.0 | 24.4 | 24.2 |
| 일반보험 | 금액 | 24 | 24.7 | 27 | 29 | 30.9 |
| | 비중(%) | 4.7 | 4.5 | 4.2 | 4.2 | 4.1 |
| 개발금융기관 | 금액 | 144.4 | 165.9 | 184.9 | 206.1 | 221 |
| | 비중(%) | 22.1 | 23.2 | 22.4 | 23.2 | 22.5 |
| 한계 | 금액 | 653.7 | 714.2 | 826.8 | 888.5 | 980.5 |
| | 비중(%) | 100 | 100 | 100 | 100 | 100 |

자료: 말레이시아 중앙은행(Monthly Statistical Bulletin(2013), 이선호(2014)

**| 그림 12-3 |** 말레이시아 와칼라모델

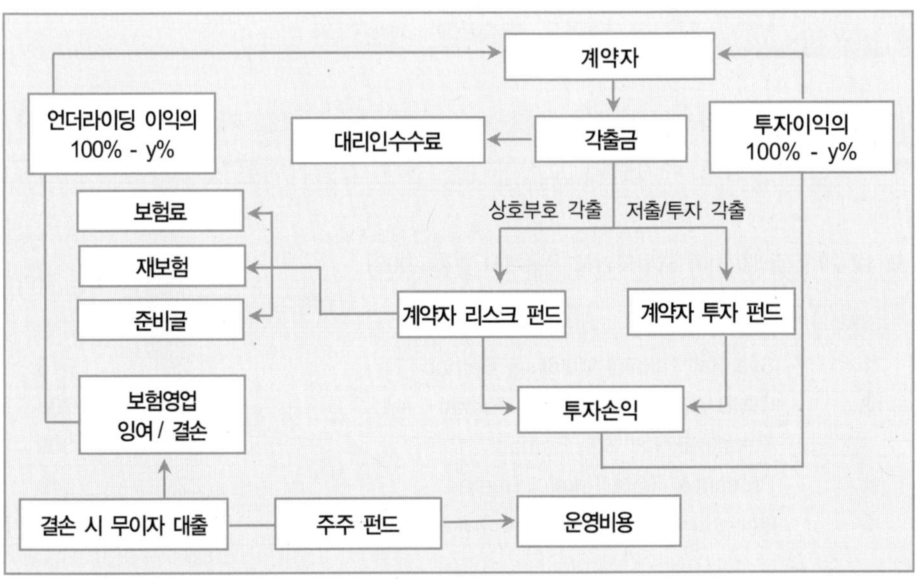


자료: 이충열·이영수·제상영(2011), 이선호(2014)

**| 표 12-27 |** 말레이시아 타카풀 시장구조

| | | 2008 | 2009 | 2010 | 2011 | 2012 |
|---|---|---|---|---|---|---|
| 등록사업자수 (명) | | 8 | 8 | 9 | 11 | 12 |
| 대리점수 | 가족 타카풀 | 44,222 | 55,989 | 42,698 | 66,338 | 68,009 |
| | 일반 타카풀 | 15,975 | 32,997 | 31,391 | 33,970 | 37,543 |
| | 총 합 | 60,197 | 88,895 | 74,089 | 100,308 | 105,552 |
| 종사자수 (명) | | 2,411 | 2,499 | 2,713 | 2,846 | 3,575 |

자료: 말레이시아중앙은행(Annual Takaful Statistics, 2012)

**| 표 12-28 |** 말레이시아 타카풀 시장현황

| | 2008 | 2009 | 2010 | 2011 | 2012 |
|---|---|---|---|---|---|
| 가족 타카풀(10억 RM) | 8.9 | 10.5 | 12.4 | 14.4 | 16.3 |
| 비중(%) | 84.0 | 84.7 | 84.9 | 84.7 | 85.3 |
| 일반타카풀(10억 RM) | 1.7 | 1.9 | 2.2 | 2.6 | 2.8 |
| 비중(%) | 16.0 | 15.3 | 15.1 | 15.3 | 14.7 |
| 합계(10억 RM) | 10.6 | 12.4 | 14.6 | 17 | 19.1 |
| GNI중 타카풀 비중(%) | 1.5 | 1.9 | 2.0 | 2.0 | 2.1 |
| 전체보험자산중타카풀 비중(%) | 7.5 | 7.6 | 8.1 | 8.1 | 8.2 |

자료: 말레이시아중앙은행(Annual Takaful Statistics, 2012), 이선호(2014)

### *Check Point* 타카풀 가입은 무슬림만 가능한가

말레이시아의 타카풀 회사는 보험가입자를 무슬림으로 제한하고 있지 않다. 따라서 비무슬림도 타카풀에 보험가입을 할 수 있다(이선호, 2014).

**| 표 12-29 |** 말레이시아 5대 타카풀 운용회사 현황(2008)

(단위 : 백만 달러)

| 구분 | 기관명 | 세계순위 | 총자산 |
|---|---|---|---|
| 1 | Syarikat Takaful Malaysia Berhad | 2 | 1,015 |
| 2 | CIMB Aviva Talaful Bhd Berhad | 5 | 708 |
| 3 | Takaful Ikhlas Sdn Berhad | 7 | 309 |
| 4 | Prudential BSN Takaful Berhad | 22 | 49 |
| 5 | Hong Leong Tokio Marine Takaful Berhad | 24 | 30 |

자료: The Banker(2009), 정계룡외(2010)

**| 표 12-30 |** 말레이시아 타카풀 사업자 현황

| 시장구조 | 2004 | 2005 | 2006 | 2007 | 2008 |
|---|---|---|---|---|---|
| 등록사업자 수 | 4 | 5 | 8 | 8 | 8 |
| 대리점 수 | 14,370 | 14,059 | 15,194 | 43,843 | 60,197 |
| 가족 타카풀 | 11,842 | 11,781 | 11,188 | 32,987 | 44,222 |
| 일반 타카풀 | 2,528 | 2,278 | 4,006 | 10,856 | 15,975 |

자료: BNM(2009), Annual Takaful Statistics(2008)

**| 표 12-31 |** 말레이시아 연도별 타카풀 자산 현황

| 연도 | 2004 | 2005 | 2006 | 2007 | 2008 |
|---|---|---|---|---|---|
| 총계(백만 링깃) | 5,028.6 | 5,878.4 | 6,899.0 | 8,818.3 | 1,569.4 |
| - 가족 타카풀 | 4,305.1 | 5,048.4 | 5,800.9 | 7,445.2 | 8,900.1 |
| - 일반 타카풀 | 723.5 | 830.0 | 1,098.1 | 1,373.1 | 1,669.3 |
| GNI 비중(%) | 1.1 | 1.2 | 1.2 | 1.4 | 1.5 |
| 총보험자산대중비중(%) | 5.6 | 5.7 | 5.9 | 6.7 | 7.5 |

자료: BNM(2009), Annual Takaful Statistics(2008), 강대창외(2011)

## 10. 말레이시아의 할랄산업

전 세계 할랄산업을 주도하고 있는 말레이시아는 가공식품, 화장품, 퍼스널 케어, 축산업 분야에서 두각을 나타내고 있고 할랄교육, 할랄연구 등의 분야로 사업을 다각화하고 있다(KOTRA 2011). 또한 말레이시아의 할랄인증은 전 세계적으로 가장 많은 국가들로부터 인정받고 있다. 말레이시아는 2020년까지 할랄제품의 생산과 무역의 국제허브를 구축하여 할랄산업이 말레이시아 GDP의 약 6%를 점유할 수 있을 정도로 발전시킬 계획이다. 말레이시아는 이슬람 국가 중에서 산업화가 가장 선진화된 국가 중에 하나로 이슬람 국가들뿐만 아니라 비이슬람 국가들과도 우호적인 협력관계를 구축하고 있으며, 다국적 기업들이 말레이시아에 진출하기 용이하다(Husain and Ghani, 2012; 이선호, 2014).

### 1) 말레이시아 정부의 할랄산업 육성정책

말레이시아 정부는 할랄산업을 전략적으로 육성하기 위해 다양한 특혜를 부여하고 있다. 말레이시아에서 할랄식품을 생산하는 기업은 할랄식품을 생산하기 위해 원자재를 수입하는 경우 수입관세를 면제받는다. 또한 할랄식품 생산기업은 5년 동안 발생한 경비 지출에 대해 100% 투자세액 공제(ITA)를 받을

수 있다(김현호, 2008).

### 2) 말레이시아의 집중 할랄산업

말레이시아는 할랄산업 중에서도 가공식품, 할랄 화장품 재료, 퍼스널 케어, 축산업을 집중육성하고 있다. 말레이시아 정부는 2010년 할랄 화장품에 대한 할랄 공식기준을 도입하였다. 말레이시아 정부는 2010년 할랄 화장품에 대한 할랄 화장품 표준인 MS 2200: 2008 규정을 도입하였다(엄익란, 2014).

**| 표 12-32 |** 말레이시아 정부의 공식적 할랄식품과 하람식품

| 할랄식품 | 하람식품 |
|---|---|
| • 우유(소, 낙타, 산양의 젖)<br>• 벌꿀<br>• 생선<br>• 취하는(알콜성) 성분이 없는 것<br>• 신선한 야채<br>• 땅콩 등의 견과류<br>• 신선한 과일, 말린 과일<br>• 밀, 쌀, 호밀, 보리, 귀리 등의 곡물류<br>• 소, 양, 산양, 낙타, 사슴, 고라니, 닭, 오리 등의 동물(반드시 이슬람식 도살방법인 자비하(zabihah)에 따라야 함. | • 돼지고기와 그 부산물<br>• 육식동물 피와 그 부산물<br>• 파충류와 곤충류<br>• 동물의 사체. 도살 전에 죽은 동물<br>• 포도주, 에틸 알코올, 화수 등의 술과 알코올성 음료<br>• 할랄 혹은 하람인지 구분이 어려운 식품<br>• 할랄이라도 이슬람법에 따라 도살되지 않는 동물 |

자료: Halal Malaysia, 강대창외(2011)

**Check Point** 말레이시아 할랄인증은 말레이시아에만 통용되는가

말레이시아의 할랄인증은 전 세계적으로 인정받고 있어 동남아 인근 국가들뿐만 아니라 최근 할랄 소비가 증가하고 있는 유럽 국가들에서도 광범위하게

통용되고 있다. 말레이시아의 할랄로고는 전 세계적으로 광범위하게 인정되고 있다.

**| 표 12-33 |** 말레이시아 할랄인증 비용

| 번호 | 품목 | 구분 | | | 링깃 |
|---|---|---|---|---|---|
| 1 | 상품, 물류, 제조업 | 산업 구분 | | 연간 매출액 | |
| | | 소 규 모 | | 50만 링깃 이하 | 100 |
| | | 중간규모 | | 50만 링깃 이상 | 400 |
| | | 다 국 적 | | 25백만 링깃 이상 | 700 |
| 2 | 도축장 | 동물 종류에 따른 도축장 규모 | | 하루 도축 수 | |
| | | 소규모 | 닭 | 1-2,999 | 100 |
| | | | 염소/양 | 1-499 | |
| | | | 소/물소 | 1-49 | 400 |
| | | 중간규모 | 닭 | 3,000-10,000 | |
| | | | 염소/양 | 500-700 | |
| | | | 소/물소 | 50-100 | 700 |
| | | 대규모 | 닭 | 10,000이상 | |
| | | | 염소/양 | 700이상 | |
| | | | 소/물소 | 100이상 | |
| 3 | 식당, 조리장, 호텔 | | | | 장소별로 100 |
| 4 | 출장음식 | | | | 100 |

자료: Trade Descriptions Certification and Marking of Halal Fees(2014).

말레이시아 할랄인증 로고

## *Check Point* 말레이시아 할랄인증과 다른 나라 할랄인증의 차이점

할랄인증은 태국, 인도네시아 등의 동남아시아 국가들뿐만 아니라 프랑스, 영국, 네덜란드 등의 서양 국가들도 할랄인증을 해주고 있는데 이들 국가들과 말레이시아 할랄인증의 근본적인 차이점은 말레이시아를 제외한 대부분의 국가에서 발행되고 있는 할랄인증은 국가내의 이슬람 사원이나 무슬림 커뮤니티에서 해주고 있다. 이에 비해 말레이시아의 할랄인증은 말레이시아 정부가 주도적으로 하고 있다(정윤서, 2013). 1994년에 도입된 말레이시아 정부(JAKIM: The Department of Islamic Development)의 할랄인증은 다른 이슬람 국가에 비해 복잡하고 어려운 인증절차를 거쳐야 하므로 국제적으로도 다른 할랄인증보다 공신력을 인정받고 있다(파이낸셜뉴스, 2013.7.11). 말레이시아 할랄 제품의 수출액은 연간 11억 5,700만 달러(약 1조3000억원)정도이다(동아일보, 2013.6.3).

**표 12-34** 말레이시아 할랄표준

| 할랄표준 | 내 용 |
|---|---|
| MS 1900 | 질적관리시스템 |
| MS 2200-1 | 이슬람소비재 |
| MS 1500 | 할라식품 |
| MS 2424 | 할랄의약품 |
| MS 14000 | 환경관리 |
| MS 27000 | IT보완관리 |
| MS 31000 | 위험관리 |
| MS 50001 | 에너지관리 |

자료: 이선호(2014)

### *Check Point* 말레이시아로 우유를 수출하려면 할랄인증을 받아야 하는가

말레이시아로 유제품을 수출하려면 할랄인증을 받아야 하는데 말레이시아 이슬람개발부(JAKIM)로부터 직접 할랄인증을 받거나 말레이시아 이슬람개발부(JAKIM)가 인정하는 기관에서 할랄인증을 받아야 한다. 한국의 한국이슬람중앙회(KMF)는 말레이시아 이슬람개발부(JAKIM)가 인정하는 할랄인증기관인데 한국이슬람중앙회로부터 서울우유와 빙그레우유와 가공유, 아이스크림이 할랄인증을 받았다(토마토뉴스, 2015.3.13).

# 제13부

# 동남아 부국의 이슬람

싱가포르와 브루나이는 동남아에서 가장 1인당 국민소득이 높은 나라로 양국의 통화는 상대국에서 동일한 가치로 통용된다. 차이가 있다면 싱가포르는 다종교국가이고, 브루나이는 이슬람왕국이다.

## 제1장 싱가포르의 이슬람

### 1. 싱가포르의 이미지와 경쟁력

싱가포르 공화국(Republic of Singapore)에 붙는 수식어에는 가보고 싶은 나라, 투자하고 싶은 나라가 투영되어 있다. 싱가포르에 대한 공통적인 이미지는 깨끗한 나라, 안전한 나라, 기업하기 좋은 나라 등이다. 싱가포르는 비즈니스측면에서도 세계 최대의 중계무역항, 아시아의 대표적인 국제물류허브, 국제 금융시장 허브로 외국인 투자가 지속적으로 증대되고 있다.

**표 13-1** 싱가포르의 산업부문별 GDP 비중 변화

(단위 : %)

| | 1990년 | 2000년 | 2008년 | 변동폭 (1990 → 2008) |
|---|---|---|---|---|
| 농 업 | 0.3 | 0.1 | 0.0 | -0.3 |
| 제조업 | 23.9 | 25.0 | 19.2 | -4.8 |
| 전력, 가스, 수도 | 1.9 | 1.7 | 1.3 | -0.6 |
| 건 설 | 4.6 | 5.5 | 4.1 | -0.4 |
| 상 업 | 15.8 | 14.7 | 20.0 | 4.2 |
| 물류, 통신 | 13.4 | 13.0 | 12.8 | -0.6 |
| 금 융 | 22.8 | 20.0 | 24.2 | 1.4 |
| 공공행정 및 기타 | 12.6 | 13.1 | 13.1 | 0.5 |
| 세 금 | 4.6 | 6.9 | 5.2 | 0.6 |
| 합 계 | 100.0 | 100.0 | 100.0 | - |

자료: ADB(2010), 김태윤외(2010)

### 2. 싱가포르의 성공전략

싱가포르는 부존자원이 전무하여 국제무역과 해외투자에 전적으로 의존하는 개방경제체제를 성공적으로 추진하여 아시아에서 세계 경제대국 일본보다도 일인당 국민소득 소득이 높은 선진국 반열에 오른 국가이다.

**| 표 13-2 |** 산업 21(Industry 21)의 주요 업종별 목표

(단위: %)

| 산 업 | 비 전 | 2010년 목표 |
|---|---|---|
| 전 자 | 제조업 솔루션, 신제품 · 응용 · 시장의 창조 · 경영에서 세계적 지위 | • 150개의 신프로젝트 추진<br>• 1,500억 싱가포르 달러의 매출 달성<br>• 연 8% 산업성장 |
| 화 학 | 석유 및 석유화학산업에서의 세계적 중추 | • 750억 달러 이상의 매출 달성<br>• 연간 에틸렌 생산능력을 300만 톤으로 3배 증대 |
| 생명과학 | R&D, 신약제조, 의약장비, 농업 생물제품, 식품중간재 분야에서 완전 부가가치 사슬 · 기술의 세계적 역량 축적 | • 15개 세계일류 생명과학기업 유치<br>• 의약개발 및 임상실험의 아시아 지역센터 |
| 엔지니어링 | 핵심산업 성장을 지원하고 발전시키기 위한 최고수준의 기술 개발 | • 5개 신산업 육성<br>• 20개 세계적 엔지니어링 센터, 50개 제조업 RHQ 유치<br>• 노동자당 산업부가가치 수준을 선진국 수준으로 제고 |

자료 : KOTRA(2014)

## 3. 싱가포르의 무슬림사회

싱가포르는 독립 이후 영국식 의회민주제도에 사회주의를 접목한 사회민주주의 국가형태로 출범하였다(양승윤, 2007). 싱가포르는 중국계 싱가포르인이 정치뿐만 아니라 경제까지 장악하고 있다. 본래 싱가포르의 토착민들이었던 말레이인들은 전반적으로 중국계에 비해 상대적으로 정치경제 분야에서 열세에 있다. 이에 비해 중동, 인도, 파키스탄 출신의 무슬림들은 싱가포르에서 전문직종에 종사하면서 경제적으로 성공한 경우가 많다(김성건, 2007).

싱가포르에서 대부분의 국민들은 국가에서 제공하는 HDB라고 하는 아파트에 거주하고 있고, 외국인과 싱가포르 부유층은 수영장, 사우나 등의 편의시설이 갖추어진 콘도(Condo)에 가주하고 있는데 저자가 거주했던 콘도에서 인도와 중동 출신의 부유한 무슬림들을 자주 볼 수 있었다. 특히 싱가포르 무슬림들이 집단거주하고 있는 부기스 스트리트에 가면 경제적으로 성공한 중동, 인도 출신의 무슬림들이 운영하는 상점들이 많다.

## 4. 싱가포르 민족구성과 무슬림

싱가포르의 무슬림은 싱가포르 총인구의 약 10%정도이다 싱가포르 무슬림 중에서 말레이계 싱가포리언은 약 86%이고 나머지는 인도계, 아랍계, 중국계

싱가포리언으로 구성되어 있다. 많은 사람들이 싱가포르의 무슬림들은 대부분 말레이 무슬림이라고 생각하는데 싱가포르에는 중동과 인도 출신의 무슬림들도 많고 화교중에서도 이슬람으로 개종한 무슬림도 있다.

## 5. 싱가포르 이슬람사회의 본질적 특징

싱가포르는 아시아에서 1인당 국민소득이 가장 높고, 선진화되어 있는 국가이다. 또한 국민의 70% 이상이 중국계로 구성되어 있어 이슬람과는 다소 거리가 있어 보이지만 싱가포르의 2대 종족은 대부분이 무슬림인 말레이인으로 이슬람은 싱가포르를 구성하는 한 부분으로 형성되어 있다.

특히 지정학적으로 싱가포르는 대표적인 이슬람 국가인 인도네시아, 말레이시아, 브루나이 3개국과 국민국가 출범 이전에 하나의 문화권으로 형성되어 있어 기본적으로 이슬람의 토대가 갖추어져 있다.

싱가포르에서 무슬림 전통 복장을 한 무슬림들은 일상생활 속에서 자연스럽게 볼 수 있고 이슬람문화는 싱가포르의 전통의 한 부분으로 자리잡고 있다. 싱가포르에서 이슬람 축제기간인 하리라야 시기에 지하철을 타면 다양한 말레이 이슬람 전통 복장을 한 무슬림들을 볼 수 있고 싱가포르의 뿌리깊은 이슬람 전통을 느낄 수 있다.

## 6. 싱가포르 무슬림의 출신지역

싱가포르에서 무슬림들은 대부분 말레이인(Malays)인데 싱가포르 말레이인들은 말레이 반도, 자바와 수마트라에서 싱가포르로 이주한 사람들이 많다(김성건, 2007). 싱가포르의 지명중에는 싱가포르 무슬림들의 출신지역인 말레이 반도, 자바, 수마트라의 지역명과 종족명이 있을 정도로 말레이반도, 수마트라, 자바출신의 무슬림이 많다.

## 7. 싱가포르는 종교의 비정치화

싱가포르는 태생적으로 다민족, 다종교사회로 특정 종교간 갈등보다는 종족간에 조화를 최우선으로 하는 사회이다. 이러한 사회적 목표를 달성하려는 취지로 싱가포르는 1989년 종교조화유지법안(Maintaence of Religious Harmony)을 만들었고 이 법안에 의해 싱가포르 있는 모든 종교집단은 비정치화되었다.

싱가포르의 무슬림은 이러한 싱가포르 사회의 종교의 비정치화에 의해 정통 이슬람의 정교일치와 신법통치국가의 종교적 목표보다는 개인적 신앙으로 수행하고 있다. 싱가포르의 말레이 무슬림들은 이슬람적 통과의례를 지키는 것은 단순히 종교적 의미뿐만 아니라 문화적 정체성 차원에서도 중요한 의미가 있다.

싱가포르 사회는 다양한 종교가 평화롭게 공존하고 있는 나라이다. 무엇보다 타종교에 대한 배려가 사회 전반적으로 정착되어 있다. 힌두교사원 바로 옆에 불교사원이 있고 차이나타운에 힌두교 사원이 있는 나라가 싱가포르다.

## 8. 싱가포르와 말레이시아 공통점과 차이점

싱가포르와 말레이시아의 말레이인 무슬림들의 공통점은 양국의 이슬람은 4대 법률학파 중 샤피이(Shafii)에 속한다는 점이고, 차이점은 말레이시아는 이슬람이 국교이지만, 싱가포르는 아니라는 점이다(김성건, 2007).

말레이시아에서는 이슬람교가 국교이고 대부분의 말레이인은 무슬림이다. 이에 비해 싱가포르는 국교가 따로 없지만 싱가포르에 거주하고 있는 말레이인은 대부분 무슬림이다. 또한 싱가포르나 말레이시아나 말레이인이 이슬람교를 신봉하는데 사회적인, 제도적인 차이는 없다. 싱가포르는 종교에 대해 다양성을 존중해주는 국가이기 때문에 말레이 무슬림이 이슬람 신앙생활을 하는데 말레이시아와 싱가포르는 큰 차이가 존재하지 않는다.

## 9. 싱가포르에서 이슬람은 누가 관장하는가

싱가포르에서는 무슬림과 이슬람에 관한 일은 1975년 제정된 무슬림법에의해 설립된 무슬림종교위원회(MUIS: Majlis Ugama Islam Singapura)에서 처리한다. 또한 싱가포르에는 무슬림들이 이용할 수 있는 작은 이슬람 법원과 무슬림권익 위원회가 있다(김성건, 2007).

싱가포르 무슬림들은 개방화된 국제도시 싱가포르에서 글로벌 스탠다드에 맞추어 살고 있지만, 무슬림커뮤니티를 통해 말레이계 무슬림으로서의 정체성을 계승발전시키고 있다.

## 10. 싱가포르 금융산업의 글로벌 경쟁력

싱가포르는 금융시스템이 선진화되어 있어 전세계에서 많은 금융기관들이 싱가포르에 투자하고 글벌 금융업무를 수행하고 있는데 싱가포르 국내금융기관들의 경쟁력도 세계 수준이다. 싱가포르 국내 금융기관 중에서 DBS는 아시아 최대 은행 중에 하나이다. DBS는 금융소비자가 싱가포르 어디를 가나 쉽게 금융서비스를 받을 수 있도록 광범위한 금융네트워크를 구축하고 있다.

## 11. 싱가포르 이슬람 금융

아시아의 금융허브인 싱가포르가 인접국인 말레이시아의 비약적인 이슬람 금융 발전에 자극 받아 이슬람 금융을 강화하고 있다. 싱가포르는 동남아 이슬람국가들과 지리적으로 가깝고 사회적, 문화적으로도 말레이 문화의 유사성을 근본적으로 갖고 있어 이슬람 금융이 발전할 수 있는 토대를 갖고 있다(김동환, 2013)

싱가포르는 금융허브, 물류허브를 토대로 사람, 물자, 자본이 끊임없이 싱가포르에 집중되는 국제비즈니스 허브를 지속적으로 추진하고 있다. 따라서 글로벌 금융위기 이후 세계적으로 대안금융으로 떠오르고 있는 이슬람 금융에 대한 싱가포르의 관심은 더욱 증대될 것으로 전망된다.

**표 13-3** 싱가포르의 비전과 목표

| 산 업 | 비 전 | 목 표 |
|---|---|---|
| 교 육 | 지적자본 및 창조적 에너지 확보를 위해 세계수준의 교육 중추 | • 세계수준의 교육 및 최첨단연구를 위한 세계 최고 대학 10개 유치 |
| 보 건 | 세계적 의료 중추: 의료연구, 교육, 특수분야 진료, 보건 서비스의 지역 중추 | • 특수 의료분야에서 세계수준의 5개 센터 유치<br>• 보건서비스 기업집단 보유 |
| 물 류 | 통합물류 중추 구축 | - 제조업 및 서비스 지원을 위한 물류능력 제고<br>• 3 PL(third-party logistics) 공급자<br>• 화학제품 물류기업<br>• 전자제품 유통업자 |
| 통신 · 미디어 | 세계시장을 목표로 한 콘텐츠 · 서비스를 창조, 개발, 보급할 수 있는 특급 중추 구축 | • 업계 선도기업의 유치<br>• 전자상거래 · 인터넷서비스 · 방송 · TV · 영상 · 전자 통신 부문의 국내역량 개발 |
| 지역총괄본부(RHQ) | 다국적기업 RHQ를 위한 최고거점 | - 다국적 기업의 아시아 · 태평양 또는 세계본부 유치<br>• 마케팅, 사업개발, 금융 · 재무기능을 다국적기업에 지원 |
| 유망국내기업(PLEs) | 국내기업을 세계수준으로 육성: 세계수준의 제품 · 서비스 · 역량 보유 | - 최소 50개의 세계적인 지식기반기업 보유 |

자료: 정재완(2001)

## 12. 싱가포르 이슬람 금융발전 과정

싱가포르 금융기관들은 1990년대 중반 이후 자산운용, 보험 등의 다양한 이슬람 금융상품을 취급하기 시작했다. 1995년에 HSBC 싱가포르법인이 타카풀 펀드를 운용하였고, 1998년부터는 싱가포르 일부 은행에서는 윈도우 판매방식으로 이슬람은행 상품서비스를 금융소비자에게 제공하였다. 싱가포르의 금융통화청은 2005년 은행법을 수정하여 이슬람 금융기법인 무라바하 거래를 인정하였다(KOTRA, 2014).

싱가포르는 국제금융허브로서 다양한 국제금융상품들이 자유롭게 거래되는 국제금융시장이다. 싱가포르의 이슬람 금융은 국제금융허브로서의 싱가포르의 발전전략에 부합되게 지속적으로 발전되고 있다.

**Check Point** 싱가포르 은행의 해외 이슬람 금융시장 진출

싱가포르 은행인 OCBC는 OCBC알아민을 설립해 말레이시아와 동남아에서 이슬람 금융을 제공하고 있다(매일경제, 2013.4.9).

## 13. 싱가포르가 이슬람 금융을 도입한 이유

싱가포르 정부는 싱가포르가 글로벌 국제금융센터로서 지속적으로 발전하려면 모든 금융상품이 싱가포르에서 제공되어야 한다는 전략적 차원에서 이슬람 금융을 도입하였다.

특히 싱가포르는 2000년대 중반부터 이슬람 금융의 허브로 도약하기 위해 금융제도를 이슬람 금융에 적합하게 개선하고 있다. 싱가포르는 이슬람 금융서비스를 제공하여 대규모 중동 오일머니를 싱가포르로 유입시켜 국제금융센터로서의 싱가포르의 위상을 더욱 높이려고 한다. 또한 싱가포르내에서 글로벌 기업들이 싱가포르의 안정적인 국가신용을 토대로 싱가포르에서 이슬람 채권인 수쿡를 발행할 수 있는 토대를 마련하여 외국인 투자유치를 증대시키려고 한다.

**| 표 13-4 |** 싱가포르의 이슬람 금융을 위한 주요 세법개정 내용

| 연 도 | 적용 세법 | 적용 대상 | 내 용 |
|---|---|---|---|
| 2006 | Circular FDD 11/2006 | 무라바하, 이자라, 무다라바, 이자라 와 이끄티나 | · 소득세 및 소비세 감세가 적용되는 이슬람 기법의 종류 확대 |
| 2011 | Circular FDD 05/2011 | 무라바하, 디미니싱 무샤라카, 이스티스나, 와칼라, 살람 | · 200년 세법 개정 보완<br>· 이슬람 금융 기법에 발생하는 보장형 이윤을 이자와 동이란 개념으로 취급<br>· 인지세 면제 범위 명료화 |

자료: Shah & Dejong(2011)

**| 표 13-5 |** 싱가포르의 이슬람은행에 대한 은행법 개정내용

| 규정 | | 관련금융 | 주요 내용 |
|---|---|---|---|
| 자금 모집 (fund collecting) | 은행법 23 | 무라바하 예금 | 은행의 비금융 자산 취득 허가 |
| | 은행법 4A | | 은행 예끔의 미확정 마진 구조 허가 |
| 융자 및 투자 (financing and Investment) | 은행법 22 | 무라바하 자금조달 | 은행의 비금융 자산 취득 및 마진 거래 허가 |
| | 은행법 23A | 무라바하 은행간 대차 | 은행간 자산 취득 및 마진 거래 허가 |
| | 은행법 23B | 이자라 와 이끄티나 | 은행의 비금융 자산 취득 및 임대 허가 |
| | 은행법 23C | 감축 무샤라카 | 은행과 고객 간 공동 비금융 자산취득 및 이전에 대한 조건부 허가 |
| | 은행법 23D | 현물 무라바하 | 은행의 비금융 자산 취득 및 해당 자산에 대한 조건부 현물가격 기준 판매 허가 |
| | 은행법 23E | 이스티스나 | 은행의 건설 중인 자산에 대한 자금조달 및 자산 소유권 이전 허가 |

지료: MAS(2010), 손성현외(2013)

## 14. 싱가포르의 이슬람 금융 발전가능성

싱가포르는 기본적으로 총인구의 약 15% 정도가 무슬림이고 지정학적으로 이슬람 금융이 발달된 말레이시아, 인도네시아와 근거리에 있어 이슬람 금융의 기초적인 토양을 갖추고 있다.

이러한 이슬람 금융에 유리한 환경속에 싱가포르는 뉴욕, 영국, 홍콩에 이어 세계 4위의 국제 금융허브로 금융시스템이 잘 갖추어져 있어 500개 이상의 국내외 금융사가 싱가포르에 포진하고 있다. 따라서 싱가포르는 이슬람 금융의 허브로서 동남아아시아 경쟁국가들에 비해 유리하다. 싱가포르는 최고의 국가 신용등급, 안정적이고 강력한 법제도를 운영하고 있어 많은 글로벌 기업들이 싱가포르에서 수쿡을 발행하기에 좋은 환경을 갖추고 있다.

| 표 13-6 | 싱가포르 금융서비스업 구조

| 금융 서비스 | 점유율 | 실질 성장률 |
|---|---|---|
| 은행 | 47.5 | 8.1 |
| 보험 | 17.1 | 6.3 |
| 기타 | 23.2 | -6.8 |

자료: Ministry of Trade and Industry of Singapore, 정계룡외(2010)

| 표 13-7 | 싱가포르의 이슬람 금융 발전과정

| 시 기 | 정책 및 제도 도입 | 이슬람 금융 기관 및 상품 |
|---|---|---|
| 1998 | - | OCBC 은행의 와디아 예금 서비스 |
| 2001 | - | Singapore Unit Trust의 Ethical Growth Fund |
| 2003 | IFSB의 옵서버 회원 자격 획득 | - |
| 2004 | MAS 통보 637 발표 | - |
| 2004 | MAS 통보 612 발표<br>2005년도 예산에 이슬람 금융 장려 조치 포함<br>IFSB의 정회원 자격 획득<br>은행법 22조 개정 | Maybank, 싱가포르에서 이슬람 예금 및 이슬람 결제 구좌의 제공 개시 |
| 2006 | 은행법 23조 개정<br>Circular FDD 11/2006 도입 | FTSE, SGX, Yasaar가 'FTSE-SGX Asia Shariah 100 Index' 의 운용 개시<br>캐피털랜드(Capitaland), 바레인에서 이슬람 부동 산펀드의 설정 발표<br>2만 싱가포르달러(14만 미국달러)에 대해 이슬람 예금자 보험이 적용 |
| 2007 | MAS 통보 640 발표<br>은행법 4A 제정 | 아시아 이슬람은행 설립 |
| 2008 | 역외 이슬람 보험, 재보험 회사에 대한 세금 감면(5%) | 다이와 자산운용의 샤리아 ETF 싱가포르 거래소 상장 |
| 2009 | 이슬람 금융의 은행 규제 적용에 대한 가이드라인 발표<br>은행법 23A, 23B, 23C, 23D 발표 | MAS의 2억 싱가포르달러 수쿡 발행 프로그램 시작 |
| 2010 | 은행법 23E 제정 | 세큐러스 데이터 펀드 발행 |
| 2011 | MAS 통보 613 발표<br>Circular FDD 05/2011발표 | MAS의 수쿡 추가 발행 |
| 2013 | MAS 통보 626 발표 | 사바나 부동산 펀드의 신디케이트 론 |

자료: PWC(2012), Zulkhibri(2012), 손성현외(2013).

# 제2장 브루나이의 이슬람

## 1. 브루나이 국교는 이슬람교, 이슬람 수장은 국왕

브루나이는 동남아의 대표적인 이슬람 왕국이다. 브루나이는 공항을 나서면 이곳이 이슬람 국가임을 느낄 수 있는 풍광들이 펼쳐진다. 특히 고요한 밤에 은은히 빛나는 모스크의 모습은 매우 인상적이다. 브루나이는 국왕이 통치하는 국가이다. 브루나이 헌법 제2조에는 브루나이의 국교가 이슬람임을 명시하고 있고, 국왕이 이슬람의 수장임을 밝히고 있다(양승윤, 2007). 브루나이 사회에서 이슬람은 일상생활의 모든 영역에 지대한 영향을 미치고 있다.

## 2. Negara Brunei Darussalam의 의미

브루나이는 1984년 1월에 영국으로부터 독립하였고 국명을 느가라 브루나이 다루살람(Negara Brunei Darussalam)으로 하였다 이 국명의 의미는 평화의 집 브루나이이다(양승윤, 2007). 일반적으로 브루나이의 국민들의 모습과 거리풍경은 평화롭고 안정되어 있다. 국민들은 경제적 안정 속에 이슬람을 삶속에서 실천하고 있다.

## 3. 브루나이의 특색

브루나이는 전 국민이 병원비걱정 없이 사는 나라이다. 브루나이에서는 고액의 병원비가 나와도 환자는 1달러만 내면 된다. 국가가 국민들의 의료비를 다 내준다. 이러한 복지정책은 풍부한 석유와 천연가스 덕분이다. 브루나이는 산유국으로 브루나이 수출의 90%를 석유와 천연가스가 차지하고 있다. 브루나이 정부와 국민들은 미래의 석유고갈을 대비하여 석유이외의 산업발전에 관심이 크고 관광산업 등을 육성하고 있다.

| 표 13-8 | 브루나이 경제

| 경제지표 | | 단위 | 2008 | 2009 | 2010 | 2011 |
|---|---|---|---|---|---|---|
| 국내 경제 | GDP | 억 달러 | 144 | 107 | 124 | 155 |
| | 1인당 GDP | 달러 | 36,223 | 26,423 | 29,852 | 36,584 |
| | 경제성장률 | % | -1.9 | -1.8 | 2.6 | 1.9 |
| | 재정수지/GDP | % | 40 | 3.8 | 8.5 | 31.9 |
| | 소비자물가상승률 | % | 2.1 | 1 | 0.4 | 2 |
| 국외 경제 | 환율(달러당,연중) | Br$ | 1.42 | 1.45 | 1.36 | 1.26 |
| | 경상수지 | 백만 달러 | 7,056 | 4,310 | 5,623 | 8,421 |
| | 외환보유액 | 백만 달러 | 751 | 1,357 | 1,563 | 1,729 |
| 외채 현황 | 총외채잔액 | 백만 달러 | 1,031 | 1,152 | 1,571 | 1,571 |
| | 단기외채 | 백만 달러 | 29 | 39 | 135 | 144 |
| | 총외채잔액/GDP | % | 7.2 | 10.7 | 12.1 | 9.6 |
| | 외채상환액/총수출 | % | 1.3 | 2.2 | 2.1 | 2.3 |

자료: IMF(2014)

| 그림 13-1 | 브루나이 연도별 수출입 상품 및 서비스 현황

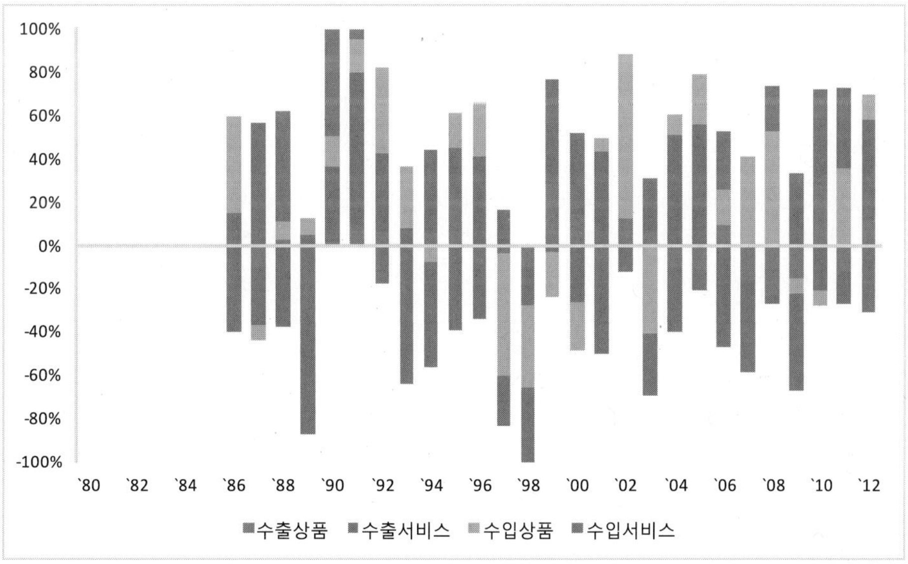


자료: IMF(2013)

## 4. 브루나이의 이슬람 역사

1405년 초대 브루나이 국왕이인 무함마드(Muhammad)왕이 말레이반도의 최남단 죠호르(Jahar) 왕국의 공주와 결혼하면서 브루나이 이슬람왕국을 건국하였다. 브루나이 왕국은 초대 무함마드 국왕 이후 제5대 술탄까지 300년 동안 국력을 지속적으로 신장하여 오늘날의 사바, 사라와크, 칼리만탄 전지역과 필리핀의 민다나오, 술루 열도까지 통치하는 동남아의 거대한 이슬람 왕국이었다. 브루나이는 15세기말경에 이슬람을 전폭적으로 수용하였다.

영국 식민통치하의 브루나이는 1888년에 영국 식민당국과 브루나이 술탄간에 협정을 체결하여 영국보호령하에 술탄이 브루나이의 국내 통치를 하는 것으로 합의되었다. 그러나 이슬람 종교를 제외한 다른 국내 일들은 영국에서 파견된 고등판무관이 술탄에게 조언하는 형식으로 관여하였다. 또한 브루나이의 안보와 외교는 영국이 직접 수행하였다.

브루나이 왕국은 제2차대전 이전까지 영국의 보호령이었다. 브루나이는 2차대전 시기에 1945년까지 일본의 식민지배하에 잠시 있다가 다시 영국의 보호령으로 복귀하였다. 브루나이는 1984년 1월 1일 96년간의 영국 보호령으로부터 독립하였고 현재 영연방국가이다(양승윤, 2007). 브루나이는 영국의 식민통치를 받았지만 영국과 우호적인 관계를 유지하고 있다.

## 5. 브루나이는 이슬람문화만 있는가

초대 술탄인 무함마드가 현재 브루나이 지역에 이슬람왕국을 건국하기 전에 이 지역에는 힌두교 왕국인 마자파힛(Majapahit)왕국의 통치지역이어서 힌두교와 인도문화가 많이 남아 있다. 브루나이는 동남아의 대표적인 이슬람 국가이지만 불교사원도 있고 다양한 동남아의 전통이 외래 문화와 융합된 흔적들이 남아 있다.

## 6. 브루나이가 말레이시아 연방에 가입을 거부한 이유

브루나이는 말레이시아 연방에 가입할 경우 발생할 수 있는 브루나이 술탄의 지위와 석유사업권 문제로 말레이시아 연방가입을 거부하고 독자적인 이슬람 술탄왕국을 건설하였다. 브루나이는 1929년에 세리아(Seria)지역에서 대규모 해상유전이 발견되어 독자적으로 존립할 수 있는 경제적 토대가 마련되었다. 브루나이 경제의 버팀목이 되고 있는 석유의 발견은 브루나이 역사에서 가장 중요한 분수령이 되었다. 석유의 발견으로 자립경제와 복지국가 건설의 정책을 추진할 수 있었다.

## 7. 브루나이는 종교의 자유가 있는가

브루나이 국교는 이슬람교이지만, 종교의 자유가 보장되어 있다. 따라서 말레이 무슬림이 아닌 중국계 브루나이인 등은 불교와 도교 등을 믿는데 아무런 제한이 없다. 그러나 브루나이에서 무슬림은 타종교를 가진 사람과 결혼을 할 수 없다. 또한 브루나이에서는 타종교를 가진 사람이 이슬람교로 개종하는 것은 어렵지 않지만, 무슬림이 타종교로 개종하는 것은 브루나이에서 불가능에 가깝다. 브루나이에서 거주하고 있는 저자의 지인 중에 불교도 신자가 있는데 그는 자유롭게 불교사원을 방문하고 불교신자로서의 신앙생활을 아무런 제한 없이 하고 있다.

## 8. 브루나이에서 이슬람과 말레이어의 역할

브루나이에서 이슬람 종교교육은 브루나이 무슬림들간에 종교적 동질성을 강화시켰고 말레이어는 브루나이 무슬림들간의 의사소통과 이슬람 종교교육의 매개체로 활용되었다(양승윤, 2007). 브루나이는 말레이시아, 인도네시아에서 사용하고 있는 말레이어를 사용하고 있는데 영국 식민통치의 영향으로 대부분의 국민들이 영어로 의사소통을 하는데 큰 문제가 없다. 저자가 브루나이에서 수상마을, 재래시장 등을 방문하였을 때 영어로 의사교환을 하는데 큰 문제가 없었다.

## 9. 브루나이 이슬람 금융

동남아시아의 대표적인 이슬람 국가 중에 한 국가인 브루나이는 금융시장 규모는 동남아 다른 이슬람 국가들에 비해 상대적으로 작지만 이슬람 금융은 브루나이에 자리 잡고 있다. 이슬람 금융 전업은행인 브루나이 이슬람은행과 브루나이 이슬람개발은행이 이슬람 금융업무를 수행하고 있다. 브루나이 정부는 석유판매 자금이 충분함에도 이슬람 금융시장 발전을 위해 수쿡을 발행하고 있다(나희량, 2014).

브루나이 투자청(Brunei Investment Agency: BIA)은 국부펀드로 전세계 시장을 대상으로 투자하고 있다. 브루나이는 금융선진화를 위해 2011년에 새로운 금융규제기관으로 브루나이 금융규제기관(the Autoriti Monetari Brunei Darrusalam: AMBD)이 설립되었는데 AMBD는 브루나이 중앙은행의 역할을 수행하고 있다. 브루나이의 대표적인 은행은 Bank Islam Brunei Darussalam (BIBD)이다. 브루나이는 공공민간파트너십(Public Private Partnership: PPP) 방식에 의해 브루나이 정부와 민간간의 공동투자를 적극적으로 추진하고 있다(황보열, 2014).

## 10. 브루나이에서 이슬람식 호칭

브루나이인들은 Mr.나 Mrs. 대신에 사람의 이름 앞에 붙이는 호칭으로 국왕으로 부터 부여받은 작위인 Pengiran, Pehin, Dato 등과 함께 일반적인 Haji, Awang 등이 있다.

Pengiran은 주로 왕족이나 과거 브루나이 왕국의 최고 결정과정에 참여했던 유력 호족의 장자에게 부여되는 것으로 한국 조선시대의 대군, 군, 공주, 옹주 등과 같은 종친의 개념과 유사하다. 약칭은 Pg이다.

Pehin은 왕족이 아닌 일반인이 받을 수 있는 최고의 작위로 대부분 Dato와 함께 Pehin Dato로 불리며, 부인은 자동적으로 Datin이 된다. Dato 및 Datu는 국가에 공훈이 있는 자가 받는 첫 단계의 작위이다.

Haji 및 Hajah(Hajjah)은 성지순례를 다녀온 사람을 뜻하는 것으로 무슬림은 이 명칭을 자랑스럽게 여겨 다른 작위를 받더라도 함께 사용한다. 약칭으로 Hj(남), Hjh(여)로 사용한다. 그 외 일반인은 Awang(남), Dayand(여)를 사용하는 경우도 있다.

사람들 이름사이의 bin(남)과 bintc(여)는 뒤에 오는 이름(아버지)의 자식임을 나타낸다. 예를 들어 Pg Hj Mashor bin Pg Hj Ahmad(아버지 Ahmad의 아들인 Mashor를 뜻한다. bin은 b로, binte는 bte로 약칭하는 경우도 있다(mofat, 2014).

# 제14부

# 동남아 이슬람 분쟁국가

동남아에서 불교 국가 태국과 가톨릭 국가 필리핀은 자국내 무슬림들과 오랜 기간 분쟁을 겪고 있는 국가이다.

# 제1장 태국의 이슬람

## 1. 불교국가 태국의 무슬림

태국은 전체 인구의 90% 이상이 상좌 불교(Theravada Buddihism)를 믿고 있는 동남아의 대표적인 불교국가이다. 이러한 불교국가 태국에도 무슬림 공동체가 있다. 태국의 무슬림 공동체는 동남아 이슬람 국가들에 비해 상대적으로 작은 규모이다. 2010년 기준으로 태국 전체 인구 6,813만 명 중에서 무슬림 인구는 약 538만 명으로 총인구에서 약 8%정도를 점유하고 있다(cdaily, 2012.9.11).

## 2. 태국의 무슬림 역사

태국의 이슬람은 무슬림들에 의한 동남아 해상무역을 통해서 전래되었다. 무슬림들은 태국의 아유타야(Ayuthaya)왕국에서 경제적으로 부의 축적뿐만 아니라 정치적으로도 성장하기 시작하였다. 그 당시 무슬림들의 동남아 해상무역에서 지대한 역할이 태국에서 무슬림들의 경제적 정치적 입지를 향상시켰다.

아유타야왕국에서 무슬림들은 해상무역과 경제적 부를 배경으로 태국왕실의 특권층으로 자리잡으면서 정치적으로는 아유타야 왕국의 주요 관직에까지 오르는 경우도 있었고 경제적으로는 말레이 반도를 경유하는 해상무역로에 대한 통제권을 향유하였다. 근대화 과정에서는 말레이 반도와 인도네시아 군도로부터 무슬림 노무자들이 태국의 수도 방콕으로 몰려들어 이슬람화를 시도하였지만, 태국사회에 큰 영향을 미치지는 못했다(양승윤, 2007).

## 3. 태국 무슬림은 남부지역에 집단거주

태국 무슬림은 주로 말레이시아와 국경을 접하고 있는 태국의 남부 4개 주 파타니(Pattani), 사툰(Satun), 얄라(Yala), 나라티왓(Narathiwat 등에 집단거주하고 있고 태국 북부지역에도 일부 거주하고 있다. 태국 전역에 있는 2,799개 모스크 중에서 2,347개가 태국의 남부지역에 있고, 그 중에서도 남부 4개주에 1,467개의 모스크가 있다(김영애, 2004). 모스크가 태국 남부지역에 집중되어 있다는 것은 남부지역에 무슬림 인구가 많다는 것 뿐만 아니라 남부지역에 거주하는 무슬림들의 이슬람 신앙심이 다른 지역에 거주하고 있는 무슬림보다 높기 때문이고 무슬림 공동체가 더욱 활성화되어 있기 때문이다.

## 4. 태국 무슬림의 구분

태국 무슬림은 원래부터 태국 땅에 거주하고 있던 무슬림들과 외국에서 태국으로 이주해온 이민자 무슬림으로 구분할 수 있다. 태국 땅에 조상대대로 거주했던 무슬림들은 대부분 태국 남부 4개주에 집단거주하고 있고, 태국 전체 무슬림 인구의 약 80% 정도를 차지하고 있다.

이민자 무슬림들은 주로 인도, 파키스탄 등에서 태국으로 이주한 무슬림들로 주로 태국의 북부와 중부지역에 거주하고 있다. 특히 태국 북부에 거주하고 있는 무슬림들은 중국과 미얀마에서 이슬람에 대한 종교적 박해를 피해 온 무슬림들이 많다. 태국 남부와 북부의 무슬림은 인종적, 역사적 배경뿐만 아니라 이슬람에서도 차이가 있다 남부 무슬림들은 순니파이지만, 중부 지역 페르시안 무슬림들은 시아파가 많다(김창희, 2013).

## 5. 태국 무슬림이 태국 국민이 된 이유

남부지역의 태국 무슬림이 태국국민이 된 이유는 태국과 영국이 1909년 조약을 통해 현재의 태국과 말레이시아의 국경을 획정하면서 태국과 말레이시아의 접경지역에 살고 있던 태국 남부의 무슬림들은 그 당시 태국과 영국령 말라야 두 지역으로 분리되게 되었다.

## 6. 태국 남부무슬림은 태국에 동화되지 않는다

태국에 거주하고 있는 많은 소수민족들과 태국의 중북부에 거주하고 있는 무슬림들은 태국정부의 동화정책 등으로 인해 태국사회에 거의 동화되었지만, 태국남부의 무슬림들은 태국에서 태어나 태국인의 국적을 가지고 있음에도 불구하고, 태국사회로 동화되기를 거부하고 이슬람의 역사와 전통을 중시하며 이슬람에 대한 높은 자긍심을 갖고 있다.

**Check Point 타이 무슬림, 말레이 무슬림**

태국 남부지역 4개주에 집중적으로 거주하고 있는 무슬림은 일반적으로 타이 무슬림(Thai Muslim)으로 불리는데 무슬림들은 말레이 무슬림(Malay Muslim)으로 불리길 원한다. 타이 무슬림들은 대다수의 무슬림들끼리만 부락을 이뤄 살고 있다(차상호, 1982). 타이 무슬림은 언어, 복장, 관습 등이 불교도인 태국인들과 상이하고 말레이시아 사회와 더 유사하다(김영애, 1995). 타이 무슬림들은 태국에 살고 있지만, 자신들이 태국인이라는 의식보다는 말레이시아인이라는 의식을 갖고 있다(이병도, 1998).

타이 무슬림은 지리적으로도 같은 국가인 태국 중북부보다는 말레이시아와 왕래하기가 더 편리하고 언어도 태국어가 아닌 말레이시아와 같은 말레이어를 사용하여 혼인과 경제활동 등에 있어 태국보다는 말레이시아 북부지역과 활발히 교류하고 있다.

태국 남부의 타이 무슬림들은 언어소통에 전혀 문제가 없는 북부 말레이시아로 일일노동자나 계절적 이민자로 자주 왕래하고 있고 혼인 등으로 북부 말레이사람들과 친·인척 관계를 맺는 경우가 많다(김영애, 오명섭, 2004).

## 7. 타이 무슬림들은 뻐너에서 교육한다

타이 무슬림들은 자녀들을 태국 학교에 보내지 않고 마을에 있는 이슬람 교육기관인 뻐너에 보낸다. 이러한 뻐너 중심의 교육은 타이 무슬림들이 종교적, 언어적, 문화적, 정신적, 역사적 특성을 고수할 수 있게 해주고 무슬림의 단결을 높이고 있다(김영애, 1995).

**Check Point 뻐너와 뽄독**

말레이 무슬림들은 마을에 있는 작은 이슬람 교육기관을 뽄독(pondok)이라고 부르는데, 태국 무슬림들은 뽄독을 뻐너로 발음한다.

**Check Point 말레이시아 무슬림의 타이 무슬림의 독립에 대한 생각**

일반적으로 인접국인 말레이시아 무슬림사회는 태국 남부지역의 무슬림사회가 태국으로부터 독립하는 것보다는 경제적, 사회적으로 지위가 향상되기를 원하고 있다(장준영 2007).

## 8. 타이 무슬림들의 낮은 소득수준

태국 남부 지역의 타이 무슬림들의 1인당 평균소득은 태국의 다른 지역에 비해 적고 말레이시아의 평균소득보다도 적다. 이러한 소득수준의 차이는 무슬림들을 더욱 결집시키고 있다. 태국 남부의 타이 무슬림들은 조상대대로 작은 촌락을 이루며 살고 있는데 어업, 농업, 행상 등에 종사하면서 소득수준이 낮다. 이에 비해 태국 남부지역으로 이주해 온 중국계 태국인과 태국인 불교도들은 사회 고위직에 있으면서 상대적으로 소득수준이 높다(차상호, 2004).

이처럼 태국 남부의 타이 무슬림들은 자신들의 소득이 타 지역에 비해서 낮을 뿐만 아니라 자신들의 땅인 남부지역에서도 이주민인 중국계 태국인와 불교도인 태국인에 비해 낮은 부의 불공평을 해결하는 방법으로 자치와 분리주의 운동(Separatism movement)을 펼치고 있다.

**표 14-1** 태국의 산업부문별 GDP 비중 변화 (단위: %)

| 부 문 | 1990년 | 2000년 | 2008년 | 변동폭 (1990 → 2008) |
|---|---|---|---|---|
| 농 업 | 12.5 | 9.0 | 11.6 | -0.9 |
| 광 업 | 1.6 | 2.4 | 3.5 | 1.9 |
| 재조업 | 27.2 | 33.6 | 34.9 | 7.7 |
| 전력, 가스, 수도 | 2.2 | 3.0 | 2.9 | 0.7 |
| 건 설 | 6.2 | 3.1 | 2.9 | -3.4 |
| 상 업 | 17.7 | 17.2 | 14.1 | -3.6 |
| 물류, 통신 | 7.2 | 8.0 | 7.1 | -0.1 |
| 금 융 | 5.5 | 6.2 | 6.2 | 0.7 |
| 공공행정 | 3.5 | 4.3 | 4.4 | 0.9 |
| 기 타 | 16.4 | 13.2 | 12.3 | -4.1 |
| 합 계 | 100.0 | 100.0 | 100.0 | - |

자료: ADB(2010), 김태윤외(2010)

## 9. 태국 정부의 무슬림정책

지금까지 일반적으로 태국정부의 태국 남부에 집단거주하는 무슬림에 대한 정책은 동화정책과 흡수정책의 연속이었다. 서구 열강들이 동남아에 진입하던 때부터 쁘렘(Prem)정권 이전까지 무슬림에 대한 정책은 무슬림들을 태국사회로 강제적으로 동화시키려는 동화정책을 실시하였다.

그러나 태국정부의 무슬림 동화정책이 효과보다는 부작용을 초례하자 쁘렘 정권 이후 2001년 탁씬(Thaksin)이 집권하기 전까지 태국정부의 무슬림 정책은 포용정책으로 선회하였다.

### *Check Point* Pan-Thai Propaganda와 Thai Custom Decree

1938년 집권한 피분(Phibun)정권은 1939년에 국명을 타이족의 색채가 강한 타일랜드(Thailand)로 바꾸고 중부 타이어를 표준어로 정하는 등 타이 민족주의(Pan-Thai Propaganda)를 강조하였다.

이러한 타이 민족주의 정책은 태국 남부지역의 무슬림들의 정체성과 자치에 악영향을 미쳤다.

타이 민족주의가 강화되던 시기인 1938년부터 1944년까지 태국정부는 태국 내에서 태국 민족주의를 고취시키기 위해 타이관습법령(Thai Custom Decree)을 공표하였는데 이 법령에 의해 태국 남부지역의 무슬림들은 전통 말레이 복장인 사롱(Sarong)을 입을 수 없었고, 말레이식 이름과 말레이어을 사용할 수 없었고 태국어 사용이 강요되었다. 특히 이 시기에 무슬림의 집단거주 지역인 태국 남부지역으로의 타이 불교신자의 이주가 정책적으로 권장되었다(장준영 2007).

무슬림 집단거주 지역인 태국 남부지역으로의 불교신자들의 대거 유입은 태국 무슬림들을 태국 사회속으로 자연스럽게 융합시키는 결과보다는 오히려 태국 남부에서도 무슬림들만의 섬을 만드는 결과를 초래하였다.

### *Check Point* 태국 정부의 다양한 무슬림 동화정책

태국 정부는 태국 남부 무슬림 사회에서 적용되었던 이슬람법인 샤리아(Syariah)와 무슬림들의 관습법인 아다트(Adat)를 태국의 전통 관습법인 싸얌(Siam)법으로 전환하였다(장준영 2007). 태국 무슬림들은 무슬림 공동체를 이끌어가는 토대를 샤리아와 아다트에 두고 있는데 태국 정부에 의해 태국의 전통관습법으로 전환 요구는 무슬림들의 정체성과 전통계승에 큰 혼란을 주었고 태국정부와 더 큰 갈등을 낳았다.

태국은 이슬람 조직관리법에 따라 국왕이 수상의 자문을 얻어 중앙이슬람위원회 위원장인 이슬람의 최고지도자를 임명한다. 이슬람 최고 지도자는 이슬람의 모든 업무를 관장하며 태국 행정부에 이슬람에 관한 자문을 한다(장건외, 2014).

## 10. 태국 무슬림 문제는 종교만이 이유가 아니다

태국 정부와 타이 무슬림들간의 갈등은 불교와 이슬람교의 종교문제뿐만 아니라 경제적, 인종적, 언어적, 문화적, 영토적인 문제가 맞물려 있다(김창희, 2013.10.2). 태국의 무슬림 문제는 타이무슬림이 자국민인 태국 불교신자보다 다른 나라 국민인 말레이시아 무슬림과 더 친밀한 일체감을 갖고 있다는 점이다. 태국 무슬림들이 자국민인 태국 불교신자보다 말레이시아 무슬림을 더 친밀하게 생각하는 것은 종교뿐만 아니라 언어등 다양한 요인이 작용하고 있다.

### *Check Point* 쁘렘의 무슬림 포용정책과 탁신의 억제정책

1980년 집권한 쁘렘정권은 무슬림 집중 거주지역인 태국 남부지역의 경제적 빈곤을 해결하려는 정책을 펴면서 무슬림들의 호응을 얻었으나 지속되지는 못했다. 탁신정권은 태국 남부 무슬림지역에 대한 억제정책을 지속하였다(장준영 2007). 태국 남부 무슬림에 대한 가장 효과적인 정책은 동화정책이나 억제정책보다는 낙후된 경제상황을 개선하는 정책이 우선되어야 한다. 최근들어 태국 정부는 태국 남부지역의 빈곤문제를 해결하기 위해 4개년 특별개발계획을 추진하는 등 경제적 접근을 하고 있다.

## 11. 태국의 무슬림 관광정책과 할랄인증제도

태국은 불교국가뿐만 아니라 관광대국이다. 따라서 불교국가 태국이 무슬림 관광객을 유치하기 위해 태국내 주요 호텔과 공항에 무슬림을 위한 기도실을 마련하고 할랄 레스토랑이 증가하고 있다. 2012년 기준으로 400만 명의 무슬림 관광객이 태국을 방문하였다.

태국 정부는 이러한 무슬림의 태국 방문 증대에 대응하여 할랄산업을 핵심전략산업으로 설정하고 적극적으로 정책을 추진하고 있다. 태국 정부는 중앙이슬람위원회의 산하조직인 태국할랄표준 연구소를 후원하고 있다(장건외, 2014).

**표 14-2** 태국 할랄인증의 연혁

| 연 도 | 내 용 |
|---|---|
| 1948 | 세이쿨이슬람(최고지도자) 사무국에서 가금류 도살장에 대해 할랄인증 시행 |
| 1998 | 태국 산업부가 CODEX(국제식품규격위원회)의 할랄표준을 태국 할랄표준으로 채택 |
| 1999 | ASEAN이 회원국을 위한 할랄 가이드라인을 수립 |
| 2001 | 태국 중앙이슬람위원회가 전국적 효력을 가지는 표준으로서 할랄인증과 공인을 위한 규정을 제정 |
| 2002 | 태국 정부가 태국 남부지역에 '할랄식품 허브'의 설치 전략을 제안 |
| 2003 | 태국 정부가 할라-HACCP제도 실시를 위한 재정적 지원 제공 |
| 2003 | 태국 정부가 태국 중앙이슬람위원회의 감독을 받는 태국할랄표준연구소의 설립을 후원 |
| 2003 | 태국 정부가 국립쭐라롱껀대학교의 응용건강과학과에 '할랄식품개발을 위한 중앙연구소와 과학정보센터(HALAL-CELSIC)'의 설립을 위한 예산제공 |

자료: 장건(2014)

## 12. 아시아 외환위기와 태국의 금융기관

1997년 아시아 외환위기의 발원지인 태국은 외환위기 이후 30여개 이상의 은행 등의 금융기관이 인수 합병되었다.

## 13. 태국의 은행

태국에는 상업은행 14개, 외국계 자회사 1개, 외국계 은행지점 14개 , 외국계은행 대표사무소 14개가 있다. 외국계 은행은 태국내 최대 20개 지점과 20개 ATM만을 개설할 수 있다. 태국의 상업은행은 다음과 같다.

Bangkok bank, Bank of Ayudhya, CIMB Thai Bank, Industrial and commercial Bank, Kasikorn Bank, Kiatnakin Bank, Krungthai Bank, Land and Houses Bank, Siam Commercial Bank, Standard Chartered Bank, Thanachart Bank, Tisco Bank, TMB, United Overseas Bank (KOTRA, 2014).

**| 표 14-3 |** 태국 금융기관의 감독 구조

| 감독부처 | 감독기구 | 감독대상 금융기관 |
|---|---|---|
| 재무부 | 중앙은행(BOT) | - 상업은행(Commercial Banks)<br>- 파이낸스회사(Financial Companies)<br>- 주택금융회사(Credit Foncier Companies) |
| | 증권위원회(SEC) | - 증권회사(Security Companies)<br>- 주식시장(Stock Market)<br>- 파생시장(Derivative Market)<br>- 선물시장(Futures Market) |
| | 재정정책실 | - 특수금융기관(Specialized Financial Instititutions) |
| | 보험위원회 | - 생명보험회사(Life Insurance Business)<br>- 비생명보험회사(Non-Life Insurance Business) |
| 농업·농업협력부 | 합동감사국 | - 농업협동조합(Agricultural Cooperatives) |

자료: Pleampit(2009), 정계룡외(2010)

## 14. 불교국가 태국이 이슬람 채권을 발행하는 이유

전 인구의 90%가 불교도인 태국도 이슬람 채권 발행을 추진하고 있다. 태국이 이슬람 채권을 발행하는 이유는 이슬람 채권을 발행하면 동남아와 중동지역 이슬람 국가의 자금을 태국으로 유치할 수 있기 때문이다.

## 15. 이슬람 금융을 통한 태국남부 빈곤문제해결

불교국가 태국에 이슬람은행이 있다. 태국 남부지역에 집단 거주하고 있는 무슬림들의 이슬람 금융 수요에 부응하기 위해서이다. 파타니주에 1987년 파타니 이슬람저축협동조합이 설립되었고 1998년에는 정부 저축은행이 이슬람 금융 창구를 개설하였다. 2002년에는 이슬람은행법이 제정되어 태국정부 주도로 태국 이슬람은행(Islamic Bank of Thailand)이 설립되었다.

태국 이슬람은행은 태국 남부지역 무슬림들의 빈곤문제 해결을 위해 무슬림 빈곤층에게 소액금융과 유사한 금융서비스를 제공하고 있다(나희량, 2010). 태국에서 이슬람 금융은 중동과 말레이시아에서 발전되고 있는 이슬람 금융과 본질은 같지만, 은행영업 방식이 변형된 것이다.

# 제2장 필리핀의 이슬람

## 1. 필리핀의 이해

필리핀의 인구는 가톨릭의 영향으로 산아제한을 할 수 없어 1억 이상이고 인구의 40%가 20세 미만이다. 또한 필리핀은 국어인 타갈로그어와 함께 영어를 공용어로 사용하고 있어 외국인 투자의 적격지로 인식되고 있다. 인구의 80% 이상이 가톨릭신자로 문화도 서구화되어 있고 개방적이다. 필리핀은 7,000여 개의 섬으로 구성되어 있지만 루손, 비사얀제도, 민다나오의 세 개 섬에 집중 거주하고 있다.

## 2. 필리핀의 어제와 오늘

필리핀은 1960년대 아시아에서 일본 다음으로 잘 사는 나라였다. 한국의 1960년도 1인당 GDP는 155달러였고, 필리핀은 257달러로 한국의 거의 두배 수준으로 한국보다 잘사는 나라였다(IMF, 2012). 필리핀은 1965년부터 1986년까지 장기집권한 마르코스 정권의 독재와 부패, 이에 대한 민중의 저항과 민주화 과정의 힘든 시기를 겪었다. 필리핀은 과거 동남아 최대의 부국에서 현재 동남아의 빈국중에 한 국가로 추락하였다.

**표 14-4** 필리핀의 산업부문별 GDP 비중 변화

(단위 : %)

| 부 문 | 1990년 | 2000년 | 2008년 | 변동폭 (1990 → 2008) |
|---|---|---|---|---|
| 농 업 | 21.9 | 15.8 | 14.9 | -7.0 |
| 광 업 | 1.5 | 0.6 | 1.5 | 0.0 |
| 제 조 업 | 24.8 | 22.2 | 22.3 | -2.5 |
| 전력, 가스, 수도 | 2.1 | 2.9 | 3.2 | 1.1 |
| 건 설 | 6.0 | 6.5 | 4.7 | -1.3 |
| 상 업 | 14.4 | 14.1 | 14.7 | 0.3 |
| 물류, 통신 | 4.9 | 5.9 | 6.9 | 1.9 |
| 금 융 | 3.9 | 4.4 | 5.5 | 1.5 |
| 공공행정 | 7.2 | 9.5 | 6.8 | -0.3 |
| 기 타 | 13.2 | 18.0 | 19.6 | 6.3 |
| 합 계 | 100.0 | 100.0 | 100.0 | - |

자료: ADB(2010), 김태윤외(2010)

## Check Point 필리핀 경제의 구조적 문제점

필리핀 경제는 제조업이 약하고 저축률이 낮아 경제의 펀더멘털이 취약하다. 또한 부정부패와 관료주의가 만연하고, 사회간접자본 시설의 확충이 미약하다. 특히 노동시장의 유연성이 부족하여 외국인 투자의 걸림돌로 작용하고 있다(손준호, 2013).

**| 그림 14-1 |** 필리핀의 무역의존도

(단위: %)

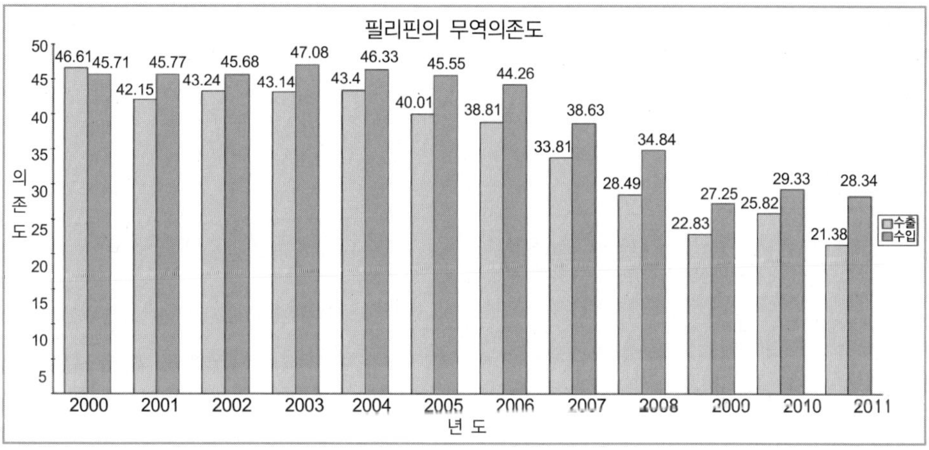


자료: KOSIS

## 3. 필리핀의 이슬람화

필리핀에서 무슬림이 집단거주하고 있는 민다나오(Mindanao)섬은 1460년 이전에 이슬람화되었다. 1570년 스페인에 필리핀이 정복되기 이전까지 루손섬의 중심부인 현재 필리핀의 수도인 마닐라(Manila)도 무슬림들의 영향 하에 놓여 있었다(양승윤, 2007). 현재 동남아 유일의 가톨릭 국가인 필리핀은 스페인이 필리핀에 진출하기 이전에 이슬람화되어 있었다.

## 4. 필리핀 무슬림의 특징

필리핀에서는 무슬림 인구가 총인구의 약 5%정도인데 필리핀 무슬림들은 통합된 하나의 무슬림 공동체가 없다. 필리핀의 무슬림은 거주 지역에 따라 언어적, 종족적으로 분리되어 있고 장기간 외부로부터 고립되면서 정통 이슬람이 필리핀 토착문화와 혼합되었다. 스페인이 필리핀에 도래하기 이전에 필리핀에 있었던 무슬림들은 중동인과 인근 말레이인과의 혼혈이 많았다.

필리핀 무슬림 공동체는 13개의 다양한 종족으로 이루어져 있고, 각각의 종족은 각각의 종족 언어와 문화전통을 갖고 있다. 이들 13개 종족 중에서 4개의 종족집단이 대다수를 차지하고 있다(김동엽, 2014).

**Check Point** 무슬림은 필리핀에서 최초로 정치세력화 집단

필리핀은 수 많은 섬들과 다양한 종족들로 구성되어 있어 스페인이 필리핀을 식민지배하기 이전에 필리핀에는 바랑가이라고 불리는 소규모 부족공동체만 존재하였고, 강력한 중앙집권적인 정치세력이 없었다. 필리핀에서 최초로 정치세력화된 집단은 무슬림 공동체였다.

## 5. 스페인의 필리핀 진출과 무슬림

필리핀에 진출한 스페인인들은 필리핀 마닐라 지역의 이슬람 사회를 붕괴한 이후 민다나오(Mindanao)와 술루(Sulu) 등지의 필리핀 남쪽까지 세력 확장을 하였고 이 지역 무슬림들은 격렬하게 저항하였다(양승윤, 2007).

필리핀을 점령한 스페인은 이미 700년 동안(732-1492) 무슬림과 전쟁한 나라이며 이슬람에 대한 반감과 적개심을 가지고 있는 나라로 필리핀 통치 기간 320년(1578-1898)동안 필리핀을 완전히 기독교화하려 하였다(S.Batumalai, 1999).

필리핀 무슬림들은 스페인 식민정부의 가톨릭으로의 개종 강요에 강력하게 저항하였고 이러한 무슬림의 스페인 식민정부에 대한 저항은 필리핀에서 무슬림 공동체의 고립과 경제적 낙후를 가져 왔다(Milligan, 2003).

**Check Point** 필리핀의 무슬림은 처음부터 민다나오섬에만 있었나

스페인이 필리핀에 진입하여 무력으로 필리핀 북부 로손(Luzon)으로부터 무슬림들을 남쪽으로 쫒기 이전에는 필리핀에는 필리핀 전역을 이슬람화하였던 이슬람 술루(Sulu)왕국이 있었다. 스페인이 필리핀을 통치한 이후 필리핀 무슬림인 모로(Moro)는 민다나오와 술루해 인근에 집단 거주하고 있다

(양승윤, 2007).

**Check Point** 스페인 식민통치가 남부 무슬림의 정체성에 미친 영향

스페인은 필리핀 북부 섬들을 정복한 후 필리핀 남부 섬들도 장악하려고 했지만, 필리핀 남부지역은 필리핀 남부 전통문화와 이슬람 정체성(Islamic Identity)이 강하여 정복되지 않았고 오히려 무슬림으로써의 종족일체성(Ethnic Identity)이 더욱 강화되는 현상을 가져왔다(R.Hunt, 1997). 이처럼 필리핀의 무슬림은 스페인의 지속적인 탄압에도 불구하고 자신의 정체성을 지켰다.

## 6. 스페인의 식민정책으로 인한 토착민간의 갈등

스페인은 자국의 영향권에 있던 아메리카와 동남아시아를 필리핀을 통해 연결하려고 하였고 이를 위해 필리핀 토착민들을 가톨릭으로 개종시키려고 했다(S.Batumalai, 1999). 스페인은 아메리카와 필리핀을 하나로 묶어 통치하려는 구상을 갖고 있었다. 이러한 스페인의 식민정책에 의해 필리핀의 많은 토착민들이 가톨릭으로 개종하였으나 민다나오섬에서 북보르네오까지 펼쳐져 있는 섬들을 장악하고 있던 무슬림들은 가톨릭으로의 개종을 거부하여 스페인과 필리핀 무슬림간에 전쟁이 벌어졌다. 스페인과 필리핀 무슬림과의 전쟁에서 스페인은 카톨릭으로 개종한 필리핀 북부의 토착민들을 전쟁에 동원하여 필리핀 무슬림들과 전투하게 하여 필리핀 무슬림들과 가톨릭으로 개종한 필리핀 토착민간에 갈등이 증대하였다(노해종, 2008).

**Check Point** Moor와 Moro

필리핀에서는 필리핀 무슬림을 모로(Moro)라고 한다. 스페인 식민정부는 필리핀 남부의 무슬림들을 모로(Moro)라고 불렀는데 모로라고 부른 이유는 북아프리카 모로코에 거주하는 무슬림인 무어(Moor)인과 비슷하다고 생각했기 때문이다.

모로의 어원적 유래는 스페인으로부터 나왔다. 스페인이 필리핀에 도래하기 전에 스페인은 본국인 이베리아반도에서 무어*(Moor)*족 무슬림과 전쟁을 벌였다. 스페인은 필리핀에 도래한 이후 필리핀 무슬림을 자신들이 경험했던 무어

족의 서반아어 발음인 모로(Moro)로 호칭하였다(김동엽, 2014).

## 7. 미국 식민정책과 무슬림정책

미국과의 전쟁에서 패한 스페인이 필리핀에서 1898년 물러나고 미국이 필리핀을 식민통치하게 되었다. 미국의 필리핀에 대한 기본정책은 필리핀을 식민지 착취대상으로만 간주하지 않고 개발하고 교육을 시키고 미국식 민주제도를 도입하여 자치능력을 향상시키는 것으로 전환하였다.

미국은 필리핀을 식민지배하면서 국가와 종교를 분리시켰고, 스페인을 이어 필리핀 무슬림인 모로와의 전쟁을 이어갔다. 미국은 초창기 무슬림들 지역에 학교와 병원을 건립하는 등 유화정책을 추진하였으나 무슬림들은 미국의 유화정책이 자녀들을 개종시키려는 의도로 생각하고 자녀들을 학교에 보내지 않았다.

미국은 모로지방(Moro province)을 설정하여 기독교도인 필리피노의 행정아래 두고 무슬림 집단거주지역인 민다나오 등의 필리핀 남부지역에 북쪽 루손지역의 가톨릭교도인 필리피노들을 대거 이주시켰다(김성철, 2000). 미국의 식민정책은 식민통치라는 본질에서는 스페인과 다를게 없었지만, 식민통치의 방식이 착취와 억압에서 개발로 전환되었다. 그러나 필리핀 무슬림에 대한 동화와 억압정책은 동일하였다.

### *Check Point* 토지국유화와 가톨릭신자의 필리핀 남부 이주정책

필리핀의 식민지배는 필리핀 국민의 의지와 상관없이 1898년 스페인에서 미국으로 이전되었다. 미국의 식민정부는 필리핀의 상당수 토지를 국유지로 하고, 필리핀에 투자하는 외국기업이 토지를 활용할 수 있게 하였다.

이러한 미국 식민정부에 의한 토지의 국유화과정에서 필리핀 무슬림들이 집단 거주하였던 모로지역은 민다나오 및 술루 행정구역(*The Department of Mindanao* and *Sulu*)으로 변경하였고(Finley 1916), 필리핀의 다른 지역에 거주하고 있던 기독교도들을 무슬림 집단 거주 지역인 민다나오 등으로 대규모 이주시키는 정책을 추진하였다. 미국 식민지 정부는 가톨릭신자들의 무슬림지역으로 이주를 용이하게 하기위해 가톨릭신자들에게 토지 구입자금을 대여해주거나 토지를 무상으로 불하하기도 했다(Islam 1998: 445).

1946년 독립한 필리핀 정부도 미국 식민정부와 마찬가지로 가톨릭신자들이 무슬림 집단거주 지역인 민다나오로 이주할 경우 다양한 재정적 지원을 하여 많은 가톨릭 신자들이 민다나오로 이주했다. 이러한 식민정부와 필리핀 정부의 가톨릭 신자의 대규모 이주정책으로 민다나오에서 필리핀 무슬림들은 조상대대로 물려받은 토지를 잃게 되었고 소수민족으로 전락하였다(Bakuludan 1996), (김동엽, 2014).

## 8. 필리핀 정부의 무슬림 정책

1946년 7월 독립한 필리핀은 미국식 민주주의 모델을 기본으로 민주주의 제도를 채택하였다(양승윤, 2007). 필리핀 정부의 무슬림 정책은 마르코스(Marcos)정권까지 강제적인 동화정책이 지속되었고 아키노(Aquino)정권부터 현재까지 필리핀 정부와 무슬림간의 갈등이 지속되는 가운데 타협정책이 추진되고 있다.

미국으로부터 독립 이후 필리핀 정부는 가톨릭교도들을 무슬림 집단거주 지역인 민다나오에 이주를 독려하였고 민다나오 무슬림 소유의 토지를 몰수하여 민다나오에 이주한 가톨릭교도들에게 이전하는 차별정책을 추진하였다. 이러한 가톨릭교도들의 민나나오 지역으로의 이주정책은 미국의 필리핀 식민통치 시기부터 독립된 필리핀 정부까지 지속되었다.

미국의 필리핀 식민통치부터 독립된 필리핀 정부까지 지속된 가톨릭교도의 민디니오 대규모 이주 정책은 필리핀 무슬림사회를 더욱 고립시키는 결과를 초래하였다.

## 9. 모로 무슬림의 토지 공동소유와 외지인 이주정책

필리핀의 무슬림인 모로(Moro)사회는 전통적으로 토지를 개인이 소유하지 않고 공동으로 소유하였는데 필리핀 정부에 의해 필리핀 무슬림의 집단거주지역인 민다나오에 가톨릭교도의 이주와 외국기업들의 투자가 증가하여 무슬림 공동사회가 큰 타격을 받았다(장준영, 2007).

토지를 사유화하지 않고 공유화하여 사용하였던 필리핀 무슬림 공통체는 카톨릭 교도의 대규모 이주와 외국인 투자의 증가로 무슬림 공통체의 공동텃밭을 상실하게 되어 경제적으로 큰 타격을 받았다.

**Check Point** 스페인, 미국, 필리핀 정부 모두 무슬림과 대립

필리핀을 300년 이상 지배한 스페인, 스페인을 이어 1898년부터 필리핀을

지배한 미국, 미국으로부터 1946년 독립한 필리핀 정부 모두 필리핀 무슬림과 대립하였고 무력충돌까지 벌어졌다. 필리핀 정부는 2001년부터 필리핀 내전 종식을 위해 필리핀 무슬림들과 협상을 벌이고 있다.

## 10. 이슬람 부흥운동과 필리핀 무슬림

1960년대 후반부터 필리핀 무슬림 공동체에도 전세계적인 이슬람 부흥운동(*Islamic Resurgence*)의 영향으로 무슬림 사회의 통합이 가시화되었다. 이슬람 부흥운동이 필리핀에서 일어나기 전에 종족과 지역 공동체로 분열되어 있던 필리핀 무슬림사회는 이슬람 부흥운동으로 꾸란과 순나와 같은 정통 이슬람교리에 충실함으로써 필리핀 무슬림 사회의 다양성을 지양하고 보편성을 찾아갔다. 특히 필리핀에서 무슬림들의 이슬람 부흥운동은 필리핀으로부터 분리독립 운동의 도화선이 되었다.

## 11. 필리핀 무슬림들의 분리독립운동 이유

필리핀은 스페인으로부터 300년 이상 식민통치를 받은 동남아 유일의 가톨릭교 국가로서 서양적 성향을 갖고 있는 다수의 가톨릭 신자들이 지극히 동남아적, 말레이적 성향을 갖고 있는 소수의 필리핀 무슬림을 스페인과 미국의 식민지배 시기부터 필리핀이 독립한 이후 현재까지 변함없이 정치와 경제적 영역에서 주변화(*marginalization*)시켜 상대적 박탈감를 주어 이에 대한 반발로 1960년대 말부터 분리독립을 요구하고 있다(Gowing 1979; 김동엽, 2014).

서구화된 가톨릭 필리피노와 이슬람 전통적이고, 말레이적인 필리핀 무슬림 간의 갈등은 종교적 차이에서 오는 문화적 차이뿐만 아니라, 지역의 경제적 낙후와 무슬림 공동체의 소외감, 박탈감을 더욱 증폭시켰다.

**표 14-5** 필리핀의 평균소득별 도시 및 지방도시 구별표

| 등 급 | 연평균 고득(페소) | 평 균 |
|---|---|---|
| 1등급 | 55,000 이상 | 60,000 |
| 2등급 | 45,000~55,000 | 50,000 |
| 3등급 | 35,000~45,000 | 40,000 |
| 4등급 | 25,000~35,000 | 30,000 |
| 5등급 | 15,000~25,000 | 20,000 |
| 6등급 | 15,000이하 | 10,000 |

자료: National Statistical Coordinantion Board, Income Classification

**표 14-6** 방사모로 자치지역의 면적, 인구 및 소득

| | | 면적 ($km^2$) | 인구 (명) | 1인당 소득 (페소) | 전체 소득 (100만 페소) | |
|---|---|---|---|---|---|---|
| | | | | | 금액 | 구성비 |
| ARMM | | 33,511 | 3,256,140 | 28,657.7 | 93,313.5 | 76.3 |
| 도시 (2개) | 코타바또 | 176 | 271,786 | 60,000.0 | 16,307.2 | 13.3 |
| | 이사벨라 | 224 | 97,857 | 30,000.0 | 2,935.7 | 2.4 |
| | 소 계 | 400 | 369,643 | 52,058.0 | 19,242.9 | 15.7 |
| 라나오델노르테의 지방도시 (6개) | 발 로 이 | 91 | 50,387 | 40,000.0 | 2,015.5 | 1.6 |
| | 무 나 이 | 198 | 27,600 | 30,000.0 | 828.0 | 0.7 |
| | 누 눙 간 | 473 | 16,304 | 40,000.0 | 652.2 | 0.5 |
| | 판 타 르 | 70 | 18,440 | 20,000.0 | 368.8 | 0.3 |
| | 타골로안 | 70 | 11,674 | 20,000.0 | 233.5 | 0.2 |
| | 탕 칼 | 179 | 12,588 | 20,000.0 | 251.8 | 0.2 |
| | 소 계 | 1,080 | 136,993 | 31,751.1 | 4,349.7 | 3.6 |
| 바랑가이 (북코타바또 주 208개 중 39개) | | 483 | 91,535 | 58,766.8 | 5,379.2 | 4.4 |
| 방사모로 자치지역 | | 35,475 | 3,854,311 | 31,726.9 | 122,285.3 | 100.0 |

자료: The Philippines Statistics Authority, National Account of the Philippines

**표 14-7** 민다나오자치구의 산업구조(2012)

(단위: 10억 페소, %)

| | ARMM | | 지역10 | | 지역12 | | 필리핀 전체 | |
|---|---|---|---|---|---|---|---|---|
| | 금액 | 구성비 | 금액 | 구성비 | 금액 | 구성비 | 금액 | 구성비 |
| 농 업 | 60.9 | 65.3 | 110.9 | 27.1 | 113.5 | 37.9 | 1,250.6 | 11.8 |
| 공 업 | 4.4 | 4.7 | 127.5 | 31.1 | 82.2 | 27.4 | 3,284.5 | 31.1 |
| 서비스업 | 28.0 | 30.0 | 171.3 | 41.8 | 104.0 | 34.7 | 6,029.8 | 57.1 |
| 총 액 | 93.3 | 100.0 | 409.7 | 100 | 299.7 | 100 | 10564.9 | 100.0 |

자료: The Phililppines Statistics Authority, Gross Regional Domestic product(2010-2012), 김동엽(2014)

## 12. 필리핀의 금융산업

필리핀의 금융산업은 상업은행을 중심으로 구성되어 있다. 2012년 기준으로 상업은행 37개, 저축은행 69개, 지방은행 606개 등 등 총 712개 은행으로 구성되어 있다. 필리핀 중앙은행 중심으로 은행 통폐합이 진행되어 2012년 27개 은행이 통폐합되었으나 아직도 다수의 은행이 난립하고 있어 은행산업 집중도가 매우 낮은 수준이다. 1994년 외국계 은행진입법이 제정되어 외국계 은행의 필

리핀 진출이 가능하다(손준호, 2013).

**| 표 14-8 |** 필리핀 금융기관별 현황(2009)

| 구 | 분 | 개수 | 총자산(억 페소) | 총자본(억 페소) | 고용인 |
|---|---|---|---|---|---|
| 은 행 | 상 업 은 행 | 38 | 50,890 | 5,640 | 81,959 |
| | 민 간 | 35 | 43,590 | 4,850 | 72,169 |
| | 국 내 | 18 | 37,640 | 3,840 | 66,110 |
| | 외 국 계 | 17 | 5,950 | 1,010 | 6,059 |
| | 국 영 | 3 | 7,300 | 800 | 9,790 |
| | 저 축 은 행 | 74 | 5,270 | 610 | 13,839 |
| | 지 방 은 행 | 648 | 1,430 | 240 | 24,709 |
| | 상호신용금고 | 44 | 130 | 20 | 1,997 |
| 비은행 기 관 | 저축대부조합 | 75 | 800 | 640 | 10,699 |
| | 신 탁 회 사 | 46 | 15,920 | - | 1,130 |
| | 외환거래기관 | 1,627 | n/a | n/a | n/a |
| | 보 험 사 | 113 | 5,040 | 240 | 15,870 |
| | 연 기 금 사 | 4 | 11,010 | 10,020 | n/a |

자료: BSP, Banking Statistics. 정계룡외(2010)

**| 표 14-9 |** 필리핀은행의 최소요구자본

(단위: 백만 페소)

| 구 | 분 | 1998년 이전 | 1999년 | 2000년 이후 |
|---|---|---|---|---|
| 금융지주회사(universal banks) | | 4,500 | 4,950 | 5,400 |
| 상업은행(commercial banks) | | 2,000 | 2,400 | 2,800 |
| 저축은행 (thrift bank) | 마닐라에 본점 소재 | 250 | 325 | 400 |
| | 마닐라 지역 외 본점 소재 | 52 | 52 | 64 |
| 지방은행 (rural banks) | 마닐라 소재 | 26 | 26 | 32 |
| | 세부 및 디바오 소재 | 13 | 13 | 16 |
| | 1~3구역 도시 및 1구역 지자체 소재 | 6.5 | 6.5 | 8 |
| | 4~6구역 도시 및 2~3구역 지자체 소재 | 3.9 | 3.9 | 4.8 |
| | 5~6구역 지차체 소재 | 2.6 | 2.6 | 3.2 |

자료: BSP, Regulations.

# 제15부

# 인도차이나 반도 국가의 이슬람

인도차이나 반도의 국가들은 대부분 경제적으로 낙후되어 있고 국민들 중에 불교신자가 많은 지역이다.

# 제1장 미얀마의 이슬람

## 1. 미얀마의 어제와 오늘

미얀마는 불교국가이다. 미얀마의 국토는 한반도의 3.5배이고 원유, 천연가스 등 천연자원이 풍부한 국가이다. 미얀마는 영국 식민지배를 받기 전까지는 동남아에서 태국과 함께 강대국이었으나 독립 이후 폐쇄정책정책에 따른 경제정책의 실패와 반민주화로 인한 서구국가들의 경제제재 등으로 인해 절대빈곤 국가중에 한 국가로 추락하였다.

그러나 2011년 3월 초대 민간 대통령으로 선출된 테인 세인 대통령의 신정부는 출범 이후 적극적으로 대외개방을 추진하고, 대내 민주화를 추진하면서 서구국가들과의 관계가 개선되어 투자와 무역이 증가되고 있다. 신정부 출범이후 제정한 신외국인투자법에 의해 2012년부터 외국인의 토지임차는 기존의 30년에서 50년으로 확대되었다.

미얀마에 가장 많이 투자한 국가는 중국이고 그 다음이 인접국인 태국이다. 미얀마의 비전은 2030년까지 1인당 국민소득을 3000달러로 향상시켜 절대빈곤을 벗어나 중진국대열에 합류하는 것이다.

**표 15-1** 아시아 국가들의 1인당 GDP비교

| 국 가 | 2005 | 2006 | 2007 | 2008 | 2009 | 2010 |
|---|---|---|---|---|---|---|
| 방글라데시 | 1,134 | 1,229 | 1,325 | 1,414 | 1,489 | 1,572 |
| 캄보디아 | 1,457 | 1,670 | 1,885 | 2,035 | 1,993 | 2,112 |
| 중 국 | 4,103 | 4,749 | 5,554 | 6,189 | 6,786 | 7,519 |
| 인 도 | 2,153 | 2,402 | 2,677 | 2,862 | 3,039 | 3,339 |
| 라 오 스 | 1,647 | 1,816 | 1,980 | 2,141 | 2,283 | 2,436 |
| 미 얀 마 | 859 | 983 | 1,111 | 1,153 | 1,200 | 1,250 |
| 태 국 | 7,132 | 7,689 | 8,287 | 8,631 | 8,489 | 9,187 |
| 베 트 남 | 2,143 | 2,365 | 2,609 | 2,801 | 2,942 | 3,134 |

자료: IMF, World Economic Outlook.

**표 15-2** 미얀마 30년 계획의 산업구조 변화 목표

| 부 문 | 2000 | 2005 | 2010 | 2015 | 2020 | 2025 | 2030 |
|---|---|---|---|---|---|---|---|
| Agriculture | 57.6 | 47.3 | 40 | 30 | 20 | 19 | 19 |
| Industry | 11.4 | 20.0 | 25 | 30 | 35 | 37 | 37 |
| Services | 31.0 | 32.7 | 35 | 40 | 45 | 44 | 44 |
| 합계 | 100 | 100 | 100 | 100 | 100 | 100 | 100 |

자료: Ministry of National Planning and Economic Development, Myanmar, 이호생외(2011)

### *Check Point* 미얀마의 대통령은 어떻게 선출되는가

미얀마는 대통령이 통치하는 국가인데 미얀마의 대통령은 상원, 하원, 군부가 추천한 3명의 부통령 중 한 명이 대통령이 된다.

### *Check Point* 미얀마 수도는 양곤인가

양곤은 미얀마의 대표적인 국제도시이지만, 미얀마의 현재 수도는 아니다. 미얀마의 군사정부는 수도를 양곤(YANGON)에서 네이피도(NAYPYIDAW)로 2005년에 이선하였다.

## 2. 미얀마에서 불교와 무슬림간의 종교분쟁

미얀마 서부에서는 불교도와 이슬람교도간에 종교분쟁이 발생해 국가비상사태가 선포되었다. 이러한 종교분쟁은 최근 민주화와 경제개혁에 박차를 가하고 있는 미얀마 정부에 큰 부담이 되고 있다(매경, 2102.6.11).

## 3. 동남아 해상무역과 미얀마의 무슬림

미얀마의 해안도시들은 중동의 여러 지역에서 온 무슬림들의 기항지 역할을 하였다. 미얀마 지역의 무슬림들은 해상무역뿐만 아니라 선박건조와 선박수리에도 종사하면서 동남아 해상무역망을 연결하는 중간역할을 하였다. 미얀마 왕조시대에 무슬림들은 미얀마 왕실의 보호아래 미얀마 국가정책에도 직간접적으로 지대하게 관여하였고 영국이 미얀마를 식민통치하는 것을 가장 강력하게 반대하는 미얀마의 그룹 중에 하나였다(양승윤, 2007). 미얀마는 영국과의 전쟁

에서 패배하여 영국의 식민지배를 받게 되었는데 영국의 미얀마 식민지배는 미얀마 무슬림들의 사회적 위상에 큰 영향을 주었다.

## 4. 미얀마에 인도무슬림이 증가된 이유

영국의 미얀마 식민지배로 인해 영국령인도(英領印度: British India)의 변방으로 전락한 미얀마는 영국 식민정부의 미얀마 통치정책에 의해 인도인 무슬림들의 미얀마 이주가 증가되었다. 미얀마에 이주한 인도인 무슬림들은 영국 식민정부의 공무원, 식민군대의 군인 등으로 이주하여 영국 식민당국의 미얀마 통치에 관여하였다. 또한 무역상과 소매상 등의 상업에 종사하는 인도인 무슬림들이 미얀마로 대거 이주하여 미얀마의 상권을 장악하였다. 특히 미얀마 최대 도시 양곤 인구의 절반이 인도인 무슬림이 차지할 정도로 인도인 무슬림들이 미얀마의 상권을 장악하였다(양승윤, 2007).

영국의 식민정책에 의해 미얀마로 대규모 이주한 인도 무슬림들은 영국의 식민지배자들의 식민통치를 보조하는 공무원 등을 하면서 미얀마 국민들과 갈등을 유발하였고, 일부 인도 무슬림들은 고리대금업 등을 하면서 미얀마 국민들에게 좋지 않은 인식을 심어 주었다.

## 5. 미얀마 인도 무슬림의 특징

미얀마에 이주한 무슬림들은 타국에서 자신들의 권익을 찾고 단합하기 위해 이슬람협회, 무슬림단체, 이슬람 사원을 만들었다. 또한 이슬람 종교교육도 강화하였다. 특히 미얀마 인도 무슬림들의 이슬람 종교교육에는 파키스탄과 인도 북부의 이슬람지역에서 사용되는 우르두(Urdu)어가 사용되었다(양승윤, 2007).

저자가 미얀마에서 만난 파키스탄 비즈니스맨에게 미얀마 인도무슬림들과 어떤 언어로 대화하는가를 물어 보았을 때 우르드 언어로 대화한다고 말했다. 파키스탄 비즈니스맨은 미얀마에서 비즈니스를 할 때 국적은 파키스탄, 인도, 미얀마로 각기 다르지만 우르드 언어로 커뮤니게이션이 가능하여 비즈니스에 아무런 문제가 없다고 하였다.

## 6. 라카인주와 로힝야족

미얀마는 불교국가이지만 이슬람 국가인 방글라데시와 국경을 접하고 있는 서부 라카인주(여카잉주) 등에는 무슬림이 거주하는 지역이 여러 군데 산재해 있다(매경, 2012.6.11). 로힝야족은 미야마에서 라카인주에 집단거주하는 이슬람교도로, 주류 종족인 버마인 불교도와 갈등을 겪고 있다.

미얀마에 거주하고 있는 로힝야족은 대부분은 수세대 전에 미얀마의 인접국인 방글라데시에서 이주하였다. 미얀마 정부는 로힝야족을 미얀마 국민으로 인정하지 않고 있다(The Asian, 2014.10.27).

로힝야족은 9세기경부터 현재 미얀마의 라카인주 북부에 거주한 뒤 벵골인, 페르시아인, 무갈인 등 주로 무슬림들과 통혼을 해 왔다. 15~17세기에는 불교왕국인 여카잉왕국에 합병되었다(장준영, 2012).

유엔이 세계에서 가장 박해받는 소수민족 가운데 하나로 보고 있는 로힝야족은 미얀마에 거주하고 있는 무슬림 집단 중에 하나이다. 미얀마 정부는 로힝야족을 자국의 소수민족이 아닌 외국인으로 취급하고 있다(매경, 2012.6.11).

**표 15-3** 미얀마 문해율 및 초·중동 취학률(2010)

| 번 호 | 지 역 | 문해율 | 취학률 | |
|---|---|---|---|---|
| | | | 초등 | 중등 |
| 1 | 카 친 주 | 87.2 | 92.6 | 689 |
| 2 | 까 야 주 | 84.7 | 9.3 | 72.4 |
| 3 | 카 렌 주 | 89 | 87.2 | 52.8 |
| 4 | 친 주 | 87.4 | 85.8 | 55.9 |
| 5 | 저 가 잉 주 | 93.3 | 94.1 | 57 |
| 6 | 떠 닝 다 이 주 | 89 | 85.2 | 54.5 |
| 7 | 바 고 주 | 95.5 | 84.5 | 45.8 |
| 8 | 메 그 웨 주 | 92.6 | 91.7 | 45 |
| 9 | 만 들 레 이 주 | 91 | 90.7 | 56.4 |

| 번 호 | 지 역 | 문해율 | 취학률 | |
|---|---|---|---|---|
| | | | 초등 | 중등 |
| 10 | 몽 주 | 92.8 | 87.5 | 63.4 |
| 11 | 여 카 잉 주 | 75.1 | 71.4 | 32 |
| 12 | 양 곤 주 | 95.9 | 93.4 | 73.8 |
| 13 | 샨 주 | 75.2 | 86.8 | 51.8 |
| 14 | 에 야 와 다 주 | 90.6 | 87.5 | 45.9 |
| | 평 균 | 90.6 | 87.7 | 52.5 |

자료: IHLCA survey(2009~2010), 최해현(2011)

**Check Point** 로힝야의 의미

여카잉 언어로 로힝야는 떠돌아다니는 사람이라는 뜻이다. 즉, 정처없이 유랑하는 사람들을 의미한다.

## 7. 미얀마 정부의 무슬림 정책

미얀마 정부의 무슬림정책은 미얀마의 토착무슬림들에게는 미얀마 사회로의 동화를 강요하고 있고, 불법체류로 간주하고 있는 로힝야족 무슬림은 스스로 미얀마에서 퇴출하기를 바라고 있다.

미얀마 정부는 영국으로부터 독립 이후 현재까지 미얀마의 무슬림중에 한 부류인 로힝야족에게 영주권을 주지 않고 로힝야족이 미얀마를 스스로 떠나야 한다는 정책을 고수하고 있다.

미얀마 정부의 미얀마에 있는 다양한 소수종족에 대한 기본적인 정책은 주류종족인 버마족의 문화와 역사에 다양한 소수종족의 문화와 역사를 편입하는 동화정책(assimilation)이다 그런데 로힝야족은 미얀마 정부가 자국내 다양한 소수종족으로도 인정하지 않기 때문에 동화정책에도 포함되지 않는 소외의 대상이다.

## 8. 미얀마 정부가 로힝야족을 국민으로 인정하지 않는 이유

미얀마 정부가 무슬림인 로힝야족을 자국민으로 인정하지 않는 근본적인 이유는 로힝야족은 1824년 발생한 제1차 미얀마와 영국전쟁 때 방글라데시에서 불법으로 미얀마에 이주하였기 때문이다.

미얀마 정부는 1983년 인구조사에서 종족적 유사성을 기준으로 미얀마의 모든 종족을 135개로 분류하였는데 로힝야족은 여기에서 제외하였다. 미얀마 정부가 로힝야족을 자국민으로 인정하지 않는 이유는 제1차 영국-버마전쟁(1824-26) 이전에 현재 미얀마 영토에 거주한 사람들은 모두 미얀마 국민으로 인정하지만 로힝야족은 미얀마와 영국의 전쟁기간동안 불법으로 이주한 난민이고, 인종적으로도 로힝야족은 버마족의 몽골계가 아닌 벵골족이어서 언어, 종교 등에서 미얀마의 주류종족인 버마족과 유사성이 전혀 없다고 보고 있다. 이러한 미얀정부의 로힝야족에 대한 강경한 배척정책으로 로힝야족은 미얀마 내에서 무국적 이민자로 불안하게 거주하고 있다.

## 9. 미얀마의 소수민족과 로힝야족

미얀마는 독립 이후 1948년부터 1960년까지 문민정부기간 동안 미얀마에 거주하고 있던 다양한 소수종족들이 미얀마 중앙정부로부터 독립을 강하게 요구하였다. 로힝야족은 자치권을 얻기 위해 일본이 미얀마를 식민지배할 때 영국군에 가담하는 등 적극적인 태도를 보였다.

그런데 1947년 미얀마 국민들로부터 추앙받고 있는 국부 아웅산(Aung San) 장군이 암살에 로힝야족이 연루되었다는 이유로 미얀마 중앙정부로부터 탄압을 받았다. 로힝야족은 미얀마가 영국으로부터 독립한 이후에는 이슬람 국가인 방글라데시에 합병을 요청하였다.

1962년부터 현재까지 집권한 미얀마 군부에 의해 로힝야족에 대한 강경정책은 지속되고 있다. 네 윈(Ne Win)은 로힝야족을 미얀마 국민으로 인정하지 않았고, 미얀마 무슬림기구(BMO: Burma Moslem Organization)를 해체하여 미얀마에서 무슬림 단체를 와해하려고 하였다(장준영, 2007).

## 10. 미얀마를 떠나는 로힝야족

이슬람의 종교축제인 희생제(이드 알아드하)기간에 매년 로힝야족이 대규모로 미얀마를 떠나고 있다. 로힝야족이 주로 이주하는 곳은 배편으로는 태국, 말레이시아이고 육로로는 방글라데시, 인도, 네팔 등이다 로힝야족은 그곳에서도 국적없는 이방인이 된다(The Asian, 2014.10.27).

**Check Point** Kala

미얀마인들은 과거 미얀마 왕조시대부터 미얀마로 이주한 인도 무슬림들을 무시하여 껄라(Kala)라고 부른다. 미얀마인들은 영국의 미얀마 식민통치 이후 이주한 인도인도 동일하게 껄라라고 부른다(장준영, 2007).

**Check Point** 벵갈리

미얀마에서는 로힝야족을 벵갈리라고 부르는데 벵갈리라는 용어는 불법 이민자라는 의미가 있어 로힝야족은 벵갈리로 불리는 것을 싫어 한다(The Asian, 2014.10.27).

## 11. 미얀마의 금융산업

미얀마에는 국영은행과 민간은행이 있지만 장기간의 경기침체와 고인플레이션으로 인해 금융산업의 발달이 뒤쳐져 있다. 미얀마는 인플레이션이 이자율에 근접하고 은행에 저축한 예금자에게 보호제도가 없어 예금한 은행이 파산하면 예금자가 보호를 받을 수 없기 때문에 금융소비자들의 은행 이용이 활성화되어 있지 않다.

**표 15-4** 금융 부문 주요 지표의 국제 비교

| 국가 | GDP 대비 은행대출 비중 (%, 2005) | 예금 대비 통화량 비율 (2005) | GDP 대비 M2 비율 | |
|---|---|---|---|---|
| | | | 1995 | 2004 |
| 브루나이 | 10.4 | 41.26 | 120.0 | 95.6 |
| 캄보디아 | 7.2 | 275.30 | 7.7 | 20.2 |
| 인도네시아 | 46.2 | 71.88 | 49.0 | 45.0 |
| 라오스 | 7.6 | 160.28 | 133.6 | 19.9 |
| 말레이시아 | 136.2 | 6.98 | 80.4 | 113.4 |
| 미얀마 | 28.1 | 213.52 | 30.7 | 24.1 |
| 필리핀 | 50.6 | 66.55 | 39.6 | 43.3 |
| 싱가포르 | 68.3 | 6.54 | 83.3 | 111.7 |
| 태국 | 19.2 | 10.52 | 70.1 | 15.1 |
| 베트남 | 71.2 | 32.30 | 23.0 | 74.4 |

자료: ADB, Key Indicator(2009), 이호생외(2011)

미얀마에는 민간 상업은행이 19개에 있으나 대부분의 외환업무는 MICB (Myanmar Investment Commerce Bank), MFTB(Myanmar Foreign Trade Bank) 등 2개의 국책은행에서 이루어지고 있다. 미얀마 정부는 2012년부터 금융 시스템의 선진화를 위해 IMF, World Bank, ADB 등과 협력체제를 구축하고 있다(KEB, 2014: KOTRA, 2014).

# 제2장 베트남의 이슬람

## 1. 베트남 = 동남아 + 동북아

베트남은 지리적으로 동남아와 동북아가 서로 접하는 문화적 접경지대에 있다. 이러한 지리적 요인으로 인해 동남아는 동남아 국가중에서 동북아적 요소를 가장 많이 갖고 있는 나라 중에 하나이다.

이처럼 동북아적 색채가 강한 베트남의 종교는 다른 동남아 국가에 비해 동북아의 전통종교인 유교, 도교의 영향이 크고 상대적으로 이슬람과 힌두교의 영향이 다른 동남아 국가에 비해 약하다(이병도, 2007).

## 2. 전쟁터에서 투자유망국가로 변신

베트남하면 떠올려지는 이미지는 전쟁이다. 베트남은 오랜 세월 세계 초강대국인 중국, 프랑스, 미국과 전쟁을 치룬 국가이다. 베트남은 전 국토가 전쟁터나 다름없었던 아픈 역사를 갖고 있다. 그러나 최근 들어 베트남은 중국, 인도와 함께 세계 3대 투자유망 국가로 급부상하였다. 베트남은 인구가 9,000만을 넘고 평균 연령은 30세 미만이다. 월 평균 임금수준도 약 200달러 수준으로 글로벌 생산지로서 각광받고 있고, 소득수준도 증가하여 소비시장으로서도 중요성이 증대되고 있다. 베트남은 세계 쌀 수출 1위, 커피 수출 2위 국가로 농산물의 경쟁력도 크다.

**| 표 15-5 |** 베트남의 5개년(2006-10) 산업개발전략

| 분야별 산업 | 성장률 | 비 중 | |
|---|---|---|---|
| | 2006~10 | 2005 | 2010 |
| 전체 분야 | 15~16 | 100.00 | 100.00 |
| 자원개발 산업 | 5.5~6.5 | 10.5 | 6~7 |
| 기간 산업 | 18.5~19.5 | 29.1 | 38~39 |

자료: 김태윤외(2010)

**| 표 15-6 |** 베트남의 산업부문별 GDP 비중 변화

(단위: %)

| 부 문 | 1990년 | 2000년 | 2008년 | 변동폭 (1990 → 2008) |
|---|---|---|---|---|
| 농 업 | 38.7 | 24.5 | 22.2 | -16.5 |
| 광 업 | 5.2 | 9.6 | 9.9 | 4.7 |
| 제 조 업 | 12.3 | 18.6 | 20.3 | 8.1 |
| 전력, 가스, 수도 | 1.4 | 3.2 | 3.2 | 1.8 |
| 건 설 | 3.8 | 5.4 | 6.4 | 2.6 |
| 상 업 | 13.0 | 14.2 | 14.3 | 1.3 |
| 물류, 통신 | 3.5 | 3.9 | 4.5 | 1.0 |
| 금 융 | 1.2 | 1.8 | 1.8 | 0.7 |
| 공공행정 | 8.6 | 8.6 | 7.7 | -0.9 |
| 기 타 | 12.4 | 10.2 | 9.7 | -2.7 |
| 합 계 | 100.0 | 100.0 | 100.0 | - |

자료: ADB(2010), 김태윤외(2010)

## 3. 베트남 이슬람의 특징

베트남에는 베트남 총인구의 86% 이상을 차지하는 다수민족인 비엣(viet, 越)족이 있고, 54개의 소수민족이 있는데 베트남에 이슬람의 전래는 베트남의 다양한 소수 민족중에 하나인 참(cham)족을 통해 이루어졌다. 이슬람교는 베트남의 다른 종교에 비해 늦게 베트남에 전래되었다.

## 4. 베트남 무슬림 공통체의 특징

베트남 무슬림 공통체는 이슬람 율법(律法)에 대한 무슬림 공통체간의 인식상의 차이로 바니 참족 무슬림 공통체와 이슬람 참족 무슬림 공동체로 양분되어 있다(이병도, 2007). 베트남 이슬람 공동체는 정통이슬람의 해석과 실행을

엄격하게 하느냐, 현지문화와 융합된 수행을 하느냐에 따라 두 개의 무슬림 공동체로 구분할 수 있다.

## 5. 바니 참족 무슬림 공통체

베트남 정부는 베트남 무슬림을 참 바니(Cham Bani)라고 부른다(장준영, 2007). 바니(Bani)참족 무슬림 공통체는 주로 베트남의 중부에 집단거주하고 있다. 바니 참족이 신봉하고 있는 이슬람교에는 인도의 브라만교와 베트남 토착 신앙이 혼합되어 있다.

바니 참족의 이슬람교는 인도로부터 유입된 브라만교의 이 지역 명칭인 바라몬(Ba la mon)교와 이 지역의 토착신앙이 오랜 세월 자연스럽게 혼합되어 정통 이슬람과는 다소 상이한 독자적인 이슬람문화와 이슬람 공동체를 유지 발전시키고 있다.

## 6. 이슬람 참족 무슬림 공통체

이슬람 참족(Cham Islam) 무슬림 공통체의 참족은 약 300년 전 캄보디아로부터 베트남으로 이주하여 주로 호치민 등의 베트남 남부에 거주하고 있다. 이슬람 참족 무슬림 공동체는 매일 다섯차례 기도, 라마단 기간 단식 등의 무슬림으로서의 의무와 혼례식 등 통과의례를 정통 이슬람 교리에 따라 엄격하게 지키고 있다. 이슬람 참족 무슬림은 정통이슬람의 교리를 생활속에서 엄격하게 지키면서 수행하는 베트남 무슬림이다(이병도, 2007).

## 7. 베트남에서 이슬람의 위상

베트남에서 이슬람교는 대중적인 종교라기보다는 베트남의 소수민족인 참족의 종교에 머무르고 있다. 저자가 호치민시에서 무슬림 모스크의 위치를 일반 시민들에게 물어 보았을 때 대부분이 몰랐다. 20년간 시클로를 운영하고는 있는 시클로 기사도 한참을 찾아보다가 저자를 무슬림 모스크에 데려다 주었다. 베트남의 대표적인 국제도시인 호치민시에서 이슬람 복장을 한 무슬림을 만나기는 쉽지 않다.

## 8. 베트남의 은행

베트남 정부는 베트남 금융시장의 국제경쟁력 향상을 위해 국영 상업은행과 민간 시중은행 구조개혁을 추진하고 시중은행의 재무 건전성을 향상시키기 위해 은행 최저납입 자본금을 2010년까지 1억 7,000만 달러로 증자할 것을 의무화하였다. 베트남 은행의 부실자산(Bad Asset)은 전체 20%~30% 정도이다. 베트남에서는 전 국민의 30%정도만 은행을 이용하고 있다.

2011년 기준으로 베트남에는 국내은행으로 국영 상업은행 5개와 민간 시중은행 38개가 있다. 베트남에 진출한 외국은행은 100% 단독 법인 외국계 은행이 5개, 36개 외국은행의 48개 지점이 있고, 내외국인 합작은행은 13개, 외국은행 대표사무소가 54개가 있다(KOTRA, 2014).

**| 그림 15-1 |** 베트남 금융기관 현황

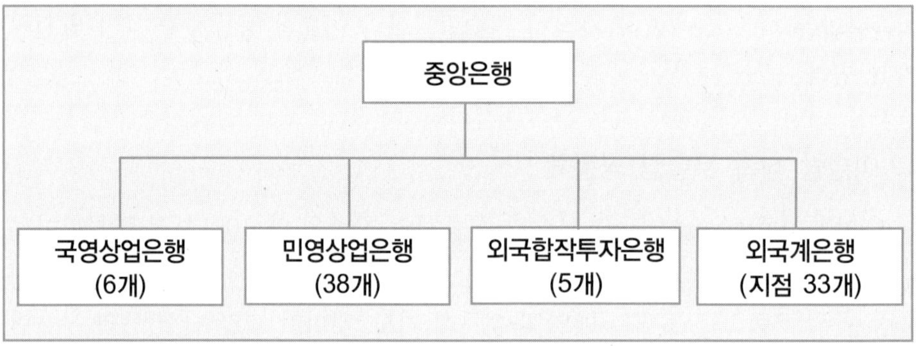


자료: 베트남중앙은행(SBV)

**| 표 15-7 |** 베트남 내 금융기관의 자본금 증대 계획

| 구 분 | 단 위 | 2007년 | 2008년 | 2010년 |
|---|---|---|---|---|
| 국영상업은행(농업은행) | 10억 동 | 2,200 | 3,000 | 3,000 |
| 국영상업은행(농업은행 외) | 10억 동 | 1,100 | 3,000 | 3,000 |
| 민영상업은행 | 10억 동 | 5~70 | 1,000 | 3,000 |
| 외국인투자100%은행 | 10억 동 | - | 1,000 | 3,000 |
| 외국계은행 지점 | 백만 달러 | 15 | 15 | 15 |

자료: 野村證券式会社(Nomura Scurities Co., Ltd.), 정계룡외(2010)

## 9. 베트남의 증권시장

베트남의 증권시장은 2000년 7월에 호치민(Hô Chi Minh)에 증권거래소가 설립되었고 2005년 3월에 하노이(Hà Nội)에 증권거래소가 개설되었다. 한국정부는 한국국제협력단(KOICA)를 통해 베트남의 증권거래소 설립을 위해

1996년~2002년간 3단계에 걸쳐 160만 달러를 무상원조하였다.

2010년 기준으로 호치민 증권거래소에 241개, 하노이 증권거래소에 298개 주식회사가 상장되어 있는데, 호치민 증권거래소는 하노이 증권거래소에 비해 기업의 자본금 규모가 8배나 크다. 하노이 증권거래소는 호치민 증권거래소에 비해 자본금 규모가 작은 중소기업들이 상장하고 있다. 2011년을 기준으로 베트남 상장 주식의 약 30%를 외국인이 보유하고 있다. 외국인의 베트남 주식 투자 한도는 주식의 49%까지이지만 은행주식은 30%로 제한하고 있다.

**Check Point** 베트남에서 국영기업들이 상장하지 않는 이유

베트남에서는 국영기업들이 상장에 소극적이다. 가장 큰 이유는 상장을 하려면 기업공개 등의 투명성을 높여야 하는데 상장을 통한 이익은 크지 않다고 생각하기 때문이다(KOTRA, 2014).

**표 15-8** 베트남 최근 외국계은행의 민영상업은행 지분 취득 현황 (단위: 백만 달러)

| 시 기 | 대상 베트남 민영상업은행 | 투자 금융회사 | 지분 | 금액 |
|---|---|---|---|---|
| 2007. 2. | Hanoi Building Commercial Joint Stock Bank (Habubank) | Deutsche Bank | 20% | - |
| 2007. 1. | Vietnam Technological & Commercial Joint Stock Bank (Techcombank) | HSBC Holdings | 10% | 72 |
| 2006. 3. | Vietnam Joint Stock Commercial Bank for Private Enterprises (VP Bank) | OCBC | 10% | 16 |
| 2005. 12. | Vietnam Technological & Commercial Joint Stock Bank (Techcombank) | HSBC Holdings | 10% | 17 |
| 2005. 6. | Asia Commercial Bank | Standard Chartered | 8.56% | 22 |
| 2005. 3. | Saigon Thuong Tin Joint Stock Commercial Bank (Sacombank) | ANZ Banking Group | 10% | 27 |

자료: EIU(2007)

## 10. 베트남 채권시장의 특징

베트남 채권시장은 채권발행 주체가 대부분 베트남 정부이다. 베트남에서는 민간기업들이 채권발행을 통해 투자자금을 조달하는 경우가 많지 않다(mofat, 2011).

**| 표 15-9 |** 베트남내 합작투자은행 현황 (단위 : 백만달러)

| 구 분 | ShinHan Vina | Indovina | Vinasiam(2개) | VID Public |
|---|---|---|---|---|
| 베트남측 파트너 | Vietcombank | Incombank | Agribank | BIDV |
| 외국인 파트너 | 신한은행 | United World Chiness Commercial Bank | Siam Commercial Bank & Charoan Pokphand Group | Public Bank Berhad |
| 지분율 (베·외) | 50:50 | 50:50 | 34:33:33 | 50:50 |
| 납입자본금 | 20 | 20 | 15 | 20 |

자료 : KIEP(2007)

**| 표 15-10 |** 베트남 100% 외국계은행 설립 관련 규정

| 구 분 | 내 용 |
|---|---|
| 은행 | - 법정 자본금의 50% 이상은 반드시 1개의 외국은행이 보유해야 하며 베트남 내 법인을 설립하여야 함. 100% 외국인투자 은행은 합작은행으로 전환할 수 있으며 그 반대의 경우도 가능함 |
| 자산규모 | - 100% 외국은행의 경우 총 자산규모가 100억 달러 이상이어야 하고, 외국은행지점의 경우에는 동 외국은행의 총 자산규모가 200억 달러 이상이어야 함. |
| 영업기간 | - 최대 99년까지 영업할 수 있도록 규정함. 영업기간 종료 180일 이전에(대표 사무소의 경우 60일전) 중앙은행에 영업 기간 연장을 신청해야 하며 중앙은행은 90일 이내 연장 허가 여부를 결정해야 함. |
| 베트남 은행 지분 소유 한도 | - 현재 30% 한도인 외국계은행의 베트남 국내 은행 지분 소유 한도를 향후 49%까지 확대 예정 |
| 사용언어 | - 행정 처리 시 베트남어 사용이 기본이고 필요시 외국어 병기 |

자료 : 정계룡외(2010)

# 제3장 캄보디아의 이슬람

## 1. 킬링필드와 앙코르와트

캄보디아하면 가장 먼저 떠올려지는 것이 어떤 사람은 왕코르 왓트이고 또 어떤 사람은 킬링필드를 떠올린다. 캄보디아는 극과 극의 이미지가 상존하고 있다. 킬링 필드(Killing Field)는 1975~1979년까지 크메르 루즈의 폴 포트 정

권이 자국민에게 자행한 대학살의 참극으로 그 슬픔은 지금까지도 캄보디아 구석구석에 남아 있다.

앙코르 와트(Angkor Wat)는 12세기 초 크메르족 앙코르 왕조 수리아바르만 2세가 건립한 대규모 불교유적으로 캄보디아가 역사상 가장 융성했을 때의 모습을 보여주고 있어 캄보디아 국민의 가장 큰 자긍심 중에 하나로 캄보디아 국기에도 앙코르 왓트가 그려져 있다.

**표 15-11** 캄보디아 경제성장률 추이

| | 2004 | 2005 | 2006 | 2007 | 2008 | 2009 | 2010 |
|---|---|---|---|---|---|---|---|
| 경제성장률 | 10.3 | 13.3 | 10.8 | 10.2 | 5.2 | 0.1 | 5.5 |
| 농 업 | -0.9 | 15.7 | 5.5 | 5.1 | 4.8 | 5.6 | 2.3 |
| 벼 농 사 | -12.2 | 43.7 | 4.3 | 7.5 | 3.6 | 4.2 | 5 |
| 제조업 등 | 16.6 | 12.7 | 18.3 | 8.4 | 3.1 | -2.5 | 5.7 |
| 봉 제 업 | 24.9 | 9.2 | 20.4 | 10.0 | 2.0 | -2.1 | 25 |
| 서비스업 | 13.2 | 13.1 | 10.1 | 10.1 | 6.7 | 4.6 | 2.4 |
| 관 광 업 | 23.4 | 22.3 | 13.7 | 10.3 | 5.7 | 3.9 | 16 |

자료: KOTRA(2014)

오랜 내전 이후 캄보디아는 1990년대 초까지 농업 이외의 산업 육성이 이루어지지 않았다. 그러나 최근 캄보디아 경제는 의류수출, 관광업, 국제사회의 원조 등으로 지속적으로 경제성장이 이루어지고 있다. 특히 최근들어 중국의 임금상승 등으로 인해 글로벌 기업들의 봉제공장이 중국에서 캄보디아로 많이 이전되고 있다.

## 2. 크메르 왕국의 슬픈 역사

앙코르 왓트의 찬란한 역사를 가졌던 크메르 왕국이 멸망한 후 캄보디아는 인접국인 베트남과 태국의 직간접적인 영향과 간섭을 받으며 크메르의 독자적인 왕국을 세우지 못했다. 왕코르 왓트는 크메르 왕국이 멸망한 후 오랜 기간 동안 밀림에 방치되었다. 밀림에 캄보디아 최대의 왕국인 크메르 왕국의 앙코르 왓트가 묻혀 있는 동안 캄보디아의 쇠락도 함께 이루어졌다.

## 3. 캄보디아는 입헌군주국가이다

캄보디아는 1993년 신헌법을 제정하고 33년 만에 국왕이 국가수반을 수행하는 입헌군주국가로 전환되었다(장준영, 2007). 많은 사람들이 캄보디아의 킬링 필드 이미지로 캄보디아를 사회주의국가로 인식하고 있으나 캄보디아는 사회주의 국가가 아니다. 캄보디아는 상·하양원제의 입헌군주국이고 경제체제는 시장경제체제로 자본주의 국가이다.

## 4. 캄보디아의 이슬람 도래

캄보디아 왕실은 동남아 해상무역을 장악하고 있는 무슬림들과의 관계를 돈독히 하였다. 특히 캄보디아 왕국이 현재 베트남 중부 안남지역에 있던 참파(占婆: Champa)왕국을 침공하여 캄보디아 왕국의 관할 하에 두었는데 그 당시 베트남 중부지역은 이미 이슬람화된 지역이었다. 이처럼 이슬람화된 베트남 중부지역이 캄보디아에 포함되면서 캄보디아에는 무슬림이 자연스럽게 증가하였다(양승윤, 2007).

## 5. 캄보디아 크메르족과 참족

캄보디아 주류 민족은 크메르 족이고 캄보디아 국민의 95%가 소승 불교도이다. 캄보디아에서 무슬림은 총인구의 약 2%를 차지하고 있고 소수민족인 참족이 대부분 무슬림이다. 그런데 캄보디아 정부는 소수민족인 참족의 무슬림에게 매우 호의적이다. 캄보디아 훈센총리는 불교도이지만, 매년 코란 낭송 기금에 5,000달러를 기부하고 있다.

## 6. 캄보디아는 불교를 우대한다

캄보디아의 주류종족인 크메르인은 대부분 불교를 믿고 있다. 또한 캄보디아 인구의 약 10%를 각각 차지하고 있는 캄보디아로 이주한 베트남인과 중국인도 대부분 불교를 믿고 있다.

캄보디아는 기본적으로 종교의 자유를 보장하고 있다. 그러나 캄보디아 정부와 사회는 캄보디아 국민의 95% 이상이 신봉하고 있는 불교를 모든 상황에서 우선시하고 있다. 캄보디아에서 불교는 종교를 넘어 사회규범으로 자리 잡고 있다. 캄보디아는 불교국가이지만 다른 동남아 불교국가에 비해 이슬람교에 대해 우호적이다. 그러나 캄보디아에서 불교는 모든 부분에서 다른 종교에 비해 우선한다.

## 7. 캄보디아에서 무슬림은 이교도

불교국가 캄보디아 사회에서 무슬림은 이교도(異敎徒)로 인식된다. 캄보디아의 무슬림은 대부분 소수민족인 참(Cham)족이다. 참족은 캄보디아와 베트남 국경지역과 캄보디아의 수도 프놈펜(Phnom Penh)에 주로 거주하고 있다.

불교국가인 캄보디아에서 이슬람은 소수민족인 참족만의 종교이고 무슬림은 캄보디아에서 이교도이다. 그러나 캄보디아에서 불교도와 이슬람교도간에 충돌과 갈등은 없다. 무슬림은 이교도이지만 캄보디아 사회에서 겉돌지 않고 자신들의 정체성을 유지발전시키고 있다.

## 8. 캄보디아에서 참족은 소수민족

참족은 현재 캄보디아에서 소수민족이지만 15세기까지 베트남 남부와 캄보디아 동남부에 있었던 참파(Champa)왕국의 후예들이다. 참족은 캄보디아의 주류종족은 크메르(Khmer)족과 언어도 다르고 민족적 정체성도 상이하다. 참족은 캄보디아의 주류종족인 크메르족이 사용하는 캄보디아 언어를 사용하지 않고 자신들의 언어를 사용하고 있다.

### *Check Point* 캄보디아 참족은 어떻게 무슬림이 되었는가

참족의 뿌리인 참파왕국은 본래 힌두교, 불교적 기원으로 건국되었지만 베트남의 침략으로 멸망한 후 이슬람교가 이 지역에 급속히 유입되었다. 참파 왕국이 멸망했을 당시 이슬람 왕국이었던 말라카 왕국은 멸망한 참파 왕국의 왕족과 귀족들을 말라카 왕국으로 받아 주어 참족들에게 이슬람에 대한 우호적인 분위기가 형성되어 이슬람화를 가져왔다.

또한 참파 왕국이 있었던 베트남 남부와 캄보디아 동남부는 지리적으로 무슬림 집단거주 지역인 말레이 반도와 가까워 중동의 이슬람 상인들이 쉽게 방문할 수 있었고 특히 중동의 무슬림들은 참파왕국을 중국과의 교역의 중계무역지로 삼았다. 참족들의 이슬람화는 전쟁과 침략에 의한 강압적인 개종이 아니라 시대적 상황과 지형적 특성으로 인해 자연스럽게 이루어졌다.

## 9. 프랑스가 캄보디아를 식민통치한 이유

1863년 프랑스는 캄보디아를 보호령으로 만들었는데 가장 큰 이유는 프랑스의 영향 하에 있던 베트남에서 영국 등의 다른 유럽 국가들보다 프랑스의 입지를 강화하기 위해 완충지역으로 캄보디아와 라오스의 식민화가 필요했다. 프랑스 식민정부는 캄보디아를 직접통치도 하였지만 베트남 관리를 캄보디아에 파견하여 캄보디아를 통치하기도 하였다. 프랑스가 캄보디아를 식민통치한 이유는 캄보디아 자체를 식민통치하려는 목적보다는 당시 국제적 역학관계에서 베트남을 더욱 효율적으로 통치하기 위한 정치적 목적이 강했다.

## 10. 프랑스 식민정부의 캄보디아 무슬림 정책

프랑스 식민정부는 캄보디아 식민통치를 용이하게 하기 위해 다양한 형태로 캄보디아 국민의 우민화정책을 추진하였는데 이러한 프랑스 식민정부의 캄보디아 국민의 우민화 정책의 일환으로 캄보디아 무슬림들은 정규 학교교육을 받을 수 없었다. 캄보디아 무슬림들은 정규 학교교육 대신에 마을 이슬람 모스크에서 이슬람 경전을 학습하였다.

프랑스 식민정부의 캄보디아 국민의 우민화 정책으로 캄보디아 무슬림들은 정규학교 교육에 접근할 기회를 얻지 못했지만, 오히려 이러한 프랑스 식민정부의 우민화 정책은 무슬림들의 마을에서 이슬람교육을 강화시키는 결과를 초래하여 무슬림들의 정체성을 더욱 강화시키는 요인으로 작용하였다.

## 11. 폴 포트 정권과 캄보디아 무슬림

1975년 농업국가, 반베트남 민족주의, 공산주의를 목표로 집권한 폴 포트(Pol Pot)정권에서 1975년 4월부터 1977년 1월까지 자본주의와 외세와 연루되었다는 이유 등으로 킬링필드(Killing Field)에서 수백만명이 무고하게 희생되었다.

폴포트 정권은 무슬림 여성들이 머리에 착용하는 질밥(Jilbab)의 사용을 못하게 하는 등 무슬림들을 탄압하였고 무슬림들의 수 많은 희생이 발생하였다. 폴포트 정권의 무슬림에 대한 탄압 등을 피해 무슬림 지도자들은 캐나다 등으로 망명하였다(장준영, 2007). 폴포트 정권은 이슬람을 포함한 종교에 대해 비판적인 시각을 갖고 있었고, 이슬람도 예외없이 폴포트 정권에 의한 탄압이 있었다.

## 12. 훈센총리의 이슬람 유화정책

장기간 지속되었던 캄보디아 내전을 종식하고 집권한 훈센(Hun Sen) 총리는 캄보디아 무슬림단체를 합법적으로 승인하였고, 캄보디아내 이슬람 사원을 복원하는 사업을 지원하는 등 이슬람교에 대한 유화정책을 펼치고 있다.

캄보디아 정부는 캄보디아 무슬림들의 금욕적인 생활을 높이 평가하고 있고 중동 산유국들의 오일머니 등이 캄보디아에 투자되기를 원하고 있어 이슬람과 무슬림에 대해 우호적이다.

## 13. 캄보디아 무슬림의 한계와 이슬람의 형제애

훈세정권들어 캄보디아 정부가 이슬람에 대해 우호적인 경향을 보이고 있지만, 사회전반적으로 불교우대가 강하고 크메르 루즈시기에 많은 캄보디아 이슬람 지도자들이 희생을 당하여 무슬림들을 교육할 지도자가 부족하다.

캄보디아 무슬림은 캄보디아 내에서 소수민족이고 전반적으로 영세하여 부족한 이슬람 사원과 이슬람 학교를 건립할 여력이 부족한데 이슬람 형제 국가들인 중동 부국들의 비정부기구(NGO)가 캄보디아에 이슬람 사원과 이슬람 학교 건설에 필요한 재원을 지원하고 있다. 캄보디아의 무슬림 커뮤니티는 경제적으로 곤란을 겪고 있지만, 캄보디아 주류사회와 큰 갈등을 격고 있지 않아 외부 이슬람의 지원 등으로 안정적인 발전을 할 것으로 전망된다.

## 14. 자헤드 참족 무슬림

자헤드(Jahed)라고 불리는 베트남 출신의 참족 무슬림들은 인도 힌두문화를 배경으로 한 세계관을 갖고 정통 이슬람의례와 다소 차이가 있는 이슬람 전통을 갖고 있다. 정통 이슬람 의례는 하루에 다섯번 메카를 향해 기도하는데 자헤드는 일주일에 한 번 모스크에서 단체로 기도를 한다. 또한 정통이슬람에서는 기도 할 때 일반적으로 아랍어를 사용하는데 자헤드는 자신들의 고유언어인 참어를 사용한다. 참족 무슬림들은 대부분의 동남아 국가 무슬림들이 이슬람 의례에서 사용하는 아랍어를 사용하지 않고 참어를 사용하는 이유는 이슬람 지도자의 부족 등이 원인으로 작용하고 있다(장준영, 2007).

### *Check Point* 캄보디아 무슬림의 다양한 명칭

캄보디아 참족 무슬림 마을에는 무슬림 사회를 꾸려가는 무슬림 지도자들과 보조자들이 있다. 하켐(hakem)은 마을 무슬림 사회를 대표하는 지도자로 마을 무슬림들의 시시비비를 판결해 주고 이맘(imam)은 예배를 주재한다. 까팁(Katip)은 마을 모스크를 관리하며, 비랄(bilal)과 라비(labi)는 무슬림들의 예배를 소집한다(장준영, 2007). 이처럼 캄보디아 무슬림 커뮤니티는 규모는 다른 동남아 국가에 비해 작지만 전통적으로 무슬림들의 상호 협력에 의해 운영되고 있다.

## 15. 캄보디아 정부의 할랄산업 육성

캄보디아는 하랄 음식을 만들어 아랍에미레이트(UAE)에 수출하고 있다. 캄보디아는 하랄 음식을 생산할 원재료가 풍부하여 할랄산업에 적합하다. 캄보디아에서 할랄산업은 캄보디아 무슬림 마을의 고용창출에 기여하고 있다.

## 16. 캄보디아 금융제도

캄보디아의 금융제도는 캄보디아 중앙은행(NBC: National Bank of Cambodia)과 재정경제부(Ministry of Economy &Finance)가 관할하고 있다. 은행에 대한 감독, 은행의 설립, 운영과 관련된 사항은 중앙은행이 취급한다.

캄보디아 금융기관은 상업은행, 특수은행, 특수금융기관(부동산 신용기관 등), 소규모 금융기관 등으로 분류된다. 2011년 기준으로 캄보디아에는 상업은행 27개, 특수은행 8개가 있다. 2010년 개정된 캄보디아 신은행법에 의해 은행의 자본금의 규모는 1,350만 달러 이상이어야 한다.

특수 은행과 소규모 금융기관은 과거에는 민간에 의해서 주로 운영되었던 영세 금융업이다. 이러한 소규모 금융기관들도 새로운 은행법에 의해 캄보디아 정부로부터 인가를 받아서 금융사업을 해야 한다(KOTRA, 2013).

### *Check Point* 캄보디아 증권거래소

캄보디아증권거래소(CSX)는 2012년 한국거래소(KRX)가 45% 지분을 갖고 캄보디아 재무부와 함께 개설하였다.

**| 표 15-12 |** 우리 금융기관의 캄보디아 진출 현황(2009)

| 구분 | 업종 | 한국 내 기업명 | 진출 도시명 | 진출형태 |
|---|---|---|---|---|
| 1 | 은행 | 부산상호저축은행 | 프놈펜 | 현지법인 |
| 2 | 은행 | 신한은행 | 프놈펜 | 현지법인 |
| 3 | 은행 | (주)부영 | 프놈펜 | 현지법인 |
| 4 | 은행 | 부국증권 | 프놈펜 | 현지법인 |
| 5 | 은행 | 토마토저축은행 | 프놈펜 | 현지법인 |
| 6 | 은행 | 현대스위스저축은행 | 프놈펜 | 현지법인 |
| 7 | 은행 | 국민은행 | 프놈펜 | 현지법인 |
| 8 | 증권 | 동양종금증권 | 프놈펜 | 사 무 소 |

자료 : 금융감독원, 정계룡외(2010)

# 제16부

# 인도네시아의 이슬람

# 제1장 인도네시아의 이해

## 1. 인도네시아는 동남아 대국

인도네시아는 인구, GDP, 국토면적 등에서 동남아에서 가장 큰 국가로 동남아 최대의 경제대국이고, 인구대국, 자원부국이다. 특히 세계 4대 인구대국인 인도네시아 인구의 45%가 25세 미만으로 젊은인력이 풍부하다.

## 2. 인도네시아는 신조어 대국

세계적인 투자기관이 만들어낸 신규 용어엔 인도네시아가 포함되는게 많다. MIKT(믹트: 멕시코·인도네시아·한국·터키), VISTA(비스타: 베트남·인도네시아·남아프리카공화국·터키·아르헨티나), CIVETS(시베츠: 콜롬비아·인도네시아·베트남·이집트·터키·남아프리카공화국), MAVINS(마빈스: 멕시코·호주·베트남·인도네시아·나이지리아·남아프리카공화국), BRICI(브리시: 브라질·러시아·인도·중국+인도네시아) 등에 국명을 올려놓고 있다.

**표 16-1** 인도네시아의 산업별 GDP 비중 변화

(단위 : %)

| 구 분 | 2005 | 2010 | 변동폭<br>2005 → 2010 |
|---|---|---|---|
| 농업, 축산, 임업, 수산업 | 13.1 | 15.3 | 2.2 |
| 광업 및 채석 | 11.1 | 11.2 | -0.0 |
| 제조업 | 27.4 | 24.8 | -2.6 |
| 석유 및 가스 제조업 | 5.0 | 3.3 | -1.7 |
| 비(非)석유 및 가스 제조업 | 22.4 | 21.5 | -0.9 |
| 전기, 가스 및 수도 | 1.0 | 0.8 | -0.2 |
| 건설업 | 7.0 | 10.3 | 3.2 |
| 무역, 호텔 및 레스토랑 | 15.6 | 13.7 | -1.8 |
| 교통, 통신 | 6.5 | 6.6 | 0.1 |
| 금융, 부동산, 서비스 | 8.3 | 7.2 | -1.1 |
| 서비스 | 10.0 | 10.2 | 0.2 |

자료: Bank Indonesia

**| 표 16-2 |** 인도네시아 제조업 세부업종별 비중 변화

| 구 분 | 2005 | 2010 | 변동폭<br>2005 → 2010 |
|---|---|---|---|
| 석유 및 가스 제조업 | 18.2 | 13.2 | -5.0 |
| 석유정제 | 11.8 | 7.7 | -4.1 |
| 액화천연가스(LNG) | 6.4 | 5.6 | -0.9 |
| 비(非)석유 및 가스 제조업 | 81.8 | 86.8 | 5.0 |
| 식품 · 음료 · 담배 | 23.4 | 29.2 | 5.8 |
| 섬유 · 가죽 · 신발 | 10.1 | 7.8 | -2.4 |
| 목재 및 기타 목재 | 4.6 | 5.0 | 0.4 |
| 제지 인쇄 | 4.5 | 4.1 | -0.3 |
| 비료 · 화학 · 고무제품 | 10.0 | 11.0 | 1.0 |
| 시멘트 · 비금속 광물 | 3.2 | 2.9 | -0.4 |
| 1차 금속 · 철 · 철강 | 2.4 | 1.7 | -0.7 |
| 수송장비 · 기게 · 설비 | 22.7 | 24.4 | 1.7 |
| 기타 제조업 | 0.8 | 0.7 | -0.1 |
| 총계 | 100.0 | 100.0 | 0.0 |

자료: 인도네시아 중앙은행(www.bi.go.id), 이재호 외(2011)

## 3. 인도네시아의 종교

인도네시아에는 초기의 외국상인과 이주자들로부터 힌두교와 불교가 전해졌다. 마자파히트 왕국시대에는 힌두교와 불교가 융합한 종교가 성행하였다(Terri Morrison, 1994).

힌두교는 1-7세기 사이에 인도상인들에 의해 인도네시아로 유입됐으며, 불교는 8세기경부터 중국으로부터 들어왔다. 이슬람교는 12세기 이후 이슬람 상인들에 의해 인도네시아에 유입되었다. 13세기에 힌두교 왕조의 마자파히트 왕조가 쇠락하면서 수마트라를 거점으로 확산된 이슬람교는 16세기 초반 데마크 왕조 시대에 발리섬을 제외한 인도네시아 전 지역으로 확산됐다(김종윤, 1994).

## 4. 인도네시아, 정치 = 자바인, 경제 = 중국인

인도네시아에서는 말레이계의 자바족이 정치를 장악하고 있다. 경제는 동남아 대부분의 국가와 마찬가지로 중국계가 장악하고 있다(김성건, 2007).

## 5. 인도네시아 국민은 5개 종교 중에서 택일

인도네시아는 국가의 도덕적 토대를 특정 종교에 두고 있지 않다. 인도네시아의 국가철학은 판차실라(pancasila)로 다양한 종교를 수용하고 있다. 따라서 인도네시아는 무슬림이 국민의 대다수이지만 이슬람 국가(Islamic State)도 아니고 세속국가(Secular State)도 아니다.

인도네시아 국민은 누구든지 이슬람, 기독교, 천주교, 불교, 힌두교 등 5개 종교 중에서 종교를 선택해야 한다. 따라서 인도네시아는 세속국가(Secularism)가 아니다(Zafiq Zakaria, 1989).

인도네시아는 이슬람 율법(Shariah)에 근거를 둔 법체계를 가진 국가가 아니고 인도네시아법(Indonesian Law) 체계를 가진 국가이다(M. Nasir Tamara, 1968)

인도네시아는 총인구 중에서 90%가 무슬림으로 세계에서 가장 큰 무슬림 커뮤니티이지만 인도네시아 사회는 이슬람 율법에 토대를 둔 법체제를 갖고 있는 것이 아니라, 인도네시아 실정법의 지배를 받고 있다.

인도네시아의 전 대통령 수하르토는 1991년 메카 성지순례(聖地巡禮)를 할 때 이슬람국가의 대통령으로서의 의전(儀典)을 정중히 사양했다. 그 이유는 인도네시아는 세계 최고의 이슬람 대국이지만, 인도네시아는 정치적 이슬람 국가가 아닌 사회적 이슬람을 추구하는 세속국가이기 때문이다(양승윤, 2007).

**Check Point** 판차실라와 이슬람교

인도네시아는 세계에서 무슬림이 가장 많은 나라이다. 그러나 인도네시아 국민은 판차실라의 정신을 바탕으로 누구나 자신의 신념에 따라 종교를 선택할 수 있다(Cathie Draine, 2005).

**Check Point** 말레이인 다움과 인도네시아인 다움의 차이

한국사회에서 한국인 다움은 무엇일까?

한국사회에서 기독교인이 한국인 다움은 아닐 것이다. 또한 불교인이 한국인 다움도 아닐 것이다. 그런데 말레이시아에서 말레이인 다움은 즉, 말레이인이 되는 것(masuk Melayu)은 무슬림이 되는 것(Masuk Islam)을 의미한다. 이에비

해 인도네시아에서는 인도네시아인 다움 즉, 인도네시아인이 되는 것은 무슬림이 되어야 하는 것을 의미하지 않는다.

**Check Point** **bangsa = 무슬림 + 불교도 + 기독교도 + 힌두교도**

인도네시아에서 방사(bangsa)는 토착 인도네시아인들을 의미한다. 토착인도네시아인인 방사(bangsa)는 모두 무슬림이 아니다. 방사 중에는 무슬림뿐만 아니라 힌두교도, 불교도, 기독교도 등 다양한 종교인이 있다(김성건, 2007).

## 6. 네덜란드의 인도네시아 식민통치

서구식민세력중에서 동남아에 제일 먼저 입성한 포르투갈은 인도네시아의 티모르(Timor)를 차지하였으나 1641년 네덜란드에게 넘겨주고 인도네시아를 떠났다. 네덜란드는 동인도 회사(Dutch East India Company)를 설립하고 현재 자카르타인 바타비아(Batavia)에 국제무역 도시를 건설하였다(Robert A. Hunt, 1997).

포르투갈보다 동남아 지역에 약 1세기 늦게 온 네덜란드는 인도네시아 각지역의 지배자들과 동맹을 맺어 지배지역을 확대했다. 네덜란드인들은 인도네시아군도에서 영향력이 큰 무슬림세력간의 경쟁을 부추겨서 세력을 강화하였다.

## 7. 인도네시아의 독립

일본은 인도네시아를 1942년에서 1945까지 식민통치하였는데 식민통치 말기에 인도네시아의 독립을 묵시적으로 승인하였다. 그러나 일본군 무장해제를 명분으로 인도네시아에 다시 진입한 네덜란드는 인도네시아의 독립을 인정하지 않았고, 인도네시아인들과 수 많은 갈등 이후 1949년에 인도네시아의 독립을 승인하였다(양승윤, 2007).

# 제2장 인도네시아 이슬람의 이해

## 1. 인도네시아에 이슬람 도래와 전파과정

이슬람교는 1500년대 초, 중동과 인도의 무역상들이 북부 수마트라의 무역항에 도착하면서 인도네시아에 유입됐다. 600년대에는 남부 술라웨시와 자바 북쪽 해안에 강력한 이슬람 거점이 구축되었다(Cathie Draine).

인도네시아 군도에 이슬람이 전래된 것은 적극적인 종교선교를 목적으로 한 성전(聖戰)의 결과가 아닌 해상무역을 주도했던 중동 무슬림들의 동남아지역과의 상업적 교류와 동남아 거주에 따른 평화적 전래와 정착이었다(양승윤, 2007).

## 2. 인도네시아 이슬람의 지역별 차이

인도네시아 이슬람은 지역에 따라 다른 경향을 보이고 있다. 자바 무슬림인 끄쟈웬(Kejawen)은 힌두교와 불교를 수용하였다. 이에 비해 수마트라 북단의 아쩨(Aceh) 왕국은 이슬람 원리주의 성향을 보이면서 이슬람 율법이 말라카 해협 인근의 다른 지역보다 엄격하게 준수되었다(양승윤, 2007). 아쩨는 스스로 메카의 베란다로 불리길 원했다(Mary Somers Heidhues, 2000).

## 3. 인도네시아 이슬람의 특징

인도네시아는 세계 최대의 이슬람 국가이지만, 인도네시아의 이슬람에는 토착 문화, 힌두교, 불교적 요소가 다양하게 혼합되어 있다. 인구의 90%가 무슬림이지만, 인도네시아 무슬림들 간에는 일체성보다는 다양한 종교적 신념이 존재한다(Clark D. Neher, 1994). 이슬람교 이전에 인도네시아에 유입된 힌두교와 불교가 인도네시아의 사정과 필요에 맞게 수용되었듯이 이슬람교도 인도네시아의 현지 상황에 적합하게 수용되었다(Terri Morrison, 1994).

## 4. 인도네시아 무슬림 구조

인도네시아 무슬림 커뮤니티는 크게 아방안(Abangan)과 싼뜨리(Santri)로 구분할 수 있다. 아방안은 주로 농촌에 거주하며 토착문화를 수용하여 토착 정령신앙에 토대를 둔 민속 무슬림(Folk Muslim)이다. 아방안은 인도네시아 전통 문화와 융합된 이슬람 종교를 실천하는 무슬림이다. 이에 비해 싼뜨리는 정통 이슬람 신앙을 엄격하게 추구하는 무슬림이다. 인도네시아 무슬림은 아방안이 주류를 이루고 있다(M. Nasir Tamara, 1968).

### *Check Point* 르바란 축제

인도네시아에서는 단식월인 라마단(Ramadan)이 끝나면 이를 축하하는 르바란(Lebaran) 축제가 벌어진다. 이 기간은 인도네시아 최대 축제이다.

# 제3장 인도네시아의 이슬람 금융

## 1. 인도네시아 금융산업과 이슬람 금융

인도네시아의 금융산업은 전반적으로 아직 선진화되어 있지 못한 가운데 인도네시아 국민들의 금융 이용도 낮은 수준이다. 따라서 인도네시아 국민들의 이슬람 금융 이용도 아직 활성화되지 않았다(정지영, 2013). 인도네시아는 인접국인 말레이시아에 비해 이슬람 금융의 도입이 늦었고 발전도 뒤쳐져 있다. 2010년 기준으로 인도네시아 샤리아은행의 신디케이트 투자자금 규모는 3,100만 달러로 말레이시아의 10억5000만 달러에 비해 매우 낮은 수준이다(KOTRA 자카르타 무역관, 2011).

**| 그림 16-1 |** 인도네시아 금융산업 구조(자산 기준)

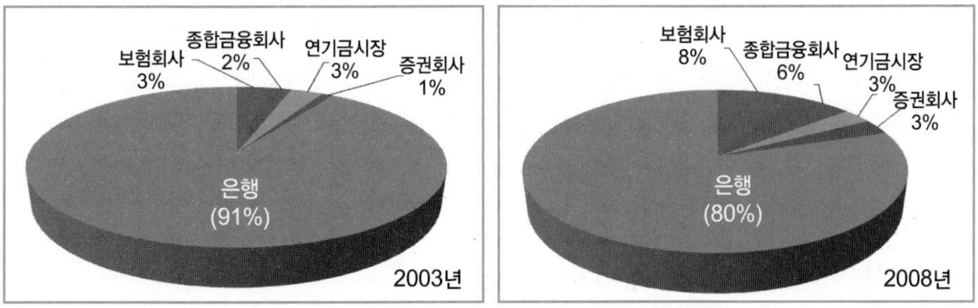


자료: Bank Indonesia, Financial Stability Review, 손기태외(2009)

**| 표 16-3 |** 인도네시아 상업은행의 기본자산 변화

(단위: 개, %)

| 기본 자본 규모 | 2006 | | 2007 | | 2008 | |
|---|---|---|---|---|---|---|
| | 은행 수 | 비율 | 은행 수 | 비율 | 은행 수 | 비율 |
| 10조 루피아 이상 | 3 | 2.3 | 4 | 3.1 | 6 | 4.8 |
| 1조~10조 루피아 | 25 | 19.2 | 28 | 21.9 | 33 | 26.6 |
| 1,000억~1조 루피아 | 63 | 48.5 | 68 | 53.1 | 62 | 50.0 |
| 800억~1,000억 루피아 | 8 | 6.2 | 28 | 21.9 | 23 | 18.6 |
| 800억 루피아 미만 | 31 | 23.8 | 0 | 0.0 | 0 | 0.0 |
| 합계 | 130 | 100.0 | 128 | 100. | 124 | 100.0 |

자료: Bank Indonesia, Banking Supervision Report 2008.

**| 표 16-4 |** 인도네시아 5대 상업은행 현황(2008)

(단위: 백만 달러, %)

| 순위 | 은행명 | 총자산 | 총예금 | 자기자본이익률 |
|---|---|---|---|---|
| 1 | Bank Mandiri | 31,650 | 25,529 | 17.8 |
| 2 | Bank Rakyat Indonesia | 21,729 | 17,796 | 28.5 |
| 3 | Bank Central Asia | 21,684 | 17,597 | 30.2 |
| 4 | Bank Negara Indonesia | 17,814 | 14,408 | 7.5 |
| 5 | Bank Danamon Indonesia | 9,472 | 6,532 | 14.3 |

자료: BMI, 정계룡외(2010)

## 2. 인도네시아 이슬람 금융 발전과정

인도네시아에서는 1990년대 후반 이슬람 금융에 대한 제도화가 이루어졌고 2002년에 인도네시아 정부의 이슬람 금융 발전을 위한 기본 방침이 제정되어 정부차원의 이슬람 지원이 이루어지고 있다. BMI(Bank Muamalat Indonesia)가 1992년에 인도네시아에서 이슬람 금융 서비스를 최초로 제공하였다.

인도네시아에는 1992년에 이슬람은행이 설립되었고, 1993년에 이슬람 보험회사가 설립되었다. 1992년 인도네시아 최초의 이슬람은행인 무아말랏은행이 설립되었고 그 이후에 10개의 이슬람은행이 더 설립되었다.

이슬람 은행이 인도네시아 총은행 자산에서 차지하는 비중은 2013년 기준으로 약 4.8%이다(Bank Indonesia, 전제성, 2014). 인도네시아 정부는 인도네시아 총금융상품 중에서 이슬람 금융상품의 시장점유율을 2020년까지 약 20% 정도까지 확대할 계획이다.

## 3. 인도네시아 이슬람 금융체계

인도네시아의 이슬람 금융체계는 말레이시아에서 이슬람 전업은행의 역할을 수행하는 이슬람 상업은행과 말레이시아의 이슬람 창구은행과 유사한 영업을 행하는 이슬람사업 단위영업(Shariah Business Unit Operations)이 있다. 또한 인도네시아의 대도시를 제외한 농어촌민들을 위해 이슬람 금융 상품과 서비스를 제공하는 이슬람 지방은행(Shariah Rural Bank)이 있다(원순구, 2010).

## 4. 인도네시아의 이슬람은행

인도네시아에는 2010년 기준으로 11개의 샤리아은행(BUS), 이슬람식 금융거래를 전담하는 샤리아부서를 만든 일반은행들의 샤리아 금융본부(UUS)가 2000년 3개에서 210년 23개로 증가하였고, 150개의 공공 이슬람금융은행(Islam Public Financing Banks) 등이 있다. 인도네시아의 주요 이슬람은행은 PT. Mandiri, PT. BMI, PT. Bank Syariah Mega Indonesia, PT. Bank Syariah BNI 등이며 지방정부 소유의 이슬람은행(BPD)도 많이 있다(윤여필, 2011).

**표 16-5** 인도네시아 3대 이슬람은행의 자산규모 (단위: 만 달러)

| 은행명 | 2006 | 2007 | 2008 |
|---|---|---|---|
| Bank Syariah Mandiri | 9억 1,500 | 10억 5,600 | 14억 2,500 |
| Bank Muamalat Indonesia | 7억 2,245 | 9억 2,600 | 11억 3,960 |
| Bank Mega Syariah Indonesia | 9,913 | 2억 5,890 | 2억 8,320 |

자료: Bank Indonesia

**표 16-6** 인도네시아 샤리아 은행의 자산 증가

| | 2003 | 2004 | 2005 | 2006 | 2007 | 2008 | 2009 | 2010 |
|---|---|---|---|---|---|---|---|---|
| 자산 (조 루피아) | 7.9 | 15.4 | 20.6 | 26.7 | 36.5 | 49.6 | 66.1 | 97.5 |
| 비중 (%) | 0.74 | 1.22 | 1.4 | 1.58 | 1.84 | 2.14 | 2.61 | 3.16 |

자료: Bank Indonesia

**표 16-7** 인도네시아 이슬람은행 네트워크 변화 추이 (단위: 개소)

| 유형별 | 2005 | 2006 | 2007 | 2008 | 2009 | 2010 |
|---|---|---|---|---|---|---|
| 전담 상업은행 | 3 | 3 | 3 | 5 | 6 | 11 |
| 사업단위 은행 | 19 | 20 | 25 | 27 | 25 | 23 |
| 이슬람 지방은행 | 92 | 105 | 114 | 131 | 138 | 150 |

자료: 인도네시아 중앙은행(BI), 강대창외(2011)

**| 표 16-8 |** 인도네시아 이슬람은행 유형별 총자산 변화추이

(단위: 10억 루피아)

| 유형별 | 2005 | 2006 | 2007 | 2008 | 2009 | 2010 |
|---|---|---|---|---|---|---|
| 전담 상업은행 | 17,111 | 21,151 | 27,286 | 34,036 | 48,014 | 78,203 |
| 사업단위 은행 | 3,596 | 5,571 | 9,252 | 15,519 | 18,076 | 18,333 |
| 이슬람 지방은행 | | | 1,107 | 1,591 | 1,995 | 2,586 |
| 총 계 | 20,707 | 26,722 | 37,645 | 51,146 | 68,085 | 99,122 |

자료: 인도네시아 중앙은행(BI), 강대창외(2011)

## *Check Point* 외환위기와 이슬람 금융

1997년 외환위기로 경제난을 겪은 인도네시아 정부는 경제위기를 극복하기 위해 중동의 오일머니의 유입이 필요했는데 이를 위해 인도네시아의 이슬람 금융 확대에 적극적인 정책을 추진하였다(전제성, 2014).

**| 표 16-9 |** 동아시아 외환위기 당시 인도네시아의 은행부문 손실

| | 1998 | | 1999 | | |
|---|---|---|---|---|---|
| 분기 | 3/4분기 | 4/4분기 | 1/4분기 | 2/4분기 | 3/4분기 |
| 해당 분기 손실 (조 루피아) | -65.8 | -121.2 | -135.3 | -71.8 | -40.8 |
| 축적 손실 (조루피아) | -65.8 | -187.0 | -322.3 | -394.1 | -434.9 |
| 분기 GDP | 256.9 | 272.5 | 181.1 | 279.7 | 277.6 |
| 손실: 연간화 GDP (퍼센트) | 6.4 | 11.1 | 12.0 | 6.4 | 3.7 |
| 축적 손실: GDP (퍼센트) | 6.4 | 17.5 | 29.6 | 36.0 | 39.7 |
| 환율 (기간 평균, 루피아/달러) | 12,252 | 7,908 | 8,776 | 7,921 | 7,531 |
| 손실 (10억 달러) | -5.4 | -15.3 | -15.4 | -9.1 | -5.4 |
| 축적 손실 (10억 달러) | -5.4 | -20.7 | -36.1 | -45.2 | -50.6 |

자료: ADB(2010)

**| 표 16-10 |** 인도네시아 금융위기 당시 환율 및 주가지수 추이

| | '96말 | '97/7/2 | 7월말 | 8월말 | 9월말 | 10월말 | 12월말 | '98/2/6 |
|---|---|---|---|---|---|---|---|---|
| IDR/USD | 2,362 | 2,435 | 2,611 | 2,944 | 3,269 | 3,579 | 5,500 | 7,715 |
| | | | (7.2) | (20.9) | (32.9) | (47.0) | (125.9) | (194.7) |
| 주가지수 | 639 | 730 | 721 | 494 | 547 | 472 | 401 | 402 |
| | | | (1.2) | (32.3) | (25.1) | (35.3) | (45.1) | (52.6) |

자료: 정계룡외(2010)

**Check Point** 관행적은행과 샤리아원칙에 기초한 은행

인도네시아에서는 1998년에 개정된 은행법에 의해 관행적은행과 샤리아의 원칙에 기초한 은행으로 분류하였다. 2008년에는 이슬람은행에만 적용되는 샤리아 은행법이 제정되었다(전제성, 2014).

## 5. 수하르토 퇴진과 이슬람 금융

1998년 수하르토가 퇴진한 후 이슬람 세력의 정치화에 가속도가 붙으면서 이슬람에 기반한 이슬람 정당이 창당되고 1999년 선거에서 약 30%의 득표율로 국회에 진입했다(김형준 2008). 이처럼 인도네시아에서 이슬람 세력의 정치화가 가시화되면서 이슬람 금융도 확대발전 되고 있다. 이슬람은행이 증가하고 이슬람식 금융의 비즈니스 부분이 은행뿐만 아니라 채권, 주식, 보험 등으로 다양화되었고 이슬람 금융이 활성화되기 시작했다(전제성, 2014).

## 6. 2000년대 인도네시아 이슬람 금융

인도네시아는 2000년부터 본격적으로 이슬람 금융상품을 취급하기 시작했다. 샤리아 만디리은행(Bank Syariah Mandiri)이 대규모 수쿡상품을 발행하면서 이슬람 금융상품이 활성화 되었다.

인도네시아에서는 대규모 사회간접자본 구축도 수쿡의 발행을 통해 이루어지는 경우가 증대되었다. 인도네시아 정보통신기업인 PT indosat Tbk사는 2002년 수쿡을 통해 1,926만달러의 자금을 조달하였다(KOTRA, 2014).

**표 16-11** 우리 금융기관의 인도네시아 진출 현황(2009)

| 업종 | 한국 내 기업명 | 진출 도시명 | 진출형태 |
|---|---|---|---|
| 보험 | 삼성화재 | 자카르타 | 현지법인 |
| 보험 | LIG손해보험 | 자카르타 | 현지법인 |
| 보험 | 메리츠화재 | 자카르타 | 현지법인 |
| 은행 | 외환은행 | 자카르타 | 현지법인 |
| 은행 | 수출입은행 | 자카르타 | 현지법인 |
| 은행 | 우리은행 | 자카르타 | 현지법인 |
| 은행 | 하나은행 | 자카르타 | 현지법인 |
| 증권 | 우리투자증권 | 자카르타 | 사 무 소 |
| 증권 | 우리투자증권 | 자카르타 | 현지법인 |

자료: 금융감독원, 정계룡외(2010)

## Check Point 인도네시아 이슬람 금융의 장점과 단점

인도네시아는 2억이 넘는 인구를 가진 세계 4위의 내수시장을 가진 국가이고 석탄 등의 천연자원이 풍부하여 대규모 자원개발에 따른 이슬람 금융의 활용도가 증가될 것으로 전망된다. 그러나 인도네시아는 말레이시아처럼 이슬람 금융의 하드웨어 인프라가 체계적으로 구축되어 있지 않다. 또한 금융산업이 전반적으로 선진화되어 있지 않아 샤리아법, 일반금융, 금융서비스를 광범위하게 운영할 수 있는 금융전문가가 부족하여 본격적인 이슬람 금융이 발전하는데 단점으로 작용하고 있다(원순구, 2010).

**표 16-12** 인도네시아 이슬람은행 유형별 총자산 변화 추이

(단위: 10억 루피아)

| 유 형 별 | 2005 | 2006 | 2007 | 2008 | 2009 | 2010 |
|---|---|---|---|---|---|---|
| 전담상업은행 | 17,111 | 21,151 | 27,286 | 34,036 | 48,014 | 78,203 |
| 사업단위은행 | 35,96 | 5,571 | 9,252 | 15,519 | 18,076 | 18,333 |
| 이슬람지방은행 | | | 1,107 | 1,591 | 1,995 | 2,586 |
| 총 계 | 20,707 | 26,722 | 37,645 | 51,146 | 68,085 | 99,122 |

자료: 인도네시아 중앙은행(BI) 통계국

**표 16-13** 인도네시아의 이슬람 금융 개관

▾은행 수 추이

| | 1992 | 1999 | 2000 | 2001 | 2002 | 2003 | 2004 | 2005 | 2006 |
|---|---|---|---|---|---|---|---|---|---|
| 이슬람 전담 은행 | 1 | 2 | 2 | 2 | 2 | 2 | 3 | 3 | 3 |
| 이슬람 금융 부문 | 0 | 1 | 3 | 3 | 6 | 8 | 15 | 19 | 20 |

▾이슬람은행(2006)

| (전담 은행) | (은행의 이슬람 금융 부문) | |
|---|---|---|
| PT Bank Muamalat Indonesia | PT Bank IFI | BPD Kalsel |
| | PT Bank Negara Indonesia | PT Bank Niaga |
| PT Bank Syariah Mandiri | PT Bank Jabar | BPD Sumut |
| | PT Bank Rakyat Indonesia | BPD Aceh |
| PT Bank Syariah Mega Indonesia | PT Bank Danamon | Bank Permata |
| | PT Bank Bukopin | Bank Tabungan Negara |
| | PT Bank Internasional Indonesia | BPD NTB |
| | HSBC, Ltd. | BPD Kalbar |
| | PT Bank Dkl | BPD Sumsel |
| | BPD Riau | BPD Kaltim |

자료: Bank Indonesia, 요시다에츠야키(2007)

## 7. 인도네시아 이슬람 보험

1993년에 설립된 인도네시아의 이슬람 보험업은 지속적인 성장을 하여 샤리아 보험이 인도네시아 총보험의 자산에서 차지하는 비중은 2012년 3.5%이다. 또한 샤리아 부서가 있는 일반 보험회사는 2003년 11개사에서 2012년 46개사로 증가했다(전제성, 2014).

**표 16-14** 인도네시아 보험자산 추이 (단위: 조 루피아)

| | 2002 | 2003 | 2004 | 2005 | 2006 |
|---|---|---|---|---|---|
| 생명보험회사 | 26.3 | 31.2 | 28.7 | 47.1 | 47.5 |
| 비생명보험회사 | 15.0 | 15.5 | 14.3 | 18.6 | 15.9 |
| 재보험회사 | 0.8 | 0.8 | 0.7 | 1.0 | 0.8 |
| 사회보험회사 | 35.5 | 41.7 | 38.4 | 47.9 | 52.8 |
| 전체 보험회사 | 77.6 | 89.2 | 82.2 | 114.6 | 117.1 |

자료: Bank Indonesia, Economic Report on Indonesia. 손기대외(2009)

**표 16-15** 인도네시아 샤리아 보험사의 증가추이

| | 2002 | 2003 | 2004 | 2005 | 2006 | 2007 | 2008 | 2009 | 2010 |
|---|---|---|---|---|---|---|---|---|---|
| 샤리아 생명보험사 | 2 | 2 | 2 | 2 | 2 | 2 | 2 | 2 | 3 |
| 샤리아 非생명보험사 | 1 | 1 | 1 | 1 | 1 | 1 | 1 | 1 | 2 |
| 일반생명보험사의 샤리아 영업부 | 1 | 2 | 3 | 8 | 9 | 12 | 13 | 17 | 18 |
| 일반非생명보험사 샤리아 영업부 | 1 | 6 | 11 | 13 | 15 | 19 | 19 | 19 | 20 |
| 일반재보험사의 샤리아 영업부 | 0 | 0 | 1 | 2 | 3 | 3 | 3 | 3 | 3 |
| 합계 | 5 | 11 | 18 | 26 | 30 | 37 | 38 | 42 | 46 |

자료: Badan Pengawas Pasar Modal dan Lembage Keuangen, 강대창외(2011)

## 8. 인도네시아 이슬람 주식, 샤리아 펀드, 수쿡

인도네시아에서 주식과 펀드는 이슬람 율법에 부합하는 비즈니스 활동을 하는 기업만을 대상으로 한다. 인도네시아에서 주식과 펀드의 투자 대상이 될 수 없는 기업은 도박을 비즈니스에 포함시킨 기업, 이자거래를 하는 금융기관, 하람 음식과 음료의 생산, 분배, 유통을 하는 기업 등이다.

인도네시아에서는 이처럼 이슬람 율법에 부합하는 비즈니스를 하는 기업만을 선정하여 인도네시아 샤리아 주식 인덱스(*Indeks Seham Syariah Indonesia*)와 자까르따 인덱스(*Jakarta Islamic Index*)에 편입시킨다.

2013년 인도네시아 주식시장에 상장된 기업은 547개사인데 이중 58.7%인 321개사가 샤리아 주식 인덱스(*Indeks Seham Syariah Indonesia*)와 자까르따 인덱스(*Jakarta Islamic Index*)에 편입되어 있다.

이슬람식 투자가 허용되는 기업만을 대상으로 하는 샤리아 펀드가 인도네시아 총펀드 설정액에서 차지하는 비율은 2013년 기준으로 4.3%이다. 샤리아 회사채는 2013년에 54종이 발행되었다(전제성, 2014).

**| 표 16-16 |** 인도네시아 이슬람 금융영역의 확대과정

| 1992 | 1994 | 2000 | 2001 | 2002 | 2003 | 2008 | 2011 |
|---|---|---|---|---|---|---|---|
| 샤리아 은행<br>샤리아 신용<br>협동조합 | 샤리아<br>보험 | 샤리아 펀드<br>자카르타 증권거래소<br>이슬람지수(JII) | 국가<br>자캇<br>관리회 | 샤리아<br>회사채 | 샤리아<br>전당업 | 샤리아<br>국채 | 자카르타<br>증권거래소<br>이슬람지수<br>(ISSI) |

자료: 강대창외(2011)

**| 표 16-17 |** 인도네시아의 주요 무하라바 수쿡 채권 발행 수익률 현황

| 연 도 | 발행자 | 업종 | 신용등급 | 기업가치 | 수익률 |
|---|---|---|---|---|---|
| 2002 | PT Idosat, Tbk | 통신 | AA+ | 1,914만 달러 | 15.75 % |
| 2003 | Berlian Laju Tanker | 운송 | A- | 656만 달러 | 14.75 % |
| | Bank Bukopin | 은행 | BBB+ | 492만 달러 | 13.75 % |
| | Syariah Mandiri | 은행 | BBB | 2,188만 달러 | 13.00 % |
| | Ciliandra Perkasa | 원예 | BBB | 656만 달러 | 17.70 % |
| | Bank Muamalat | 은행 | BBB- | 2,188만 달러 | 17.00 % |
| | Pembanginan Perumahan | 건설 | BBB | 820만 달러 | 13.75 % |
| 2004 | (MTN) Perkbunan Nusantara | 원예 | BBB+ | 820만 달러 | 13.875% |

자료: www.republika.co.id, KOTRA(2008. 8)

## 9. 인도네시아의 할랄산업

인도네시아에서 음식과 관련된 할랄이 사회 이슈화된 것은 1980년대 후반에 인스턴트 라면과 분유에 돼지기름이 함유되어 있다는 기사가 보도된 이후다(Hartoyo, 1988). 특히 식품관리를 제대로 하지 못한 인도네시아 정부에 대한 비판이 강해졌다. 이러한 비판여론으로 인도네시아 정부는 식품, 약품, 화장품 검사원을 설립하고 제품의 성분검사를 하였다. 1994년부터는 할랄인증서도 발행하였다(전제성, 2014).

**Check Point** 인도네시아는 세계 1위 할랄시장

인도네시아는 2억이 넘는 총인구의 약 90% 정도가 무슬림이다. 전 세계 무슬림 인구의 약 15%가 인도네시아인이다. 인도네시아의 할랄식품 시장규모는 약 800억 달러이고 할랄인증 식품수는 약 13,000여 개로 단일시장 기준으로 할랄시장 규모 세계1위로 추정된다(KOTRA, 2014).

**Check Point** 인도네시아에서 할랄은 권고사항

인도네시아에서 수입통관을 할 때 대부분의 제품에 대해 할랄인증은 권고사항이지 수입통관에 필요한 의무사항은 아니다. 그러나 유제품 등은 법률상 의무적으로 할랄인증을 요구하고 있다.

## 10. 인도네시아의 할랄인증

1995년에 설립된 인도네시아의 할랄인증기관인 LPPOM-MUI는 인도네시아 전국에 28개 지사를 보유하고 있고 World Halal Council의 의장국 역할을 수행하고 있다. LPPOM-MUI 이슬람 율법에 따라 음식, 약품, 화장품 등에 관한 할랄인증을 하고 있다(한국농수산식품유통공사, 2014).

## 참고문헌


강영문, 「강영문교수의 동남아지역연구」, 두남, 2010.

강영문, 「동남아 경제의 그늘과 무지개」, 전남대학교출판부, 2013.

김성철, 「필리핀 무슬림」, 전주대학교출판부, 2000.

김영애, "태국의 산업화와 교육을 통한 말레이 무슬림 통합정책", 「동남아 지역주의와 종족 갈등」, 오름, 2004.

김영애, "남태 말레이 무슬림의 분리주의 운동", 「동남아연구」, 제4권, 한국동남아학회, 1995.

김웅태, 「선교의 역사와 개념」, 가톨릭대학교출판부, 1993.

김용선, 「이슬람의 역사와 그 문화」, 명문당, 2002.

김한수, 김보영, 「이슬람 금융의 현황과 시사점」, 자본시장연구원, 2013.1.16.

김한수, 「이슬람 금융의 현황과 시사점」, 자본시장연구원, 2013.

김한수, "이슬람 금융 도입, 핵심은 무엇인가?", 「나라경제」, KDI, 2012.7.

공일주, 「이슬람 율법」, 살림출판사, 2010.

김형준외, 「동남아의 이슬람화」, 눌민, 2014.

김현호, 「말레이시아, 할랄식품 산업 전망」, 쿠알라룸푸르 코리아비즈니스센터, 2008.

노해종, "동남아 이슬람-기독교 분쟁지역과 한국 기독교", 한국기독교선교회, 2008.

장 건, 「할랄경제학」, 다할미디어, 2014.

정영철, "우리 기업의 중동 이슬람지역 진출에 따른 법적 위험 관리방안", 「한국중동학회 논총」, 32권3호, 한국중동학회, 2012.

미야자키 마사카쓰, 「지도로 보는 세계사」, 이다미디어, 2005.

미야자키 마사카쓰, 「하룻밤에 읽는 중동사」, 랜덤하우스, 2006.

밀튼.W.마이어, 「동남아사 입문」, 한국외국어대학교, 1994.

박돈서, "이슬람문화 다시보기", 「건축」 제45권 제12호, 대한건축학회, 2001.12.

박순관, 「동남아 건축문화산책」, 이담, 2013.

박해식, "금융포커스: 이슬람 채권시장의 현황과 전망", 「주간금융브리프」 17권 19호, 한국금융연구원, 2008.

브라이언 케텔, 「꼭 알아야할 이슬람 금융」, 해남, 2014.

서봉하, 김민자, "이슬람교의 영향을 받은 이슬람 민속복식 미의 연구", 「한국의류학회 학술발표논문집」, 한국의류학회, 2007.

손태우, "샤리아의 법원에 관한 연구", 「법학연구」 제45권, 부산대학교 법학연구소, 2013.

심의섭외, 「중동경제와 이슬람 금융」, 세창출판사, 2010.
심의섭, 홍성민, 「현대이슬람경제론」, 집문당, 1987.
원순구, 「동남아시아 이슬람 금융의 발전구도와 제도에 관한 연구」, 한국외국어대학교 동남아연구소, 2010.
엄익란, 「이슬람마케팅과 할랄비즈니스」, 한울, 2014.
양승윤외, 「동남아의 이슬람」, 한국외국어대학교, 2000.
유스프 까르다위, 「이슬람의 허용과 금기」, 세창출판사, 2011.
요시다 에츠야키, 「이슬람 금융이 뜬다」, 예지, 2008.
윤여필, 「인도네시아 이슬람 금융산업 현황과 전망」, KOTRA, 2011.3.30.
윤여필, 「인도네시아 할랄인증, 선택 아닌 필수(1)」, 코트라 자카르타 무역관, 2010.
윤용수외, 「이슬람의 에티켓과 금기」, 북스페인, 2009.
이동훈, 「베일에 가려진 16억 무슬림 시장 공략법」, 삼성경제연구소, 2010.
이희수, 이원삼외, 「이슬람 문명 올바로 이해하기 이슬람」, 청아출판사, 2010.
이서영, 「이슬람 시장진출을 위한 할랄인증제도 연구」, 한국법제연구원, 2012.
이희수, 「이슬람의 문화」, 살림, 2003.
조희선, 「이슬람 여성의 이해」, 세창출판사, 2009.
지아우딘, 「이슬람」, 김영사, 1994.
진원숙, 「이슬람의 탄생」, 살림, 2008.
정한진, 「왜 그 음식은 먹지 않을까 - 세계의 금기음식 이야기」, 살림출판사, 2008.
하룬 시디퀴, 「처음 만나는 이슬람」, 행성비, 2011.
홍성민, 「이슬람경제와 금융」, KUIS, 2009.
홍성민, 「중동의 상관습 이슬람율법과 경제」, KUIS, 2013.
한국금융연구원, 「최근 주요국의 이슬람 금융 활용 현황」, 2008.4.
한국종교문화연구소, 「세계 종교사 입문」, 청년사, 2003.
차상호, 「태국 불교도와 무슬림 간의 사회적 통합 증진 의식」, Institute of Asian Studies, Chulalonkorn University, 1982.
KOTRA, 「16억 할랄(Hallal)시장을 잡아라」, 2010.11.18.
財団法人 食品産業センター, 「マレーシアハラル制度の実務」, 2010.

Ahmad Ibrahim(ed), Readings on Southeast Asia, Singapore, ISEAS, 1990.
AI Tamimi & Company, Islamic Finance: A UAE Legal perspective from The International Islamic Finance Fourm, International Institute of Research, Dubai, March 2002.

ASEAN Secretariat, Strengthening the Mechanism of ASEAN, With special Reference to the ASEAN Secretariat, a report prepared for the Asean Standing committee by s panel under the Chairmanship of Tan Sri Ghazali Shafie, 1991.

Bank Indonesia, "The Blueprint of Islamic Banking Development in Indonesia", September 2002.

Bloy, Nicholas, The Challenge of an Islamic Private Equity Fund from The International Islamic Finance Forum, International Institute of Research, Dubai, March 2002.

Chua, Val, "Wooing the Islamic Billion$" Today (Singapore), 24 September 2004.

Chia Siow Yue (ed), APEC - Challenges and Opportunities Singapore: ISEAS, 1994.

Don M. McCury (ed), The Gospel and Islam, a 1978 Compendium, Ca, MRAC, 1979.

Dougles E. Ramage, Politics in Indonesia, London, Routledge, 1995.

Dobson, Wendy, and Lee Tsao Yuan, "APEC - Co-operation amidst Diversity", 10 ASEAN Economic Bulletin, 1994.

Edward Fisher, Mindanao Mission, Archbishop Patrick Cronin's Forty Years in the Philippines, NY, The Seabury Press, 1978.

El-Gamal. Mahmoud, Updating Our Undersranding of Sharia' Rules from The International Islamic Financial Forum, International Institute of Research, Dubai March 2002.

Harworth, Jennifer L, and Mark D Nguyen, "Law and Agreement in APEC", Document Ⅱ.C.10 in, Davidson, Paul J (ed), trading Arrangements in the Pacific Rim, Oceana Publications Inc.: New York, 1995.

Hass, Basic Documents of Asian Regional Organisation Oceana Publications Inc.: New York, 1974.

Hugh Goddard, A History of Christian-Muslim Relations, Edinburgh Univ, 2000.

Hussin Mutalib, Islam and Ethnicity in Malay politics, Singapore, Oxford Univ, 1990.

Hussin Mutalib, Islam in Malaysia, Singapore Univ, 1993.

J.Paul Rajashekar(ed), Islam in Asia, Perspectives for Christian-Muslim Encounter, Geneva; Lutheran World Federation, 1992.

Joseph A. Camilleri(ed), Religion and Cultire in Asia Pacific Violence or Healing?, Australia; Vista Pub, 2001.

Khanna, Vikram, "S'pore an Alternative to Switzerland?". the Bissiness Times (singapore), 5 Nobember 2003.

Kohona, Palitha TB, "Eispute Resolution Under the World Trade Organization: An Overview", in Journal of World Trade, 1994.

Malanczuk, Peter, Akehurst's Modern Introduction to International Law 8th ed, New York: Routledge, 2001.

M. Nasir Tamara, Indonesia in the Wake of Islam, KL: Institute of Strategic and International Studies, 1968.

Martin, Josh, "Islamic Banking raises Interest" from The International Islamic Financial Forum, International Institute of Research, Dubai, March, 2002.

Muntarbhorn, vitit, The Challenge of Law-Legal Cooperation Among ASEAN Countries Bangkok: Institute of Security and Internationl Studies, Chulalongkorn niv., 1987.

N.N. Vohra(ed), Religion Politics and Society in South and Southeast Asia, New Delhi, Konark Pub, 1998.

Pourian, Heydar, "The role of Legal Risk in Country Risk Analysis", in Lacey, John R (ed), The Law and Policy of International Business, Lanham, Maryland: University Press of America 1991.

Reed, Stanley, "How the Islamic World Lost Its Edge"(www.businessweek.com), 28 January 2002.

Reszat, Beate, "Islamic Banking In Asia", Hamburg Institute of International Economics (www.hwwa.de), March 2003.

Robert A. Hunt, Islam in Southeast Asia, a Study for Christians, Malaysia, GBGM, 1997.

Robert W. Hefner, Civil Islam, Muslim and Democratization in Indonesia, Princeton Univ,2000.

Ruhanie, Norzuhaira and Ismail, Maisara, "Govt opens Islamic banking to foreigners", Business Times Malaysia, 19 September 2003.

Santiago, Joseph Sedfrey S, "A Postscript to AFTA's False Start: The loss of Sovereignty Issue" (1995) 12 ASEAN Economic Bulletin.

S.Batumalai, Islamic Resurgence and Islamization in Malaysia, Ipoh; Chares Grenier, 1999.

S.Hussin Ali, The Malays, Their Problem and Furture, KL, Heinemann Asia 1981.

Stephen Neil, Colonialism and Christian Missions, London, Lutterworth Press, 1966.

Shaun Seow and Phua kok Kim, "Apec to focus on freer trade for region", Straits Times, 12 September 1992.

Siow, Li sen, "s'pore Can Add Value in Developing Islamic finance", The Business Times(singapore), 25 September 2004.

Solidum, Estrella, "An ASAEAN Perspective on the Decision-Making Process in the European Community", in Purificacion V Quisumbing and Benjamin B Domingo (eds), EEC and ASEAN: Two Regional Community Experiences,

Manila: Foreign Service Institute and UP Law Center, 1983.

Sundararajan, V. and Errico, Luca, "Islamic Financial Institutions and Products in the Global Financial System: Ket Issues In Risk Management and Challenges Ahead", International Monetary Fund, November 2002.

Sukarno D. Tanggol, Muslim Autonomy in the Philippines, Rhetoric and Reality, Mindanao State Univ, 1993.

Syed Naguib al-Attas, Some aspects of Sufism as understood and practised among the Malays, Singapore, Malaysia Sociological Research Institute LTD, 1963.

S.Q. Fatimi, Islam Comes to Malaysia, Singapore, MSRI, 1963.

Takaful Malaysia, "Takaful: Basis of Islamic Insurance" and "Difference Berween Takaful and Conventional Insurance" (www.takafil-malatsia.com), January 2003.

Toh Mun Heng and Linda Low (eds), Tegional Cooperation and Growth Triangles in ASEAN, Singapore: Times Academic Press, 1993.

Useem, Jerry, "Devout Muslims Don't Pay or Receive Interest. So How can Their Financial System Work?", Fortune, 10 June 2002.

Wilson, Rodney, The Need for More Risk Taking Products from The International Islamic Financial Forum, International Institute of Research, Dubai, March 2002.

William Montgomery Watt, Muslim-Christian Encounters, London: Routledge, 1991.

W.K. Che Man, Muslim Separatism the Moros of Southern Philippines and the Malays of Southern Thailand, Manila: Ateneo de Manila Univ, 1990.

W.R. Roff, The Origins of Malay Nationalism, KL: Univ of Malaya, 1980.

Zafiq Zakaria, The Struggle within Islam, London; Penguin Books, 1989.

# 찾아보기

**강영문**

- 동국대학교 무역학과 졸업(상학사)
- 한국외국어대학교 대학원 무역학과 졸업(경영학석사)
- 동국대학교 대학원 무역학과 졸업(경영학박사)
- (주) 대신경제연구소 증권분석실 근무
- (주) 대신경제연구소 경제동향분석실 근무
- Visiting Scholar, Singapore Management University(한국학술진흥재단 해외방문교수)
- Visiting Scholar, Nanyang Technology University, Singapore
- 한아세안학술교류학자 선정(2011년)(외교통상부 지원)
- 과학창의 앰배서더(미래창조과학부 주최)
- 선거관리위원회 선거방송토론위원
- 무등일보 경제칼럼니스트
- MBC 라디오 경제코너 해설자
- 한국공정무역학회 편집위원
- 국제 e-비즈니스학회 학술위원
- 한국국제통상학회 이사
- 한국협상학회 상임이사
- 관세청 이의신청 심의위원
- 중소기업중앙회 무역자문위원
- 전남대학교 창업보육센터장
- 전남대학교 경상학부장
- 전남대학교 국제통상학과 교수

**주요 수상실적**

- 전남대학교 교육우수교수 선정(2008년) (Best Teaching Professor)

**주요 저서**

- 동남아 화교비즈니스(전남대학교출판부, 2014)
- 동남아 경제의 그늘과 무지개(전남대학교출판부, 2013)
- 국제협상과 문화간 커뮤니케이션(전남대학교출판부, 2013, 제2판)
- 아세안 FTA(전남대학교출판부, 2012)
- 글로벌 물류경영(우용출판사, 2011, 전정판)
- 해상무역보험(전남대학교출판부, 2011)
- 강영문교수의 동남아 지역연구(두남, 2010)
- 무역과 매너의 만남(우용출판사, 2010, 전정판)
- e유통경영(우용출판사, 2010, 전정판)
- 국제통상론(전남대학교출판부, 2009)
- 온오프라인 유통관리(두남, 2008, 개정판)
- 전자물류와 물류관리(두남, 2005)
- 유통물류와 e비즈니스(두남, 2004, 개정판)
- e무역과 국제매너(학문사, 2004)

**홈페이지:** http://altair.chonnam.ac.kr/~wto


# 동남아 이슬람문화와 비즈니스

인 쇄 2015년 3월 20일
발 행 2015년 3월 30일

저 자 | 강영문
발행인 | 지병문
발행처 | 전남대학교출판부

등 록 | 1981. 5. 21. 제53호
주 소 | 500-757 광주광역시 북구 용봉로 77
전 화 | (062) 530-0571~3
팩 스 | (062) 530-0579
홈페이지 | http://www.cnup.co.kr
이메일 | cnup0571@hanmail.net

값 27,000 원

ISBN 978-89-6849-205-1 (93320)

이 도서의 국립중앙도서관 출판예정도서목록(CIP)은 e-CIP홈페이지(http://www.nl.go.kr/ecip)와 국가자료공동목록시스템(http://www.nl.go.kr/kolisnet)에서 이용하실 수 있습니다.
(CIP제어번호 : CIP2015014944)